Neuadd Fawr

ER COF AM

*Dafydd Jones, Siop yr Hen Bost,
Blaenau Ffestiniog*

Lynn Moseley, Pensaer, Caerdydd

*Dorothy Bell a Barbara Roe,
ffyddloniaid Cwrdd Aberystwyth*

Neuadd Fawr

CRYNWR RHWNG CYFYNG FURIAU

GETHIN EVANS

Argraffiad cyntaf: 2025
© Hawlfraint Gethin Evans a'r Lolfa Cyf., 2025

Mae hawlfraint ar gynnwys y llyfr hwn ac mae'n anghyfreithlon llungopïo neu atgynhyrchu unrhyw ran ohono trwy unrhyw ddull ac at unrhyw bwrpas (ar wahân i adolygu) heb gytundeb ysgrifenedig y cyhoeddwyr ymlaen llaw

Cydnabyddir cefnogaeth ariannol parod i'r gyfrol hon gan Gwrdd Crynwyr Aberystwyth a Chrynwyr Cymru

Cynllun y clawr: Y Lolfa

Rhif Llyfr Rhyngwladol: 978 1 80099 717 2

Cyhoeddwyd, rhwymwyd ac argraffwyd yng Nghymru gan
Y Lolfa Cyf., Talybont, Ceredigion SY24 5HE
gwefan www.ylolfa.com
e-bost ylolfa@ylolfa.com
ffôn 01970 832 304

Rhagair

MAE'N BLESER GENNYF gyflwyno'r ysgrifau yma gan fy nghyfaill Gethin Evans sy'n traethu am siwrnai ffydd bersonol yr awdur ar y cyd ag ystyriaethau o agweddau ffydd a hanes y Crynwyr, yn enwedig yng Nghymru, ond hefyd fel sefydliad crefyddol yn ehangach. Ambell waith hap neu ddamwain all bennu cwrs bywyd yr unigolyn, ac yn achos Gethin mynychu cwrdd y Crynwyr — lle'r oedd wedi bwriadu mynd at yr Undodiaid — fel dyn ifanc oedd yn gyfrifol am argyhoeddiad gweddill ei oes. Yn yr un modd, efallai, mae'r ysgrifau yn amlygu trobwyntiau yn hanes y Crynwyr yng Nghymru, ffyrdd a ddilynent a ffyrdd heb eu dilyn, sy'n egluro natur y Gymdeithas yng Nghymru yn y canrifoedd diwethaf.

Cyflwynir hyn oll yng nghyd-destun hunanddelwedd yr awdur fel cenedlaetholwr gyda gwerthoedd a fagwyd ynddo fel plentyn mewn capeli Cymraeg yn ei arwain at y Crynwyr. Ond hefyd dadansoddir y tyndra, ar y naill ochr yn yr unigolyn ac ar y llall yn natblygiad y Crynwyr fel cymdeithas grefyddol i ddirnad pethau o bwys yn y ddau. Amlygir natur y Gymdeithas heddiw trwy osod portreadau enghreifftiol o unigolion a hefyd sylwadau ar achlysuron pwysig yn hanes y Gymdeithas. Ond yn bennaf fel testament personol a darganfyddiad llwybr trwy heriau'r byd mae'r gyfrol yn cynnig dogfen werthfawr i unrhyw rai eraill ar ymdaith debyg.

Greg Hill
Llandre

Cyflwyniad

Gofynnwyd imi pwy yn union oedd fy nghynulleidfa wrth imi gychwyn ysgrifennu'r gyfrol hon. Cwestiwn hynod sylfaenol a rhywbeth nad oedd wedi croesi fy meddwl pan ddechreuais deipio ar y cyfrifiadur. A bod yn onest wrth gychwyn ar yr ysgrif gyntaf, fi fy hunan oedd y gynulleidfa, ac ni feddyliais yn ehangach na hynny. Rhyw ymgais at hunan ddadansoddiad wrth ddehongli fy stori amdanaf fy hun ac i mi fy hun.

Ond wrth fwrw ymlaen cefais flas a gwyddwn y gallwn, ac y dylwn, ymhelaethu ac felly y bu. Ond ni fûm yn ysgrifennwr cyffyrddus, bywiog, ac ni fu'r gorchwyl drwyddi draw erioed yn rhywbeth oedd yn syrthio yn naturiol imi. Bu ysgrifennu erioed yn rhywbeth llafurus ac anodd. Gallaf gofio sawl beirniadaeth am fy nghyflwyniadau ysgrifenedig llac a blêr, boed yn yr ysgol, y brifysgol neu, yn wir, yn fy ngwaith. Er mae gen i lawysgrifen dwt a thaclus!

Wedi dweud hynny rwyf wedi cyhoeddi un llyfr, ac wedi ysgrifennu erthyglau i gylchgronau academaidd. Hynny fel hanesydd yn anad dim, gyda'r gobaith fod y darnau hynny yn ychwanegu at ddealltwriaeth ehangach o'u testunau. Fuaswn i ddim, fodd bynnag, yn ystyried fy hunan yn awdur, a gwell fuasai imi aros gyda'r disgrifiad ohonof fy hun fel ysbrigwr syml uchelgeisiol!

Gobeithiaf felly nad rhyw draed brain o beth sydd yn dilyn. Cyflwynaf bopeth heb flewyn ar dafod, a theimlaf fod hynny yn bwysig os yw'r gyfrol i olygu unrhyw beth nid yn unig i mi ond i eraill.

Y gynulleidfa felly yw'r byd a'r betws, ond hefyd gyda'r sylweddoliad fod fy mhwyslais yn golygu fy mod yn tueddu i anelu at bwy bynnag sydd â diddordeb mewn hanes, enwadaeth, crefydd ac ysbrydoliaeth ac yn hanes y Crynwyr yng Nghymru, ac yn eu hedrychiad ar y byd. Oherwydd y Crynwyr a Chrynwriaeth sydd yn clymu'r ysgrifau wrth ei gilydd, yr edau sydd wedi ei gweu trwy'r cyfan, darnau hunangofiannol personol a'r rhai hynny sydd â thinc hanesyddol ac arbenigol iddynt.

Nid fy mwriad yw cyflwyno hanes y Crynwyr, ond mae'n anodd diystyru cyfeiriadau hanesyddol a gwn y bydd sawl un yn cael y defnydd o ddyddiadau ac ystadegau yn feichus os nad yn ddianghenraid. Ond dyna fo, ni allaf yn hawdd anwybyddu'r hanesydd sydd ynof ac yn fy ymdrechion.

Dyna un rheswm pam i mi ddechrau ehangu ar fy ysgrif wreiddiol. Sef y teimlad fod gen i rywbeth i'w ddweud, ac i'w rannu am fy enwad a'm cysylltiad ag ef, a pherthnasedd fy llwybr tuag ato am arhosiad, dros hanner can mlynedd, fel aelod. Gan obeithio na fydd y cyfan yn llafurus i'r darllenydd, a bod y darnau o ddiddordeb, os nad yn ogleisiol, ond ddim fy mwriad yw codi twrw gydag aelodau enwadau eraill!

Mae bron pob ysgrif ag elfennau hunangofiannol iddynt ochr yn ochr ag ystyriaethau sydd yn cyffwrdd, yn haniaethol ac yn ffeithiol â thystiolaethau cyfoes a hanesyddol Crynwyr Cymru a Phrydain heddiw.

Wedi gorffen yr ysgrif gyntaf sylweddolais y byddai'n fuddiol darparu rhyw ddarn o gyflwyniad am drefn a chefndir y Crynwyr yng Nghymru, a cheisio gwneud hynny yn fyr. Ond dyna wrth gwrs y gwendid mawr – bod yn fyr. Gallaf feddwl am sawl cyfarfod pan ofynnwyd i rywun wneud cyflwyniad byr, a darganfod nad oedd gan y siaradwr unrhyw glem beth oedd ystyr na disgwyliad hynny!

Felly, bwriad y bedwaredd ysgrif 'Trefn' yw clymu dau ddarn y gyfrol. Gwn fod angen cyfrol am hanes y Crynwyr yng Nghymru a hynny yn y Gymraeg, ac y buasai yn braf gweld hyn o law Crynwr. Yr unig gyfrol yn y Gymraeg sydd yn rhannol gyffwrdd âa hyn yw cyfrol y Parch. Richard Jones, gyhoeddwyd yn 1931, ac yntau ar y pryd yn weinidog gyda'r Bedyddwyr yn nhref Caernarfon, sef *Crynwyr Bore Cymru 1653-1699*. Gwaith a gyflwynwyd yn wreiddiol yn y Saesneg i gystadleuaeth yn Eisteddfod Genedlaethol yr Wyddgrug 1921. Wedi hynny trefnwyd cyfres o ysgrifau yn *Seren Gomer* wedi eu selio ar y traethawd. Nid Richard Jones aeth â'r wobr. Enillwyd y gystadleuaeth gan y Parch. T. Mardy Rees, gweinidog gyda'r Annibynwyr Saesneg yng Nghastell-nedd, a chyhoeddwyd ei gyfrol ef yn 1925, dan y teitl *A history of the Quakers in Wales*. Cyfrol ddiddorol ond sydd yn dangos ei hoed. (Hyd ag y gwn, ni fentrodd unrhyw Grynwr i'r gystadleuaeth.)

Ers 1925 cafwyd darnau pwysig ac arbenigol am y Crynwyr yng Nghymru, gan sawl awdur, ond dim cyfanwaith modern sydd yn cynnwys gwaith ymchwil llawer ehangach a manwl. Bu ymdrechion y ddau Anghydffurfiwr yn bwysig a rhaid bod yn ddiolchgar am eu cyfraniadau. Yn yr atodiad rhestraf rai erthyglau a llyfrau fydd o ddiddordeb i unrhyw un sydd am wneud mwy o ymchwil.

Yn rhan ddechreuol y gyfrol ceir tair ysgrif, 'Paham yr wyf yn Grynwr', 'Parwydydd Clai' a 'Perygl'. Mae'r pwyslais yma yn hunangofiannol, yn cyfuno'r personol gyda'm dehongliad i o fod yn Grynwr. Credaf fod teitl yr ysgrif gyntaf yn amlwg ei bwyslais.

Fe fydd fy argyhoeddiad a'm dealltwriaeth o fod yn Gymro yn amlygu ei hunan yn yr ail ysgrif, ac oferedd fuasai imi geisio cuddio fy ymrwymiad i'm hargyhoeddiad fel cenedlaetholwr, ar leferydd ac yn y blwch pleidleisio.

Cyflwyniad

Yn sicr mae'r ddwy elfen, Crynwriaeth a Chymreictod, yn annatod oddi wrth ei gilydd i mi. 'Cof a Chalon' ynghlwm. Ond feiddiwn i ddim â gosod fy argyhoeddiad fel cenedlaetholwr uwchben fy nealltwriaeth fod yna rwydwaith dirgel yn ein clymu, pawb at ei gilydd, beth bynnag eu hiaith, rhyw, lliw neu gred. Un bobl ydym, yn gwisgo'n wahanol, ond yn trigo o fewn un gymdogaeth.

Yn y drydedd ysgrif yr wyf yn ymwybodol iawn o'r dynfa a'r dryswch sydd yn trosi o gwmpas materion yn ymwneud â rhyw. Erbyn heddiw mae'r dryswch wedi cymhlethu a dyfnhau wrth i faterion a ffeithiau, oedd yn guddiedig, gael eu gwyntyllu yn agored – a da hynny. O ganlyniad cafwyd adweithiau cras, blin a hyll, ac ni allaf lai na theimlo fod hynny, yn rhannol, am nad oes gwybodaeth ddigonol ar gael. Ond gwyddom hefyd fod anwybodaeth yn feithrinfa barod i'r poblyddwyr ar eu bocs sebon, i gynhyrfu'r torfeydd, beth bynnag fo'r canlyniadau.

Nid wyf yn dymuno i unrhyw boen bersonol sy'n amlygu ei hun yn fy sgwennu orchuddio ffrwd ehangach a chyfeiriad cyffredinol y gyfrol, ond gallaf ddeall fod hynny yn bosibl, gan fod trafod poen bersonol yn cydio mwy at y dychymyg. Ond nid newyddiadurwr yn gweithio i'r cyfryngau torfol poblogaidd mohonof, lle ceir pwyslais ar ddefnyddio'r anghysur i fflamychu'r emosiynau a chreu drwgdeimlad a rhagfarn. Fy ngobaith yw cyflwyniad sydd mor agored a gonest â phosib, i hyrwyddo gwell gwrandawiad mewn ysbryd o wyleidd-dra. Mae'r gwahoddiad i bawb ddweud yr hyn a wyddom sy'n wir yn ein bywydau, ac nid yw hynny, bob amser, yn hawdd fel ag y gwn.

Mae'r ail ran y cyffwrdd fwyfwy â safiad y Crynwyr heddiw ar faterion sydd o bwys i bawb. Yn 'Edrychaf ar bethau' cyffyrddaf â stori'r Parch. Tom Nefyn Williams yn y Tymbl yn nauddegau'r ganrif ddiwethaf. Rhan o ffrwyth traethawd M.Phil sydd yma, ac yn berthnasol wrth imi ddarllen am ymdrechion clodwiw Cristnogaeth heddiw. Roedd Tom Nefyn o flaen ei amser, ei enwad ddim – er bod sawl Henaduriaeth yn gefnogol iddo a'i safiad. Ond y gyfundrefn a orfu. Rhyddid cydwybod yw'r prif bwyslais, a rhyw agoriad, pe bawn yn ddiwinydd, i beth yw ystyr rhydd ewyllys mewn systemau sydd am gulhau, cloi yn hytrach nag agor y llenni.

Yn y chweched ysgrif rhof sylw i heddychiaeth, darn o waith sydd wedi siapio meddylfryd sawl un am y Crynwyr. Pwnc sydd yn llawer mwy cymhleth ei ddatblygiad na fuasai sawl Crynwyr yn ei gyfaddef a'i ddymuno. A'r defnydd o'r gair 'atgno' sydd efallai yn ddieithr i lawer erbyn heddiw? Wel, 'pigiad' a theitl soned gan T. H. Parry-Williams o 1931.

Ni allwn ddiystyru ein cymdeithas aml-ffydd a pherthnasedd hynny i sut y gall cymunedau o ffydd fyw gyda'i gilydd. Dyna brif thema 'Llwybrau'r Ysbryd', ac mae'n briodol imi gychwyn gyda Morgan Llwyd, oherwydd mae gwyliadwriaeth yr eryr, y golomen a'r gigfran yn parhau. Rhannwn oll yr un weledigaeth waelodol. Pwyslais a disgrifiadau neu ddarluniau gwahanol. Cynghanedd yw ffydd, angen sill ac odl mewn cyfoeth o wahaniaethau.

Yn olaf ceisiaf gloi gydag arwyddbyst, personol efallai, ond sydd i'm tyb i yn hanfodol i gymdeithas wâr ac i bawb sydd yn glynu wrth y syniad o ffydd am ffordd i fyw ac ymddwyn tuag at eraill. Ond nid yw ffydd wedi ei chlymu i unrhyw Dduwdod, ond y mae ynghlwm â bod yn fyw ac yn ddeallus o ffaeleddau a gwendidau ein gilydd, gyda'r gobaith y ceir pen ar y mwdwl ac y darganfyddir y Deyrnas a driga o fewn pob un ohonom.

Pobl o ffydd? Disgrifiad peryglus. Ddim arf i gloi pobl allan ddylai'r disgrifiad yma fod, oherwydd mae i'r anffyddiwr, yr agnostig, y pagan ffydd, ond fod eu hiaith a'u pwyslais yn gwyro i ddarluniadau gwahanol, os nad dieithr. Mae'r gynghanedd yn atseinio ymhob un, a'n cyfrifoldeb yw ceisio sicrhau na ddylai geiriau ein gwahanu ond ein harwain at undod.

    Da o beth yn y cyd-destun yma fuasai cyfeirio at, a dyfynnu o'r Bhagavad Gita, ond gydag amrywiad bychan, "nad oes amser nad oeddem yn bod, na chwithau chwaith, na'n harweinwyr; ac i'r dyfodol erys ein sawr," ac er ein bod yn angof yn ymwybyddiaeth cenhedloedd y dyfodol, bydd cysgod ein hanadl yn aros yn eu gwaed, sydd o'r un lliw ac o'r un natur. Yr ydym yn wir oll yn un, a'n lifrau yn unig sydd yn ein gwahaniaethu.

Paham yr wyf yn Grynwr

MAE EDWINIAD YR eglwys Gristnogol yng Nghymru yn creu dychryn i lawer, yn enwedig wrth iddynt gymharu niferoedd heddiw â'r darlun geir, dyweder, o'r bedwaredd ganrif ar bymtheg. Pryd hynny yr oedd Anghydffurfiaeth ar y brig ac yn herio awdurdod a statws yr Eglwys Sefydledig. Pan gafwyd cyfrifiad crefyddol 1851, beth bynnag ei wendidau, cafwyd manylion am addoldai, eisteddleoedd, a nifer yr addolwyr ar y 30ain o fis Mawrth y flwyddyn honno ar draws Prydain. Darganfuwyd fod gan Gymru 76% o eisteddleoedd gogyfer ei phoblogaeth o gymharu â 51% yn Lloegr. Gymaint felly fel i Horace Mann, trefnydd y cyfrifiad, nodi fod Cymru yn "torheulo mewn gormodedd o freintiau ysbrydol". O'r holl eisteddleoedd roedd 65% yn nwylo'r Anghydffurfwyr, a 32% i'r Anglicaniaid, ac eto'r eglwys wladol oedd yr enwad cryfaf mewn 25 allan o'r 48 ardal gofrestru. Bu canlyniad y cyfrifiad yn dystiolaeth i gryfhau dadl yr anghydffurfwyr fod angen datgysylltu'r Eglwys Sefydledig. Gwlad anghydffurfiol oedd Cymru.

Nid dyma'r lle i drafod cymhlethdodau rhifyddeg eglwysig, na chwaith y ddadl am y datgysylltiad. Yn nychymyg llawer roedd Cymru yn cael ei hystyried fel gwlad grefyddol, foesol, â dylanwad y capel yn gorwedd yn drwm ar fywydau'r mwyafrif. Eto 'run flwyddyn, 1851, cwyno oedd ficer Cydweli am anfoesoldeb ei blwyf, ac yr oedd sawl offeiriad yn cydnabod, oni bai am ddylanwad a thynfa'r Sentars, y byddai niferoedd ar draws y wlad heb y cyfle i addoli a chymuno.

Roedd rhifyddeg enwadol, fodd bynnag, yn ganolog i'r ddadl yn erbyn yr Eglwys Sefydledig, gyda'r ystadegau yn bwydo safiadau a dadlau gwleidyddol. Pan gafwyd y Comisiwn Brenhinol yn ymholi i sefyllfa'r eglwysi yng Nghymru yn 1906, roedd eu hadroddiad terfynol yn cryfhau'r ddadl dros ddatgysylltu. Cryfhawyd y dychymyg crefyddol ymysg yr anghydffurfwyr, a'r argyhoeddiad mai eglwys estron oedd yr eglwys sefydledig. Gellid anghofio am gyfraniad yr hen "glerigwyr llengar" chwedl R.T. Jenkins, oedd yn ceisio amddiffyn y traddodiadau a'r llawysgrifau llenyddol. Nid oedd fawr ots fod yr eglwys wladol wedi gwella ei darpariaeth a'i hagwedd, tra bod yr eglwysi anghydffurfiol o fewn y maes glo, er enghraifft, at ei gilydd, yn anwybyddu amgylchiadau byw truenus eu haddolwyr.

Dyma wlad y menig gwynion, goruchafiaeth emyn a thôn, pregeth a gweddi, a gorfoledd soniarus y Gymanfa Ganu. Ond daeth tro ar fyd.

Bellach mae pob enwad, yn ddiwahân, yn edrych ar ddiflaniad eu haddoldai, yn gweld eu cynulleidfaoedd yn heneiddio, a phrinder gweinidogion ac offeiriad, yn dystiolaeth o'r dirywiad. Efallai fod rhai yn meddwl nad marw mae eglwysi pentecostaidd, na'r eglwysi sydd yn cysgodi dan ganghennau Mudiad Efengylaidd Cymru, er enghraifft, ond niferoedd bach sydd yn eu dilyn hwythau hefyd. Eraill, o bosib, yn gweld twf y Mormoniaid fel arwydd o lwyddiant, a Thystion Jehofa yn dal i gnocio drysau. Ond y gwir yw mai bychan, llipa a gwan yw gafael eu hymdrechion hwythau ar drwch y boblogaeth. Hyd yn oed gyda'r Eglwys Babyddol ceir yr un darlun, er bod rhai o'u heglwysi wedi derbyn gwaed newydd gyda llif mewnfudwyr o wledydd fel Gwlad Pwyl i Gymru. Troi cefn ar enwadaeth mae'r mwyafrif. Yn ôl arolwg y cyfrifiad diwethaf mae canran y Cymry sydd yn hawlio eu bod yn ddigrefydd yn uwch na rhifau'r credinwyr.

Yn ôl ffigyrau diweddaraf Llywodraeth Cymru, o Ionawr 2022, cawn fod 55% o'r boblogaeth yn hawlio eu bod yn ddigrefydd, a 46% yn Gristnogion. Byddai sawl addoldy yn llawer llawnach pe bai canran felly, ymhob cymuned, yn mynychu'r cwrdd! Nid felly y mae, llai fyth yw'r nifer sydd yn addoli ar y Sul, a'r rhan fwyaf o'r rheini yn bennau gwynion. Byddai'n ddiddorol gwybod sawl seiat neu gwrdd gweddi a gynhelir yng Nghymru yn ystod yr wythnos waith heddiw, o'i gymharu, dyweder â chanrif yn ôl.

Meddyliwch eto am gyfrifiad 1851, beth bynnag am yr eisteddleoedd a chanran yr addolwyr, rhyw 60% o'r boblogaeth oedd yn addoli ar y Sul penodedig. Cadw draw wnaeth y 40% arall. Y Cymry digrefydd? Fel y sylwodd un hanesydd amlwg – o gyfri'r Anglicaniaid gyda'r rhai na fynychodd, lleiafrif oedd yr Anghydffurfwyr Cymreig.

Elfen goll yn ein hanesyddiaeth fu'r digrefydd, fe'u hanwybyddwyd – y gynulleidfa anweledig. Efallai felly na ddylem or-boeni am y ffigyrau diweddaraf. Ni fu Cymru yn wlad mor grefyddol ag y tybiem neu a obeithiwn. Wrth gwrs dyma'r darlun a wthiwyd arnom, gan greu argraff nad yw'n gwbl gywir.

Yn sicr, mae'r ffigyrau diweddaraf yn creu dychryn i'r addolwyr a'r credinwyr ffyddlon hynny sy'n ceisio cadw drysau'r addoldai ar agor. Heb sôn am deimladau ac ymdrechion arweinwyr a rheolwyr yr enwadau, a geisia gadw trefn ar system, sydd o'i hanfod, yn araf farw, os nad yn dadfeilio. Does ond rhaid i chi sylwi ar y capeli a'r eglwysi sydd wedi cau i weld fod y dystiolaeth o ddirywiad yn amlwg. Prin bellach y gellir galw Cymru yn genedl Gristnogol, ond mae'r disgrifiad cenedl aml-ffydd a di-ffydd yn gwbl addas. Ni allwn anwybyddu tyfiant ffydd y Mwslemiaid a'r Hindŵiaid yn ein plith, na chwaith apêl Bwdeiaeth neu ddyneiddiaeth ymysg llawer. Fel cenedl wareiddiedig rhaid rhoi lle i ddehongliadau ac argyhoeddiadau gwahanol. Rhaid edrych ar y plethiad o safbwyntiau i gael gwell dealltwriaeth o'n hysbrydolrwydd a'n tueddiadau crediniol.

Cefais fy magu yn ardal chwarel Llanberis, neu chwarel Dinorwig yn nhyb rhai. Fel plentyn y pum degau roedd dau gapel yr Hen Gorff yn amlwg yn y pentref, gydag un capel bach gan y Wesleaid, ac un addoldy gan yr Annibynwyr, heb sôn wrth gwrs, am eglwys y plwyf. Erbyn hynny garej i'r lori ludw oedd hen gapel y Bedyddwyr yn y pentref – amlwg na fu iddynt lwyddo i osod gwreiddiau dwfn yn y fro. O fewn cylch o ddwy filltir i'r pentref roedd gan yr Hen Gorff saith capel arall, dau ohonynt dan ofalaeth prif gapel y pentref, y Capel Mawr. Bellach mae'r cwbl wedi cau heblaw am un addoldy gan yr Eglwys Bresbyteraidd. Mae cynulleidfa eglwys y plwyf yn llogi stafell yng nghanolfan y pentref i gydaddoli, ac un capel wedi ei logi gan gynulleidfa efengylaidd annibynnol. Crëwyd dau dŷ allan o ddau gapel, ond mae eu hedrychiad yn parhau yn dystiolaeth i oes aur ffydd a chredo, ac ymdrechion llafur a chwys y chwarelwyr. A dweud y gwir mae'n anodd dirnad yr ymdrech a'r ymroddiad i adeiladu a chynnal cymaint o addoldai. Rhaid derbyn fod yr ymdrechion efallai yn or-frwdfrydig, a bod yna'n wastad fwy o seddau nag o addolwyr

Gan fod fy nhad yn godwr canu yna, ar fore Sul, fe awn gydag ef i 'r oedfa, gan eistedd ar ben fy hun; arhosai mam gartref i ddarparu cinio. Ni allaf fod yn sicr pa oedran oeddwn pan ddechreuodd y patrwm hwnnw. Ond gallaf gofio fod yr awr – a hirach yn llawer rhy aml – yn ddiflas. Gyda'r nos roedd y tri ohonom yn mynychu'r oedfa, ac felly yn yr ysgol Sul yn y prynhawn. Pan ddyrchafwyd fy nhad yn flaenor yr un oedd y patrwm. A'r cwestiwn a gyfyd imi heddiw – pa werth oedd i 'r diflastod, o wrando ar bregethau nad oedd iddynt fawr synnwyr i blentyn? A hynny'n wahanol iawn i weithgaredd yr ysgol Sul, gyda'r storïau a'r dysgu darllen.

Yn oedfa'r hwyr nid oedd yn anarferol gweld ugain neu fwy o blant yn bresennol, ac ar ddiwedd yr oedfa disgwylid inni gerdded o'n seddau i eistedd mewn rhes o dan y sêt fawr. Bob un wedyn yn codi yn ei dro, gan wynebu'r gynulleidfa, a dweud ei adnod neu efallai ddarn o emyn. Hunllef i 'r rhai mwyaf swil yn ein mysg, gredwn i. Rhyw syrcas o gystadleuaeth oedd hi – pwy oedd am ddraethu yr adnod neu'r salm hiraf. Y rhieni yn ymfalchïo yn ymdrechion eu disgynyddion. Nid oedd fy rhieni innau'n ddieuog o hyn chwaith. Siawns fod dysgu talpiau o'r ysgrythur yn ddisgyblaeth ac yn ddefnyddiol, ac fe erys darnau yn y cof. Pryd hynny roedd y dysgu yma hefyd wedi ei anelu at ddarparu gogyfer â'r arholiadau blynyddol – y maes llafur. Oedolion a phlant ar eu prawf ac yn derbyn clod a gwobr yn y gymanfa. Bu chwaer fy mam wrthi am flynyddoedd yn dysgu ac yn ennill clod!

Unwaith y mis, ac yn oedfa'r hwyr, ceid y cymun. Yr arferiad, yn ein capel ni, oedd bod gwydryn o win – dialcohol wrth gwrs – wedi ei osod mewn gwydryn bach ar silff ymhob sedd, gyda darn o fara wedi ei osod ar blât bychan ar ben y gwydryn, a hynny'n barod ar gyfer y ddefod. Os nad oedd y gwin a'r bara ar gael yn y sedd, yna byddai'r gweinidog neu un o'r blaenoriaid yn gadael y sêt fawr gyda'r ddeubeth. Gallaf gofio fod rhyw ddifrifoldeb tawel a difrifol yn disgyn ar y gynulleidfa wrth i'r gweinidog fynd trwy'r ddefod gan adrodd y geiriau allweddol, "Hwn yw fy ngwaed ... fy nghorff, gwnewch hyn er coffa amdanaf." Defod o ddirgelwch oedd y cyfan i ni'r plant, gyda'r sicrwydd y byddem, yn y man, yn cael ein paratoi, pan fyddem yn hŷn, i rannu yn y ddefod bwysig hon, a dod yn llawn aelodau o'r cyfundeb. I'r oedolion roedd difrifoldeb y broses yn amlwg ac yn allweddol.

Un nos Sul cofiaf i'r gweinidog a'r pen blaenor ddod allan i rannu'r gwin a'r bara, er nad wyf yn cofio'r union drefn. Ond wrth i'r gweinidog rannu ar un ochr cododd un o'r addolwyr a chroesi i'r seddau gyferbyn er mwyn cael derbyn y bara a'r gwin o law y blaenor. Os deallaf yn iawn gwnaeth hyn oherwydd ei bod hi'n anghydweld â safiad y gweinidog ar rywbeth neu'i gilydd. Yn amlwg roedd yr oedolion y deall ei bwriad. Fy rhieni wedyn yn sibrwd yn feirniadol am yr hyn a wnaethai Lisi Cwc, oedd hefyd, yn digwydd bod, yn un o gyfeillion fy nain. Digwyddiad annisgwyl ac annifyr, ac yn sicr yn anfoesgar. Gallwn synhwyro, o hyn, fod y berthynas rhwng y gweinidog a rhai blaenoriaid dan straen, ond heb wybod y rheswm na'r amgylchiadau. Gwyddwn hefyd fod fy rhieni yn gefnogol i'r gweinidog, a siawns fod hyn oll yn rhan o'r hen 'gythral canu' hwnnw a rannodd sawl cynulleidfa a chapel yn ei dro.

Arhosodd y digwyddiad gyda mi, gan adael ei ôl, a dau gwestiwn yn codi yn fy meddwl. Os oedd y ddefod mor bwysig, yn ganolog ac allweddol i fywyd credinwyr, pam fod un o'r addolwyr yn ei dibrisio cymaint? Onid oedd yma elfen o ragrith? Mae'r ateb i'r cwestiwn yma yn amlwg – oedd. Fe gredwn fod sawl un o aelodau'r capel yn gweld hynny. Does gen i ddim syniad beth oedd canlyniad y weithred nac effaith y brotest. Rhywbeth i'r oedolion oedd hynny.

A'r cwestiwn arall? Elfen o ansicrwydd am y ddefod, a hedyn yn cael ei blannu ynof, i flaguro sawl blwyddyn yn ddiweddarach.

Heb os, bu fy magwrfa yn y capel yn bwysig. Disgyblaeth dysgu ar gof, darparu ar gyfer dau arholiad ysgrifenedig ysgrythurol, ond ymdrech aflwyddiannus i ddysgu sol-ffa, heb sôn am gyfeillach yr ysgol Sul. Ar ben hynny roedd y capel yn ganolfan gymdeithasol bwysig, i ddod â phobl at ei gilydd a chryfhau rhwydweithiau. Efallai y dylwn fod wedi sylweddoli fod y ddwy dafarn leol yn gweithredu yn yr un modd, ond llwyrymwrthodwyr oedd fy rhieni, a'r tafarndai ddim felly yn destun sgwrs na thrafodaeth. Gresyn fod yr ymwadiad yma wedi achosi creithiau a rhaniadau, ond stori arall yw honno.

Gadewais ardal y chwarel yn un ar ddeg, oherwydd nad oedd iechyd fy nhad yn caniatáu iddo barhau yn y chwarel. Treuliom ddwy flynedd yn sir Ddinbych, mewn tref glan y môr, a rhyfedd fyd, newid o fod mewn cymdeithas uniaith Gymraeg, i dref Seisnig ei hiaith, a bron dim Cymraeg yn yr ysgol. Heblaw am yr aelwyd, y capel oedd yr hafan ieithyddol, er bod plant y dref yn mynychu, y duedd oedd iddyn nhw siarad Saesneg. Yna symud i Fangor. Trosglwyddwyd y tocyn aelodaeth i gapel yng ngofal y Parch. Harry Williams, a symudodd ymhen amser i fod yn athro yn y Coleg Diwinyddol yn Aberystwyth. Gresynaf yn wir na sylweddolais ddyfnder ysgolheictod y gŵr anrhydeddus hwn. Ef oedd yn gyfrifol am y dosbarth derbyn, a'r ddarpariaeth at gael rhannu'r cymun a dod yn llawn aelodau o'r enwad. Buaswn yn synnu pe cawsai'r gweinidog unrhyw fwynhad o'n darparu, gan fod ein hagwedd ychydig yn lluch i dafl, aflêr, a rhyw ffurfioldeb, yn fwy na dim, oedd ein derbyniad o'r gwirioneddau. Dyna fo, dilyn y drefn.

Nid wyf yn cofio'r cymun cyntaf, ond cychwynnodd tyfiant yr had. Fe ddylswn efallai fod wedi ceisio lleisio fy ansicrwydd yn y dosbarth derbyn, ond nid felly y bu. Ond yn y dosbarth ysgol Sul, herio a chwestiynu'r hyn a gyflwynid inni oedd y drefn. Hyn efallai gyda direidi yn hytrach nag unrhyw gwestiynu gyda dyfnder. Ond beth arall sydd i'w ddisgwyl gan laslanciau! Mae un dosbarth yn aros yn y cof. Pregethwr gwadd y Sul yn gofalu am y dosbarth, a rhywsut fe gododd y cwestiwn am natur pechod. Finnau yn datgan fod pechod yn newid yn ôl amgylchiadau'r oes, a'r pregethwr druan yn hawlio fod y math yma o ddatganiad yn groes i arweiniad a disgwyliad yr Efengyl. Ni allwn, meddai, gan ddatgan gydag awdurdod, dderbyn fod pechod yn newid. Doeth a dawo! Heddiw, wrth feddwl, er enghraifft, am agwedd yr eglwys tuag at hoywder, credaf fy mod yn llygad fy lle, ond feiddiwn i ddim, y pryd hynny, ddadlau yn hir gyda gweinidog ddiwinydd a oedd wedi ei drwytho yn awdurdod a gair y Beibl. Ac i barhau gyda'r thema hon o ble yn union y daeth y pechod gwreiddiol, sylweddoli mai lol botas maip yw stori'r cread. Dirgelwch llwyr i mi oedd y datganiad fod Cain ac Abel wedi cael gwragedd. O ble yn union y daeth yr anffodusion hyn os nad oedd ond Adda ac Efa yn yr ardd ac wedi magu dau frawd! Gallaf anghofio DNA a chwantwm fecanics am y tro!

Wrth edrych yn ôl, ac i feddwl fy mod yn brydlon yn yr oedfa ddwywaith bob Sul, yna dros gyfnod o ddeg mlynedd, ac yn y capel dyweder hanner cant o weithiau yn y flwyddyn, bu i mi wrando ar ryw fil o bregethau. Does dim ohonynt yn aros yn y cof, ond am yr un. Os oes un peth yn aros gyda mi o ddyddiau goruchwyliaeth y Parch. Harry Williams, ac sydd yn parhau i'm pwnio, yna un bregeth o'i eiddo ef oedd hynny.

Rhyw nos Sul oedd hi, siawns, ac yn y gwanwyn 1963. Byrdwn y bregeth oedd llyfr yr Esgob John A.T. Robinson, *Honest to God* a gyhoeddwyd ar ddechrau'r flwyddyn. Ni allaf gofio sut y lluniwyd testun y bregeth. Dyma lyfr a brofodd, ar y pryd, yn ddadleuol ac yn boenus i laweroedd. Hanfod yr ymryson oedd ein dealltwriaeth o ffiniau cred, rhwng dehongliad traddodiadol efengylaidd o ffydd, ochr yn ochr â'r angen i wyro ein dealltwriaeth ysbrydol wrth i'n gwybodaeth am natur ein bydysawd newid. Ni ddylid bellach sôn am Dduw ar ei orsedd, oddi fry, ond yn hytrach fel hanfod i'n bodolaeth. Rhaid oedd ymestyn Cristnogaeth fel ei bod yn 'ddi-grefydd' yn rhydd o fyth a storïau rhithiol, er efallai yn lliwgar ac yn ddefnyddiol ar brydiau. Ni ellir bellach, ac ni ddylid, dibynnu ar awdurdod na darluniau'r 'Gair' ond yn hytrach gweld mai agoriad ydynt i gynorthwyo ac i ddod i ryw ddealltwriaeth ar sut i ymddwyn a byw. Gyda defnydd geiriau mae dehongliad yn anorfod ac oherwydd hynny ni ellir osgoi anghytundeb, fel sydd yn amlwg wrth inni weld faint o enwadau sy'n bodoli!

Nid wyf am fynd ar ôl syniadaeth Bonhoeffer, Bultmann neu Tillich, ond roedd eu henwau, wrth i'r bregeth ymestyn yn agoriad llygaid. Am y tro cyntaf fe sylweddolais mai oferedd oedd meddwl am Dduw fel rhyw ffigwr oedd yn siapio ein tynged, yn eistedd ar orsedd mewn rhyw baradwys na ellid ei disgrifio na manylu amdani – wedi'r cwbwl nid oes paradwys ond paradwys ffŵl. Os Duw, yna roedd yn hytrach yn rhywbeth haniaethol, a roddai agoriad i'n dealltwriaeth o'n lle yn y bydysawd – bydysawd na allwn amgyffred ei faint na'i rym, nac yn wir ei ddechreuad. Ai dyma'r lle i ailgyfeirio at y DNA yna efallai, gan ofyn – beth yw DNA Duw?

Marc post oedd *Honest to God* i mi – os mynnwch fy "paradigm shift" i ddefnydddio terminoleg yr hanesydd a'r athronydd Thomas Kuhn: chwyldroad a daeargryn. Beirniadwyd Robinson yn hallt am ei syniadau. Ond i mi roedd yn gyfle imi gychwyn ar lwybr o ailgyfeirio ac ailystyried fy nealltwriaeth o'r ffydd Gristnogol – os nad natur ffydd ar draws crefyddau'r byd wrth imi edrych yn ôl. Dyma agoriad radical yn rhoi cyfle i symud oddi wrth y traddodiadol. Ni allwn brofi bodolaeth Duw, ac wrth edrych ar y poen a'r trallod diddiwedd sydd yn y byd, gwanhau yn wir mae unrhyw syniad am fodolaeth creawdwr haelionus a charedig. Rhaid symud oddi wrth y goruwchnaturiol, a rhoi sylw i'r angen i weld Duw fel estyniad seicolegol a dychmygol o'n gwendidau fel pobl.

Nid yw hyn, fodd bynnag, yn golygu na allwn synhwyro rhyw rym o fewn y greadigaeth sydd yn rhwymo dynoliaeth i fod yn un â'i gilydd, a gyda'r bydysawd. Ni allaf amgyffred maint na dyfnder y bydysawd hwn, mae tu hwnt i'm dealltwriaeth a'm synhwyrau. Beth ddywed hynny am natur Duw?

Ni allaf chwaith amgyffred natur pechod ac achubiaeth, yn enwedig felly pan dyf o storïau Llyfr Genesis. Gwn, fodd bynnag, fod rheidrwydd arnaf i weithredu'n gyfiawn "caru teyrngarwch, ac ymostwng i rodio'n ostyngedig" gydag eraill, mewn ufudd-dod ac undod mewn cariad. Nid ydym fel pobl yn oruwch na natur, er y carem feddwl yn wahanol. Disgwyliad anffodus oedd rhoddi hawlfraint ac awdurdod i ddynoliaeth dros natur. Nid oes i natur foes, ac os hynny, ni allwn hawlio meistrolaeth drosti. Nid ydym, yn y pen draw, fel pobl, ond anifeiliaid. O fewn natur rydym oll yn gyfartal, ond yn ddibynnol ar rym i'w ddefnyddio, neu yn hytrach ei chamddefnyddio, ei dinistrio a'i llygru, gan ddiystyru'r llanastr a'r galar a dyf o hynny. Onid o'r annealltwriaeth o'r berthynas yma y tyf ein methiant, a rhoi ein bryd ar Dduw dychmygol i gyfiawnhau ein gweithredoedd?

I bwy bynnag sydd wedi cyrraedd y paragraff yma gallaf ymdeimlo rhai yn ysgyrnygu ac yn ysgwyd eu pennau – y fath ynfydrwydd, hyd yn oed cabledd. A dyna'r rhiniog? Pwy sydd am gamu i ddealltwriaeth wahanol, a bod yn agored i dderbyn beirniadaeth, sen ac erledigaeth? Dyna oedd tynged y Crynwyr cynnar wrth iddynt herio, ym Mhrydain, yr anghydffurfwyr a'r eglwys wladol, heb sôn am Babyddiaeth a byd Islam. [Do fe fentrodd rhai Crynwyr i genhadu yn Rhufain ac Istanbul – a'r Pab yn ystyried fod y cenhadwr druan yn wallgofddyn.] Y neges sylfaenol iddynt hwy oedd eu bod am fynd yn ôl at y gwreiddiau, ac ailddarganfod y Gristnogaeth Gyntefig oedd yn rhydd o unrhyw offeiriadaeth, ac allanolion megis bedydd a chymun. Ond rhaid aros, rwyf yn camu yn rhy frysiog oddi wrth brif bwyslais yr ysgrif hon.

Yn 1721 fe gyhoeddwyd y llyfr cyntaf yn y Gymraeg yn yr Unol Daleithiau, ac yn Philadelffia, sef, ac i roddi iddo ei deitl yn gyflawn, *Annerch y Cymry i'w galw oddi wrth y llawer o bethau at yr un peth angenrheidiol, er mwyn cadw eu heneidiau. YN ENWEDIG at y tlodion annysgiedig, fel Crefftwyr, Llafurwyr a Bugeiliaid, y rhai o isel radd, o'm cyffelyb fy hunan HYN ER eich Cyfarwyddo i adnabod Duw a CHRIST [yr hyn yw bywyd tragwyddol] yr hwn sydd yn Dduw unig ddoeth. Dysgu ganddo ef, fel y deloch yn ddoethach nach Athrawon*. Yr awdur oedd Ellis Pugh a aned yn 1656 ym Mhenrhos ger Tyddyn Garreg, Dolgellau. Yn 1657 cafodd ei argyhoeddi fel Crynwr, wedi gwrando ar Siôn ap Siôn a oedd yn gydymaith i George Fox, a gydnabyddir fel prif sylfaenydd y Crynwyr. Roedd Fox ar ei ail daith genhadol i Gymru, pan fu iddo ymweld â phob sir gan ddenu dilynwyr heblaw am Sir Fôn!!

Yn 1686 ymfudodd Ellis Pugh gyda'i deulu ac amryw o Grynwyr eraill i Pensylfania, ac yn gydymaith i Rowland Ellis, Brynmawr, Dolgellau. Y mae'r ddau yma yn ffigyrau amlwg yn nofel Marian Eames, *Yr Ystafell Ddirgel*, sydd yn ymwneud â hanes y Crynwyr cynnar ym Meirionnydd.

Dychwelodd Ellis Pugh i Gymru yn 1706 ac yn 1708, gan

genhadu yma, er nad oes unrhyw gofnod ymhle, na chwaith beth oedd canlyniad ei ymdrechion. Bu farw yn 1718 gan adael ei ysgrif o *Annerch i'r Cymru* heb ei gyhoeddi. Trefnwyd i wneud hynny gan Grynwyr Cymraeg Pensylfania. Cafodd ei ailargraffu yn y Gymraeg yn Llundain yn 1782 ac 1801. Cafwyd cyfieithiad ohono gan Rowland Ellis yn yr UDA yn 1727, gydag argraffiadau o'r cyfieithiad yn Llundain yn 1732, 1739 a 1793. Buasai yn ddiddorol gwybod sawl copi o'r gwreiddiol gyrhaeddodd i Gymru, ac a werthwyd yma, a pha ddylanwad a gafodd.

Ymgais oedd y llyfr i ddwyn perswâd ar y Cymry am neges y Crynwyr, ac mae'r cynnwys yn amlinellu, yn fyr, prif ddaliadau'r Crynwyr. Mae'r pwyslais ar achubiaeth trwy Grist yn amlwg, a phrin y gallai unrhyw Gristion, ar y pryd, anghytuno â'r pwyslais. Mater arall fuasai eu hadwaith i'r penodau sydd yn ymwneud â bedydd a'r cymun. Siawns fod Ellis Pugh wedi cael cyfle i drafod *Barclay's Apology*, sef *"An Apology for the true Christian Divinity, as the same is held forth and preached by the people called, in scorn, Quakers; being a full Explanation and Vindication of their Principles and Doctrines, by many Arguments deduced from Scripture and right reason, and the testimonies of famous Authors, both ancient and modern, with a full Answer to the strongest Objections usually made against them."* Llyfr oedd hwn a gyhoeddwyd gyntaf yn y Lladin yn 1676, ond a gyfieithwyd i'r Saesneg yn 1678. Hwn oedd y llyfr cyntaf i geisio egluro, mewn modd disgybledig ac ysgolheictol, ddiwinyddiaeth a safbwyntiau'r Crynwyr. Nid efallai yn llawn, ni cheir ynddo ddarn am briodas er enghraifft, ond yr oedd yn pwysleisio'r gwahaniaethau rhwng y Crynwyr ac enwadau eraill. Yn hynny o beth saif yn glasur, ac yn waith safonol am Grynwriaeth gynnar.

Braf meddwl mai dyma ymgais Ellis Pugh i wneud

yr un peth yn y Gymraeg. Efallai hefyd wrth ysgrifennu ei fod wedi cael gafael ar gyfrol Theophilus Evans, a oedd ar y pryd yn gyhoeddwr yn yr Amwythig, cyn iddo gael ei urddo fel offeiriad yn yr eglwys wladol. Y gyfrol oedd cyfieithiad o 1715 o un o weithiau George Keith, *Galwedigaeth i'r Crynwyr i'w gwahawdd hwy ddychwelyd i Grist'nogaeth*. Bu Keith yn Grynwr amlwg a chydymaith i George Fox ar un adeg. Roedd yn awdur pwysig yn eu plith gan gydweithio gyda Robert Barclay. Rhwng 1685 ac 1694 bu yn byw yn yr America. Cafodd ei ddiarddel gan Gyfarfod Blynyddol Llundain yn 1694 oherwydd ei fod yn ymwrthod â datblygiad eu gweinidogaeth. Yna, yn 1700, cafodd ei ordeinio fel offeiriad Anglicanaidd, a'i ddanfon i Pensylfania yn 1702 fel cenhadwr i bregethu yn erbyn y Crynwyr, ac ailfywiogi'r Anglicaniaid yno. Profodd yn ddraenen i ystlys y Crynwyr, a pwy a ŵyr efallai i Ellis Pugh orfod gwrando ar ei ymdrechion. Cymhelliad cryf arall i ysgrifennu.

Llyfr Ellis Pugh fu'r unig gyhoeddiad gwreiddiol i geisio egluro Crynwriaeth yn y Gymraeg hyd at Orffennaf 1901. Fe erys hyd heddiw fel yr unig lyfr gwreiddiol gan Grynwr yn y Gymraeg. Fe gafwyd cyfieithiadau o glasuron o'r Saesneg, ond prin oedd y rheini. Bwlch o 180 mlynedd, ac o gofio fod cyhoeddiadau crefyddol yn y Gymraeg yn niferus yn y 19 ganrif, adlewyrcha hyn enwad nad oedd iddo bellach wreiddiau dwfn yng Nghymru, ac yn sicr ddim yn y Gymru Gymraeg. Gwir y gosodiad i'r enwad gael ei dlodi gan ymfudiaeth i'r America, ac yna ei sgubo bron o'r golwg gan y Diwygiad Methodistaidd.

Yng Ngorffennaf 1901 cyhoeddwyd yn y *Genninen* erthygl dan y teitl *Paham yr wyf yn Grynwr*. Yr awdur oedd John Edward Southall, y cyhoeddwr o Gasnewydd. Ac mae'r teitl yn rhannol ysgogiad i'r ysgrif hon.

Brodor o Lanllieni oedd Southall, un o dri o blant i fasnachwr cefnog. Roedd ei rieni yn Grynwyr ac fe ddanfonwyd ef a'i frawd i ysgol fechgyn y Crynwyr, Bootham yn Efrog. Tra oedd yno dangosodd ddiddordeb yn yr iaith Gymraeg, yn dilyn cyfnod o wyliau gyda'r teulu yn Nhywyn, Meirionnydd. Ysgrifennodd draethawd ysgol dan y teitl "A Tour in North Wales" a gyda pheth craffter cyfeiriodd at ddirywiad yr iaith, ac nad oedd y Cymry i weld yn malio rhyw lawer am hynny. Arhosodd ei gariad at yr iaith trwy ei fywyd. Gresynai am ddirywiad yr iaith, yn enwedig yng Ngwent, a bu cynnyrch ei argraffdy yn dyst i'w ymlyniad, trwy ddarparu llawlyfrau ysgol i ddysgu'r Gymraeg. Roedd yn aelod cynnar o Gymdeithas yr Iaith Gymraeg, a chydnabyddir ef fel lladmerydd pwysig dros yr iaith yn ystod ei fywyd. Yn wahanol i'w gyd-addolwyr ymdrechodd i uniaethu ei hunan â materion Cymreig a bywyd ei wlad fabwysiedig.

Fel Crynwr roedd yn ychydig o rebel. Er ei fod yn aelod o Gyfarfod Misol De Cymru, roedd hefyd yn weithgar gyda'r unig gwrdd annibynnol o Grynwyr ym Mhrydain, cwrdd Fritchley, yn swydd Derby. Bu yn glerc i'w cyfarfod cyffredinol am gyfnod. Sefydlwyd cwrdd Fritchley yn 1870 mewn ymateb i ddatblygiadau o fewn Cyfarfod Blynyddol Llundain oedd wedi penderfynu diddymu'r hen arferiadau megis defnydd iaith – y *thee* and *thou* yn Saesneg, a'r wisg draddodiadol blaen. Adweithiant i'r pwyslais efengylaidd a ddilynai ymdrechion pobl fel Joseph John Gurney [1788-1847] – brawd Elizabeth Fry – i gryfhau elfennau a phwyslais ar Athrawiaeth yr Iawn, a chryfhau dylanwad y Beibl a'r defnydd arno. Un effaith o hyn oedd gwanhau y pwyslais ar bwysigrwydd Crist fel y Goleuni Mewnol. Roeddent yn gweld Crynwriaeth yn symud at awdurdod allanol yn hytrach na chadw at bwysigrwydd

25

y profiad mewnol. Cafodd Gurney gryn lwyddiant yn yr Unol Daleithiau gan arwain at rwygiadau difrifol ymysg y Cyfarfodydd Blynyddol yno.

I'r Crynwyr yn Fritchley gwraidd a chryfder eu ffydd oedd dibyniaeth ar brofiad dwfn ysbrydol o'r mewnol, a oedd yn rhyddhau pawb o ddibyniaeth ar eiriau ac allanolion. Roedd ofn fod disgyblaeth disgwyliad mewn distawrwydd yn cael ei danseilio gan arferion efengylaidd megis canu emynau. I Southall roedd "perffaith ddistawrwydd" yn ganolog i'w ffydd, gan, yn ei eiriau ei hun, "adael heibio yr hyn sydd o'r dyn ynddo ei hun, a thu allan iddo ei hun fel y gallo anadl yr Ysbryd Dwyfol, yr Hwn sydd yn chwythu lle y mynno chwythu arno." Ceisio cadw at ddealltwriaeth ac ysgogiad y Dwyfol ymhob un oedd y nod, ond cadw hynny o fewn disgyblaeth Feiblaidd. Diddorol nodi i Southall bwysleisio na ddylid galw Crynwriaeth yn ffurf o grefydd ond yn hytrach yn broffes ac yn brofiad. Efallai yn hynny o beth ei fod yn fodernaidd!

Prin y buasai Southall wedi anghydweld ag Ellis Pugh wrth i hwnnw ofyn sut oedd adnabod Crist, gyda'r ateb, "Ond trwy ddatguddiad ei ysbryd ef ei hunan, yn y dyn oddi fewn." Yn wir fe fuasai Ellis Pugh a Southall wedi bod yn gyffyrddus yng nghwmni ei gilydd. Buasai'r ddau, heb os, yn hapus i gytuno â chynnwys llythyr George Fox at y Cyfeillion ym Marbados yn 1671. Llythyr sydd yn ddatganiad trindodaidd ac orthodocs, ac yn amddiffynfa yn erbyn gosodiadau'r Anglicaniaid yno nad oedd y Crynwyr yn Gristnogion. (Yn anffodus mae'r llythyr hefyd yn gwadu'r ffaith fod y Crynwyr am annog caethweision i wrthryfela yn erbyn eu meistri. Gresyn y pryd hynny fod llawer o Grynwyr ym Marbados ac yn yr America yn cadw caethweision – ond stori arall yw honno, un sydd yn herio cydwybod y Gymdeithas heddiw wrth iddi ddarganfod ymlyniad rhai Crynwyr wrth y fasnach, a'u perchnogaeth o gaethweision. Dyna neges yn y fan yma fod cymaint o hanes yn llithro yn gyfleus i anghofrwydd.)

Crynwr o argyhoeddiad oedd Ellis Pugh, ond Crynwr o'r crud oedd Southall. Oherwydd hynny fe aiff ef ychydig yn bellach wrth amddiffyn yr hen dystiolaethau, er prin fod y rheini o reidrwydd, yn eu cyfanrwydd, yn perthyn i'r dilynwyr cynnar. Roedd yr ymarferiadau yn efelychiad o ddatblygiad o fewn yr enwad, ond wedi creu traddodiad a ddaeth i rai yn fwrn ac yn ddianghenraid. I eraill, fel Southall, roedd yna reidrwydd i gadw'r enwad fel "Priodolwyr" – *"Peculiar People"*, pobl neilltuol, â rhai yn eu mysg yn parhau i wthio'r syniad fod pawb arall yn apostatiaid.

Ym mis Hydref 1901 cafwyd ymateb i erthygl Southall dan y teitl "Pam nad wyf yn Grynwr." Yr oedd yr awdur yn edmygu'r Crynwyr, ond yn ymwrthod â'u syniadau, a dywed ei fod wedi cael distawrwydd y cwrdd yn feichus. Ymatebodd Southall mewn erthygl arall ym mis Ionawr 1902 ond yn feirniadol o'i gyd-addolwyr am eu bod meddai, "fel corph, ydynt ymhellach oddi wrth y gwirionedd, ac yn nes at safon y Methodistiaid, na'u cyndeidiau". Adlais o'i ymlyniad wrth bwyslais y grŵp yn Fritchley.

Wedi 1902 ni cheir unrhyw beth cyhoeddedig yn y Gymraeg hyd at 1956, pan gafwyd darllediad ar y BBC dan y pennawd "Paham yr wyf yn Grynwr". Y darlledydd oedd Waldo Williams, a'r darllediad yn un o gyfres o sgyrsiau dan y pennawd "Paham yr wyf ..." yn delio gyda gwahanol enwadau. Cyhoeddwyd y darllediad yn *Seren Gomer*, ac yn y man, fel taflen, gan Bwyllgor dros waith y Crynwyr yng Nghymru. Ymunodd Waldo â'r Crynwyr yn 1953, gan addoli, y rhan amlaf, yn nhŷ cwrdd Aberdaugleddau. Bu'n ffyddlon yn mynychu Cyfarfodydd Misol De Cymru. Tystiolaeth un cyfaill oedd mai anfynych oedd ei weinidogaethu yn y cwrdd, ond pan fyddai'n gwneud hynny yr oedd yn hoff o gyfeirio at y proffwydi, a meddylwyr mawr y byd megis Tolstoi, Bedayev a Sartre. "Cadwyn nid canllaw oedd credo" i Waldo ac mae ei ysgrif yn gwireddu hynny.

Darn gan fardd yw ei ddarllediad, yn gwisgo'r awen, ac yn wahanol i Pugh ac Southall nid oes cyfeiriadau at seiliau ac ymarferion y Crynwyr oni bai am eu defnydd o ddistawrwydd. Datganiad personol iawn geir am natur ffydd a natur Duw. Nid yw'n eglur a fu i Waldo ymddiswyddo o'i aelodaeth gyda'r Bedyddwyr, ond pwysleisia mai adeiladu at yr hyn a ddysgodd yn eu plith a wnaeth wrth symud tuag at y Crynwyr. Wrth ddarllen ei ysgrif gellir synhwyro mai Duw trosgynnol sydd yn dwyn ei ddychymyg, sydd yn greawdwr personol, sydd yn cyffwrdd pobl a'u trawsnewid.

Arf yw ffydd i sicrhau gweithgarwch, i gywiro methiannau, ac wedi ei seilio ar gyffyrddiad y Goleuni oddi mewn sydd yn trawsnewid ein dealltwriaeth a'n hagwedd at fywyd. Y Goleuni fel brawdoliaeth, yn cerdded *Mewn Dau Gae*. Darn gan gyfrinydd sydd yma, dirgelwch yw cyffyrddiad y Dwyfol, a hwnnw'n "ddirgelwch na ellir ei ddatgloi".

Rhoddai Waldo gryn sylw i bwysigrwydd y cyfarfod distaw a'r ymarfer trwy'r distawrwydd, lle daw profiad a datguddiad yn un, ond sydd hefyd yn dibynnu ar ein cydlyniad fel pobl, ac yn enwedig felly yn y cwrdd addoli. Dyna yn ei hanfod brofiad y tri. Bob un ohonynt yn sicr wedi ceisio ateb y gofyniad, "beth ddywedi di? Wyt ti yn blentyn y Goleuni, yn cerdded yn y Goleuni, a'r hyn a ddywedi a ddaw o Dduw?" Erys y sialens yma.

Buasai, fodd bynnag, yn ddiddorol gwrando ar y tri heddiw, Waldo, Southall ac Ellis, yn trafod sut y bu i Grynwriaeth newid ers iddynt ysgrifennu. Synnwn i ddim y buasai dau ohonynt yn crafu eu pennau, ond da hynny gan nad yw crefydd yn gallu sefyll yn llonydd – nid oes i ddatguddiad ffin nac amser. Ni all crefydd chwaith sefyll ar wahân i ddatblygiadau mewn gwyddoniaeth a dysg. Newidir ein pwyslais a'n dealltwriaeth yn sgil pob darganfyddiad. Nid yw'r weledigaeth yn ddisymud, caiff ei chreu a'i hail greu. Yr her i bawb yw gweld sut yr ymatebwn i hynny. Rhaid symud ymlaen, gan gadw at yr hanfodion hynny sydd yn ein clymu fel pobl o bob lliw a chred i'n gilydd i fod yn un â'r greadigaeth.

Ond, wrth gwrs, erys gwahaniaethau, ac mae i bob enwad ei ddysgeidiaeth a'i hunan gymeriad. Un eglwys ond sawl gwisg, a phwy all feirniadu dewis toriad y brethyn, ei liw a'i wead? Ac os oes gwahaniaethau yna gellir goddef hynny cyn belled ag y gellir osgoi gormes, trais a diffyg goddefgarwch. Yn anffodus, dyma elfennau nad ydynt wedi bod yn amlwg wrth i Gristnogaeth ddatblygu a lledaenu – ond mae hynny yn wir am bob crefydd arall, hyd y gwelaf.

I'r Crynwyr, o'r cychwyn, a hyd heddiw, rhywbeth mewnol ac ysbrydol oedd y sacramentau, heb yr angen am ymddangosiad allanol. Profiadau ysbrydol oedd y bedydd a'r cymun i fod, heb yr angen am ddŵr, bara na gwin. Sut bynnag, ymladd a ffraeo dros yr elfennau a'r defodau fu hanes yr eglwys, gan ddiystyru nerth eu harwyddocâd a'u hanfod ysbrydol. Nid oedd angen sacrament i gofio, ond yn hytrach cydnabod fod pawb yn dystion i'r Crist byw yn y galon. Mae'r deyrnas yma eisoes, ond hefyd i ddod. "Rhof fy nghyfraith o'u mewn, ysgrifennaf hi ar eu calon." Yr addewid oedd bod gan bob un mewn addoliad disgwyliedig, gyfrifoldeb am dderbyn arweiniad y Dwyfol heb ddibyniaeth ar air ysgrifenedig neu awdurdod offeiriad neu weinidog. Cerddai pawb yn y Goleuni, ac o hynny wneud bywyd ohono yn sagrafennaidd.

Doedd ond un bedydd i sancteiddio – bedydd yn yr ysbryd. Gellid felly ddatgan fod naws ysbrydol a mewnol y sacramentau yn golygu nad oedd angen dibynnu ar allanolion. Yr un pryd nid mater o lynu wrth gredo oedd yn bwysig. Nid trwy lafar ailadrodd credo oedd adeiladu'r eglwys, ond trwy bwysleisio cysylltiad a pherthynas yr unigolyn â'r Dwyfol. Dyma oedd rhoi ail-enedigaeth i'r Eglwys Fore, ac ailddarganfod y gwreiddiol. Os oedd cyfiawnhad i hyn oll, yna efengyl Ioan oedd yr allwedd, yn enwedig felly'r penodau agoriadol. Ond nid geiriau'r Beibl oedd yn ganolog, mewnfodaeth Crist yng nghalonnau'r bobl oedd y Gair. Wrth ddarllen yr ysgrythurau roedd hyn yn gymorth i bawb ddynesu at y Goleuni, ond nid dyma'r awdurdod terfynol, ffynnon i dynnu'r dŵr ohoni oedd yr ysgrythur, a'r dŵr yn rhad i bawb yn ddiwahân. Yn bwysig, yr oedd iachawdwriaeth ar gael i unrhyw un, er nad oeddent yn ymwybodol o fodolaeth Crist na'r Beibl.

Yn 1888 gwnaed cais ar i Gyfarfod Blynyddol Llundain ymrwymo i Ddatganiad Richmond. Datganiad a ddeilliai o gynhadledd a drefnwyd yn Richmond, Indiana yn 1887. Daeth rhyw 97 o gynrychiolwyr ynghyd o ddeg o gyfarfodydd blynyddol "Guerneyite" yn America, sef cyfarfodydd a ddaeth o dan ddylanwad John Joseph Gurney â'u pwyslais ar awdurdod y Beibl, gan israddio dibyniaeth ar y Goleuni Mewnol. Danfonwyd chwech o gynrychiolwyr o Gyfarfod Blynyddol Llundain i Richmond. Bwriad y gynhadledd oedd gweld a oedd yn bosibl i bob cyfarfod blynyddol, yn enwedig y rhai yn yr America, gytuno ar ddatganiad sylfaenol o athrawiaeth Gristnogol, a thrwy hynny hyrwyddo undeb mewn ffydd ac ymarfer. Nid oedd y cyfarfod, fodd bynnag, yn cynrychioli pob cangen Grynwrol yn yr America, gan i'r Crynwyr ceidwadol a rhyddfrydol eu pwyslais gadw draw – yn wir ni chawsant eu gwahodd! Yr oedd hyn, heb os, yn sicr o wanhau gobeithion yr ymdrechion. Ar derfyn y gynhadledd gwnaed yn eglur mai dogfen ymgynghorol ac awgrymiadol a gytunwyd, ond a oedd yn berthnasol i safbwynt pob cyfarfod blynyddol tu draw i'r America hefyd, sef, gan nad oedd ond dau arall, un Llundain a Chyfarfod Blynyddol Dulyn.

Rhy cynnwys agoriadol y datganiad, yn ei iaith wreiddiol, flas o bwyslais, syniadaeth a dealltwriaeth ddiwinyddol y gynhadledd, ac yn hynny o beth prin y gallasai hyrwyddo undod. Roedd argyhoeddiad y canghennau eraill ymysg y Crynwyr yn America mor wahanol. I lawer nid oedd undod ar sail y datganiad yn bosibl, gan ymwrthod â'r pwyslais ar eiriolaeth ac achubiaeth. Mae yn werth ei ddarllen yn ei gyfanrwydd ond fe fuasai hynny'n flinderus. Atodaf yr agoriad ohono wrth droed yr ysgrif hon, a'r geiriad yn sicr dderbyniol i sawl un heddiw ar draws llawer o enwadau ar draws y byd. I lawer o Grynwyr roedd y cynnwys yn llawer rhy feichus a chaeth, ac yn ddiystyriol o bwysigrwydd y Goleuni Mewnol, sef Crist yn y galon, yr Athro Mewnol, y Crist yn ein mysg. Dyna'r elfennau oedd yn brif sail i'w ffydd a'u hysbrydolrwydd.

Un o luniwyr y datganiad oedd John Bevan Braithwaite, cyfreithiwr cefnog o Lundain, oedd yn cael ei gydnabod fel un o arweinwyr blaenaf syniadaeth Gurney ym Mhrydain. Roedd yn lladmerydd pwysig i obeithion y datganiad, a'r gobeithion i hyrwyddo undeb. Yn ei gyflwyniad dadleuai nad dogfen gredoaidd oedd dan sylw a fuasai'n clymu unigolion i brawf o ffydd, ond un yn hytrach a allasai uno Crynwyr ym mhobman. Wrth gwrs, nid oedd pawb yn ei gweld hi felly.

Gwrthododd y Cyfarfod Blynyddol â rhoi barn am y datganiad, ond yn hytrach gydnabod datganiadau'r gorffennol am awdurdod ysgrythurol. Cadw'r ddesgil yn wastad a sicrhau undod. Dim datganiad o gredo felly, sicrhau'r gadwyn, a chryfhau'r dystiolaeth mai ffaith yw Cristionogaeth ac nid theori. Roedd yma newid pwyslais, a byddai Braithwaite a'i ddilynwyr wedi bod yn siomedig, ond ni chafwyd toriad oherwydd gwahaniaeth barn. Gallai'r modern gyd-fyw gyda'r traddodiadol, a chreu gwead newydd o bwyslais a dealltwriaeth. Chafodd neb eu beirniadu am fod yn ddibynnol ar ddehongliadau Beiblaidd, neu am fawrygu esblygiad fel ffaith. Dangoswyd ei bod yn bosibl cyd-fyw mewn gwahaniaethau, a derbyn wyneb y Dwyfol yng ngwên pob un.

Hyd yma rhyw gymysgfa o hanes a syniadau a gafwyd. A dweud y gwir, ni allaf aros yn hir ym myd y diwinydd na'r athronydd. Gormod o redeg ar ôl cynffonnau i'm meddwl i. Felly pam troi at y Crynwyr? Roedd y pwyslais fod pob un â'r gallu i ymateb i'r Dwyfol heb gymorth offeiriad neu weinidog yn atseinio. Fod y Duw, y Goleuni, yr Ysbryd [neu pa bynnag enw sydd yn rhoi ystyr ichi] yn ymgyrraedd at bob un yn ddiwahân, ac yn uniongyrchol, yn gwneud cryn sens. Yn fwy byth nad oedd angen defodau i'n hatgoffa ein bod yn byw yn ddyddiol yn y tragwyddol, na chwaith i'n cyflwyno i fyd ffydd a chred.

Ar y cychwyn fe grybwyllais elfen o ansicrwydd ynglŷn â defod y cymun. Ar yr un pryd nid oeddwn yn eglur chwaith am natur athrawiaeth y Drindod, ond defod y cymun oedd yn creu'r drafferth fwyaf. Gallwn weld pa mor bwysig a chanolog ydoedd i gymaint. Gallaf gofio'r wynebau difrifol hynny, pan oeddwn i'n blentyn, wrth i'r oedolion wyro i ddisgyblaeth ac arwyddocâd swper yr Arglwydd. Doedd yna ddim cwestiwn o gwbwl i'r addolwyr, dyma awdurdod y ddefod yn sicrhau fod eu bryd yn aros ar aberth y Crist drostynt, a bod angen cofio hynny. Ond i mi, fwyfwy, pam gymaint o bwyslais ar y corff a'r gwaed? Am fod defod yn

Mathew, Marc a Luc? Ond eto dim sôn amdano yn Efengyl Ioan?

I'r chwarelwyr hynny a blygai lin yn yr oedfa, nid oes cwestiwn yn fy meddwl fod y rhan fwyaf ohonynt yn deall natur aberth, poen a thrallod. Roedd brynti'r garreg las yn ffaith. Yn hynny o beth roedd cyfuno eu haberth gyda disgwyliad fod breichiau'r Anfeidrol yn cofleidio pawb yn cyfreithloni yr angen am y ddefod. Dyma sicrhau llwybr goruwch trafferthion bywyd dyddiol.

Serch hynny, a finnau bellach yn y Brifysgol, teimlais fod angen pwyso a mesur fy nealltwriaeth o'm perthynas â byd ffydd a chrefydda. Siars fy mam wrth imi adael cartref oedd gwneud yn siwr fy mod yn mynd i'r oedfa. Gan imi fynd i Brifysgol Manceinion roedd y dewis o gapel yn anoddach na phetawn wedi mynd i un o Brifysgolion Cymru. Capel Pendelton oedd y dewis gan fod cyfeillion i'm rhieni yn aelodau yno. Bach oedd yn gynulleidfa, trefn y gwasanaeth fel yr arfer, a phawb yn gyfeillgar. Ond pa ystyr oedd yna i'm presenoldeb?

Rwyf wedi rhannu'r stori yma sawl gwaith. Penderfynais y buaswn yn mynychu gwasanaeth gyda'r Undodiaid. Cychwyn ar lwybr o ymchwilio a holi. Felly, un bore Sul, dyma neidio ar y bws y gwyddwn ei fod yn mynd heibio Capel Cross Street, Manceinion. Arhosodd y bws y tu allan i dŷ cwrdd y Crynwyr yn Mount Street. Adeilad o 1830 ac yn y dull Clasurol, gyda cholofnau Ionig, gydag eisteddle i dros 600, os nad 1900 wrth gyfri'r galeri. Ar amrant gadewais y bws a cherdded i mewn i'r cwrdd. Roedd gennyf ddiddordeb mewn hanes enwadol, gyda rhyw ddealltwriaeth, nid llawer, am gefndir y Crynwyr. Fe fuasai ymweliad a hwy wedi bod ar fy rhestr ymholi rhyw ben. Nid wyf eto wedi bod mewn gwasanaeth Undodaidd!

Nid yw tŷ cwrdd Mount Street yr un mwyaf cyffordus,

ond wedi cerdded i mewn ac eistedd buan iawn y teimlais y distawrwydd yn gafael ynof. Ni allaf llai na dyfynnu Robert Barclay wrth iddo ef dystio nad trwy nerth dadl neu drafodaeth ddyrys o athrawiaeth y daeth i ddeall natur y Gwirionedd, ond yn hytrach wrth iddo gerdded i mewn ac ymuno ymysg cynulliadau distaw'r Cyfeillion. Teimlodd rym y cynulliad distaw yn allwedd i'w ddealltwriaeth. Heb angen offeren, na gweddi gyffredin, oherwydd gorwedd undeb yr Ysbryd o'n mewn, a disgwyliwn amdano yn eiddgar.

I fachgen bach diniwed, wedi arfer â sŵn yr emyn a'r bregeth, ac yn wir i beth dwndwr yr oedfa anghydffurfiol, roedd natur y distawrwydd y bore Sul hwnnw yn weledigaeth, ac mae'n parhau felly. Nid distawrwydd gwag mohono, ond distawrwydd o ddisgwyliad. Beth ddywed y byd a'r cread wrthyt? Llefara.

Wedi hynny roedd yn anorfod fod rhaid darllen mwy, a cheisio gwell dealltwriaeth o'r hyn yr oeddwn yn ansicr ohono. Bûm hefyd yn ffodus i wneud cysylltiadau mynwesol ymysg Crynwyr Manceinion, a fu yn gymorth ac yn gaffaeliad. Ni fu'r cymun yn broblem imi oddi ar hynny, ac er bod hawl i bob Crynwr dderbyn y cymun, os mewn cyfarfodydd enwadol, nid wyf wedi cymryd y cyfle hwnnw. Ni theimlais golli'r ddefod, na'r awyrgylch a blethai. Gallwn roi yr allanolion heibio. Nid oes ond un sacrament – bywyd.

Ni allaf wadu pwysigrwydd credo a defod i eraill, ac ni fuaswn yn dymuno gwneud hynny. Gwn pa mor hanfodol ydynt i fywydau miliynau, a'u bod yn rhoi seiliau cryf i'w byw a'u bod. Y drafferth yw bod rhai ohonynt yn mynnu mai eu dadansoddiad hwy sydd gywir, a phawb arall felly yn byw dan gamsyniad. Dyna oedd agwedd y Crynwyr cynnar, ond gyda throad amser meddalodd eu hagwedd a'u dealltwriaeth. Gallaf dystio fod yr elfen hpn yn parhau, wrth iddynt bwysleisio na ellir clymu pobl mewn geiriau. Gall yr anffyddiwr fyw gyda'r crediniwr, gall Mwslim, Cristion, Hindŵ ac eraill gyfarfod gyda'i gilydd, a gweld nad yw'r "Bod Mawr" yn malio dim am eu gwahaniaethau. Fel y datganwyd yn 1656 mewn epistol a anfonwyd o gwrdd henuriaid y Crynwyr yn Balby yn 1656:

> Annwyl Gyfeillion cariadus, ni osodwn mo'r pethau hyn arnoch megis rheol neu ffurf i'w dilyn, ond fel y cyfarwydder pawb, yn ôl y mesur sy'n bur a glân; a chan gerdded a thrigo yn y goleuni, fel y cyflawner y pethau hyn yn yr Ysbryd, ac nid yn ôl y llythyren, canys y mae'r llythyren yn lladd, ond yr Ysbryd sydd yn bywhau.

ATODIAD:

Agoriad i Ddatganiad Richmond.

Gan nad wyf yn ddiwinydd nid wyf yn bwriadu cymharu'r isod dyweder â chynnwys y cyffesau ffydd sydd mor bwysig i lawer. Mae'r pwyslais a'r ddibyniaeth Beiblaidd yn amlwg.

"It is under a deep sense of what we owe to Him who has loved us that we feel called upon to offer a declaration of those fundamental doctrines of Christian truth that have always been professed by our branch of the Church of Christ. We believe in one holy, (Isa. 6:3, 58:15) almighty, (Gen. 17:1) all-wise, (Rom. 11:33, 16:27) and everlasting (Ps 90:1-2) God, the Father, (Matt 11:25-27) the Creator (Gen 1:1) and Preserver (Job 7:20) of all things; and in Jesus Christ, His only Son, our Lord, by whom all things were made, (John 1:30) and by whom all things consist; (Col 1:17) and in one Holy Spirit, proceeding from the Father and the Son, (John 15:26, 16:7) the Reprover (John 16:8) of the world, the Witness for Christ, (John 15:26) and the Teacher, (John 14:26) Guide, (John 16:13) and Sanctifier (2 Thess 2:13) of the people of God; and that these three are one in the eternal Godhead; (Matt 28:19, John 10:30, 17:21) to whom be honour, praise, and thanksgiving, now and forever. Amen."

Parwydydd Clai

"Dyma deyrnas y dychymyg, lle na welwch ond trwy'r galon"

Cefais wahoddiad i swpera gyda dau aelod blaenllaw o gwrdd y Drenewydd yn fuan wedi imi ymuno â'r Crynwyr trwy aelodaeth yng Nghyfarfod Misol Henffordd a Chanolbarth Cymru. Y cyfarfod misol sydd yn penderfynu aelodaeth pawb, ond bellach dan yr enw cyfarfod rhanbarth. Moderneiddiwyd y gyfundrefn lywodraethol yn 1994, gan roi mwy o bwyslais i'r cyfarfod lleol a'r cyfarfod rhanbarth. Diddymwyd y Cyfarfodydd Chwarter, oedd yn cynnwys sawl cyfarfod misol o fewn dalgylch daearyddol pendant.

Yn y man rhannwyd cyfarfod misol Henffordd a'r Canolbarth gan sefydlu Cyfarfod Misol Canolbarth Cymru. Rhan o broses oedd yn gwireddu'r dymuniad i greu cyfundrefn fwy Cymreig. Serch hynny, penderfynodd cwrdd Llandrindod a'r Pales aros gyda Henffordd, Ameley a Llwydlo a dod yn rhan o Gyfarfod Misol y Gororau Deheuol, a hefyd felly cyfarfod Y Fenni. Ar y llaw arall perthyn cyfarfod Croesoswallt i Gyfarfod Rhanbarth Gogledd Cymru. Patrymau sydd yn efelychiad o gysylltiadau daearyddol a hanesyddol. Ond nid yw cyfarfodydd ar draws y ffin yn ddieithr i enwadau eraill chwaith. Er enghraifft, fe arhosodd 18 o blwyfi gyda'r Eglwys yn Lloegr yn hytrach na throsglwyddo i'r Eglwys yng Nghymru yn dilyn deddf datgysylltu 1914.

Gwahoddwyd dau aelod arall i'r un swper hwnnw hefyd, yn aelodau o'r un cyfarfod misol, ond yn perthyn i gwrdd lleol gwahanol. Roedd y ddau yn awyddus i'm hatgoffa na ddylwn gysylltu fy nghenedlaetholdeb gyda'm haelodaeth, gan fod y Crynwyr, yn eu tyb hwy, yn draddodiadol wedi pellhau eu hunain oddi wrth unrhyw ymrwymiadau o'r fath. Mewn geiriau eraill nad oedd cenedlaetholdeb a Chrynwriaeth yn cydweddu. Distaw oedd fy ngwesteiwyr, ond o'm cysylltiad hir oes â hwy dros y blynyddoedd, braf oedd sylweddoli nad oeddent yn cydsynio â'r sylwadau a wnaed. Y ddau, gyda llaw, yn enedigol o Loegr.

Sawl blwyddyn wedyn yn un o gyfarfodydd cynnar Crynwyr Cymru cefais fy ngheryddu gan yr un ddau westai am imi gyfrannu i'r drafodaeth trwy siarad yn Gymraeg. Tynnwyd fy sylw at y ffaith fod pawb oedd yn bresennol yn deall ac yn siarad Saesneg. Beth oedd yn drist oedd bod y gŵr yn Gymro Cymraeg ac yn y gorffennol wedi cyfrannu at drafodaethau ple, o ganlyniad, y darparwyd deunydd yn y Gymraeg am y Crynwyr. Ond yr oedd yn ifancach ac yn ddibriod bryd hynny!

Fy arferiad, os ydw i'n gweinidogaethu yn y Gymraeg, yw cyfieithu braslun o'r hyn a ddywedais wedyn yn Saesneg, a dyna wnes i yn y cyfarfod hwnnw. Rwyf wedi parhau gyda'r arferiad hwn hyd heddiw. Nid yw efallai yn gwbl effeithiol, a rhaid i bwy bynnag sydd yn deall y Gymraeg ddioddef dau fersiwn o'r un peth. Amlyga hyn y ffaith mai Saesneg yw prif iaith y Gymdeithas yng Nghymru, ac mai lleiafrif bychan iawn yw'r Cymry Cymraeg. Saesneg fu iaith y Gymdeithas o'i chychwyn, ac nid oes nemor ddim Cymraeg i'w ddarganfod yn ei chofnodion hanesyddol. Erbyn heddiw fe ddarperir cyfieithu ar y pryd yng nghyfarfodydd Crynwyr Cymru, sydd yn dod at ei gilydd deirgwaith y flwyddyn. Un cyfarfod lleol yn unig sydd yn defnyddio'r Gymraeg fel eu prif iaith, sef cyfarfod Pwllheli. Ni waherddir unrhyw un, mewn unrhyw gyfarfod, rhag cyfrannu gweinidogaeth yn y Gymraeg neu yn wir mewn unrhyw iaith, ond nid yw'n dilyn y caiff popeth ei gyfieithu.

Beth felly oedd y rheswm am y cyngor a roddwyd imi? Siawns mai eu dealltwriaeth hwy o'r angen i roi pwyslais ar fod yn rhyng-genedlaethol fel egwyddor sylfaenol o fod yn Grynwr, ac nad oedd lle i roi sylw i syniadau oedd yn mawrygu unrhyw genedlaetholdeb ar draul anghenion dynoliaeth mewn byd o gymhlethdod. Bod angen edrych y tu draw i unrhyw ffiniau cenedlaethol a meithrin cydweithrediad ar draws pob ffin, fel y bo'r rheini yn diflannu a chyfeillgarwch a chyd-ddibyniaeth economaidd yn tyfu. Gallasent yn wir droi at syniadau William Penn, pan fu iddo yn 1693, wedi ymddeol o fywyd cyhoeddus, ysgrifennu taflen am gynllun ymarferol i lywodraethau Ewrop, yn sgil llanastr cyfandir a rwygwyd gan ryfel. Cyhoeddwyd y traethawd *An Essay Towards the Present and Future Peace of Europe by the establishment of an European Diet, Parliament or Estates* yn 1696. Pwyslais Penn oedd cyfrifoldeb tywysogion a brenhinedd Ewrop i fawrygu heddwch, i bwysleisio'r angen amdano – a sicrhau cyfiawnder yn lle rhyfel. Pwysleisiai felly'r angen i'r arweinwyr gyfarfod a chreu rheolau fyddai yn eu rhwymo i hyrwyddo heddwch. Ac os oedd anghytundeb yn parhau yna fod undeb y gweddill yn gorfodi penderfyniad o blaid heddwch, "and consequently, peace would be procured and continued in Europe". I Penn tyf heddwch o gyfiawnder, sydd ynddo'i hun yn ffrwyth gan lywodraeth, fel ag y mae llywodraeth o gymdeithas, a chymdeithas o gydsyniad. Amlwg fod Penn o flaen ei amser!

Yn ei draethawd nid yw Penn yn sôn am y Crynwyr o gwbl, eto gallwn fod yn sicr fod eu datganiad heddwch o 1666 yn dylanwadu ar ei syniadaeth. Wrth bwyso am senedd Ewropeaidd, pa mor gyntefig ei llun a'i lliw, gwreiddiwyd y syniadaeth fod cydweithio a chyd-dynnu yn rhagori ar wrthdrawiad.

Felly roedd y cyngor a roddwyd imi am gadw cenedlaetholdeb allan o'm Crynwriaeth yn seiliedig ar ddehongliad arbennig o'r dystiolaeth heddwch. Mae hyn yn anffodus ond heb fod yn syndod. Yn nhyb rhai Crynwyr mae'r dystiolaeth yn golygu fod rhaid edrych ar genedlaetholdeb fel rhywbeth sydd yn magu ac yn meithrin casineb rhwng pobl. Ac wedi achosi gwrthdrawiad a rhyfeloedd, wrth i un genedl hawlio goruchafiaeth dros genedl arall, a defnyddio grym arfau i wneud hynny. Yn sicr roedd cyflafan yr Ail Ryfel Byd yn cyfiawnhau'r dehongliad hwn yn enwedig o gofio'r bryntni, y casineb a'r athrawiaeth hiliol oedd hefyd yn sylfaenol i athrawiaeth y Natsïaid. Ac os nad oedd y rhyfel hwnnw yn dyst, yna roedd cofio noethni cibddall y cenedlaetholdeb cystadleuol Ewropeaidd a geid cyn y Rhyfel Byd Cyntaf, a oedd hefyd yn atgoffa llawer o ffoliney safiadau o oruchafiaeth sydd ynghlwm â'r syniadaeth o genedl. Sut arall mae gwneud synnwyr o'r 40 miliwn a laddwyd yn ystod y rhyfel hwnnw? Rhwng 15 a 22 miliwn yn aelodau o'r lluoedd arfog, gyda dwy ran o dair o'r rheini yn marw mewn brwydrau. Tra ym Mhrydain bu farw rhyw 1.6 miliwn. Dolur a chraith ddofn. A'r Ail Ryfel Byd? Rhyw 75 miliwn yn marw, rhyw 3% o boblogaeth y byd. Gwallgofrwydd.

Nid hawdd yw i unrhyw genedlaetholwr gyfaddef fod y syniad o genedl wedi ei liwio gydag elfen gref o ramantiaeth a myth, os nad gormes a thrais. Coluro enwogion i fod yn saint a digwyddiadau na ddylid eu cwestiynu ond eu derbyn yn ddi-ffael. Nid yw'r Cymry yn ddieuog, a chystal â neb arall am orliwio a gor-ddweud. Breuddwyd ffyliaid ym mharadwys! Efallai fod angen bod yn llawer mwy clir am y gwahaniaeth rhwng cenedlaetholdeb a'r ymdeimlad o genedligrwydd. Er yn bersonol nid wyf yn glir fy meddwl sut mae modd gwneud hynny. Anghofiwn hefyd mai datblygiad o foderniaeth yw'r genedl fel ac yr ymdriniwn â hi heddiw. Yn hanesyddol roedd yn haws sôn am y werin Gymreig, Gymraeg ei hiaith a phawb yn cadw at eu milltir sgwâr, yn hytrach na gweld cenedl unedig, unllais. Cwlwm trwy'r frenhiniaeth Seisnig a gaed yn hytrach na balchder mewn Cymreictod. Deiliaid yn hytrach na dinasyddion. Trafodaeth arall, gymhleth yw hon, ond ddim i'w diystyru.

Yn 1895 fe benderfynwyd yn y Cyfarfod Blynyddol i drefnu cynhadledd ym Manceinion. Y nod oedd ceisio dileu anwybodaeth am y Gymdeithas ymysg y cyhoedd, ond hefyd sicrhau gwell dealltwriaeth ohoni ei hun mewn byd oedd yn brysur newid. A thrwy wneud hynny, sicrhau ymlyniad cryfach ei hieuenctid i'w gwaith a'i chenhadaeth. Ymgais i sicrhau fod moderniaeth yn cyffwrdd â ffydd mewn enwad oedd wedi ei rewi mewn neges efengylaidd Feiblaidd orothodcs, oedd wedi bod yn ddiystyriol o ddatblygiadau gwyddonol a'r newidiadau mewn cymdeithas. Bod yn llawer mwy effro i'r byd. Symud y meddylfryd, ceisio mynd i'r afael â chwestiynau anodd.

Un siaradwr yn y gynhadledd oedd Samuel George Hobson. Yn enedigol o Ogledd Iwerddon, bu ei dad, William Hobson, yn genhadwr cartref y Gymdeithas yng Nghaerdydd o 1885 i 1891, ac ef a fu'n gyfrifol am ysgwyddo baich ailadeiladu tŷ cwrdd newydd yn y ddinas. Arhosodd y mab yng Nghaerdydd am gyfnod pellach. Yn 1884 ef oedd ysgrifennydd Keir Hardie. Un o ymdrechion Samuel oedd sefydlu'r Eglwys Lafur yn y ddinas a hefyd gangen o Gymdeithas Fabian. Yn wir rhwng 1896 a 1900 roedd yn aelod o bwyllgor gwaith y gymdeithas. Ym Mehefin 1895 ef oedd ymgeisydd yr ILP yn etholaeth Dwyrain Bryste, lle y denodd 1,874 pleidlais o'i gymharu â 4,129 pleidlais i'r Rhyddfrydwr. Fe'i cydnabyddir fel un o brif sylfaenwyr sosialaeth urdd gyda G.D.H. Cole, er mai enw hwnnw sydd flaengar yn hanes y symudiad. Testun Hobson ger bron y gynhadledd oedd y Crynwyr a'r Ddeddf Dlodi. Defnyddiodd ei gyfle i bwysleisio perthnasedd sosialaeth i Grynwriaeth. Gwelai ef dri math o Grynwr, yng nghyd-destun ei bwnc, y rhai difater, y rhai a gyfyngai eu diddordeb o fewn terfynau'r Gymdeithas, ac yn olaf ond ar gynnydd, y rhai a oedd yn gweithio gydag argyhoeddiad cryf tu draw i'w ffiniau ar gwestiynau cymdeithasol. Credai fod o leiaf ddeugain neu fwy o Grynwyr ifanc felly, yn dod o hyd i foddhad y tu draw i ffiniau'r Gymdeithas. Yr oedd angen i'r Cyfarfod Blynyddol godi ei lais dros ddiwygio cymdeithas. Roedd ymdrechion sosialaidd i Hobson fel mudiad crefyddol annogmataidd a oedd angen arweiniad y gallasai'r Crynwyr ei gynnig. Ni chafodd ei syniadau groeso brwd, ac ni fu i'r gynhadledd ysgwyd y seiliau ar y pryd, ond fe agorwyd ffenestri, ac fe symudwyd terfyn arall. Yr oedd yn ddadeni i'r Crynwyr ym Mhrydain. Cilio fodd bynnag a wnaeth Hobson o'i Grynwriaeth.

Rhy cyfraniad Hobson agoriad na ellir ei anwybyddu. O ddiwedd y bedwaredd ganrif ar bymtheg bu i sosialaeth gyffwrdd â bywyd y Cyfarfod Blynyddol. Yn hanesyddol o'r ail ganrif ar bymtheg roedd grwpiau fel y Levellers a'r Diggers â chysylltiadau gyda'r Crynwyr. Bu i John Lillburne, arweinydd y Levellers, a Gerald Winstanley, arweinydd y Diggers, yn eu tro, droi at y Gymdeithas. Roedd eu syniadau hwy am gydraddoldeb a threfniadau ymarferol i ymdrin â phroblemau cymdeithasol yn cydorwedd gyda diwinyddiaeth y Gymdeithas. Er nid tystiolaeth gymdeithasol oedd yn gyrru Fox a'i gyd-ddilynwyr, ond y sicrwydd fod yr eglwys yn llawn apostiaid ac angen goleuni.

Yn wir fe welir hefyd adwaith yn erbyn syniadaeth radical a allasai gael ei dehongli fel datganiad yn erbyn y sefydliad.

O 1690 bu i'r Crynwr, John Bellers (1654-1725), ddatblygu ei syniadau a chynlluniau ar sut i atal diweithdra, concro tlodi ac addysgu'r tlodion. Edmygwyd Bellers a'i ymdrechion gan bobl fel Robert Owen a Karl Marx, a oedd yn ei weld fel arloeswr sosialaidd, yn enwedig felly am i Bellers wthio'r syniad o drefniadau cydweithredol. Hefyd rhoddodd sylw a chydnabyddiaeth i'r syniad mai llafur oedd sylfaen cyfoeth. Yn 1898 fe ffurfiwyd Cymdeithas Sosialaidd y Crynwyr ac roedd yna gysylltiad agos hefyd gyda Chymdeithas Fabian sefydlwyd yn 1884 lle'r oedd sawl Crynwr yn aelod.

Pwysai twf sosialaeth yn drwm ar Grynwyr ifanc wrth iddynt ystyried goblygiadau'r dystiolaeth heddwch, yn enwedig pan basiwyd gwasanaeth milwrol gorfodol yn 1915, wrth i'r ddibyniaeth ar luoedd gwirfoddol fynd yn annigonol i anghenion y rhyfel. Cryfhawyd safiad y Crynwyr a oedd o oed milwrol wrth i'r Cyfarfod Blynyddol gadarnhau eu safiad dros ryddid cydwybod ac yn erbyn gorfodaeth. Roedd hon yn egwyddor a oedd yn cyffwrdd pob Crynwr, boed Sosialydd neu Ryddfrydwr. Gwelwyd undod o fewn y Gymdeithas ynglŷn â goblygiadau'r orfodaeth a'r disgwyliad fod pawb i ymuno â'r lluoedd arfog. Yn naturiol gwelwyd rhai yn ymddiswyddo oherwydd hyn ond bychan oedd eu nifer. Fodd bynnag, er bod yna gefnogaeth i'r rhai a oedd am weithredu ar eu gwrthwynebiad yr oedd yna hefyd ganran sylweddol o Grynwyr a oedd yn gefnogol i ymdrechion y wladwriaeth.

Ar yr un pryd yn 1915, ac yn gyfochrog â'r safiad yn erbyn gorfodaeth filwrol penderfynodd y Cyfarfod Blynyddol gychwyn ar astudiaeth eang ar beth fyddai'r sylfaen er mwyn sicrhau cyfundrefn gymdeithasol gyfiawn.

Cyhoeddwyd ffrwyth eu llafur yn 1918 dan y teitl *The Foundations of a True Social Order*. Egyr y ddogfen honno gyda'r datganiad fod tadolaeth Duw, fel y'i datguddiwyd ym mherson Crist, yn golygu brawdoliaeth ymysg pobl sydd yn cyfannu pob hil, rhyw a dosbarth cymdeithasol yn ddiwahân. Craidd ymrafael oedd pwyslais gormodol ar eiddo, ac roedd angen rheoli hwnnw er mwyn diwallu anghenion pawb. Gwasanaeth er budd fel egwyddor ac nid er mwyn elw personol. Nid pawb oedd yn hapus gyda chynnwys y cyhoeddiad, gyda llawer yn teimlo ei fod yn gorbwysleisio elfennau sosialaidd.

Wedi'r rhyfel roedd y ddogfen yn ddylanwadol wrth liwio'r drafodaeth ynglŷn â natur a goblygiadau heddwch, a sut i'w sicrhau: y nod cael byd heddychlon, di-drais a theg. O ganlyniad, cryfhawyd yr ymrwymiad i'r dystiolaeth. Yn sgil hynny fe fuasai unrhyw grochlais o genedlaetholdeb yn sicr o fod yn annerbyniol. Gyda rhyw elfen eironig, gwrthododd y Cyfarfod Blynyddol ddatgan cefnogaeth i sefydlu Cynghrair y Cenhedloedd am fod eu cyfansoddiad yn caniatáu defnydd o arfau os oedd hynny yn anorfod mewn unrhyw wrthdrawiad rhwng gwledydd. Ceisio bod yn gyson â'r dystiolaeth. Yn ddiddorol, er mai dyna oedd safiad swyddogol y Cyfarfod, roedd cefnogaeth Crynwyr ar draws y wlad i'r Gynghrair yn amlwg. Rhaid efallai nodi nad yw penderfyniadau enwadol bob amser yn boblogaidd gyda'u haelodaeth.

Ond un dehongliad o genedlaetholdeb trwy chwyddwydr yr un athrawiaeth wleidyddol â'r dystiolaeth heddwch a geir yma. O edrych ar hanes y Gymdeithas cyn y Rhyfel Byd Cyntaf, fodd bynnag, gwelir fod ymrwymiad ei haelodaeth i genedlaetholdeb ac imperialaeth Brydeinig yn gadarn, ac yn rhan annatod o fywyd nifer fawr o'i haelodau. Prin fod ystyriaeth i genedlaetholdeb Cymreig ac Albanaidd yn bwysig, ac yn Iwerddon gwelwyd nad oedd fawr o gefnogaeth i ymreolaeth ymysg y nifer fechan o Grynwyr Gwyddelig.

Ers 1660 pan gafodd y dystiolaeth heddwch ei chyflwyno i Siarl II bu yn ddatganiad sylfaenol o ffydd. Gwrthodai'r defnydd o arfau fel modd i ddatrys problemau, ac roedd wedi ei selio ar yr egwyddor fod y Dwyfol yn trigo ymhob un. Os hynny, oferedd oedd ymladd a lladd, gan ein bod oll o un cnawd ac enaid.

> Pa werth na thry yn wawd
> Pan laddo dyn ei frawd?

Ond rhaid i Grynwyr hefyd roi sylw ac ystyried cenedlaetholdeb ochr yn ochr â gweddill eu tystiolaethau traddodiadol ac sydd yn ymwneud â materion gwleidyddol a chymdeithasol. Ni all Crynwriaeth gyplysu ei hunan yn gibddall â sosialaeth, rhyddfrydiaeth, cyfalafiaeth neu unrhyw ddehongliad gwleidyddol ac economaidd. Ond mae angen i Grynwyr weithredu yn y byd, a bod yn gyson â'u safiadau ynglŷn â heddwch a chyfiawnder. Fel ac y cewch eich arwain yw'r hen ddisgrifiad, "as you are led," yn unol â chynhyrfiad ac arweiniad yr Ysbryd, y Goleuni Mewnol, neu'r Ymwybyddiaeth Greadigol o fewn y bydysawd. Ac os hynny, gallwn fod yn sicr y bydd yna bwyslais a dehongliadau gwahanol, ac angen felly eu cymathu i sicrhau fod undeb o fewn y corff yn cael ei ddiogelu. O fewn Crynwriaeth nid yw undod o reidrwydd yn golygu fod pawb yn cytuno â'i gilydd, ond eu bod yn fodlon unioni eu hunain â phenderfyniadau sydd yn gyfeiriadol dderbyniol, ac yn efelychu symudiad o gariad ymysg ei gilydd. Fel y dywedodd y Crynwr Americanaidd, John Woolman, yn 1763, "Cariad oedd y symudiad cyntaf", a heb os yn y galon.

Os hynny, beth all y genedl fod ond yr hyn a atseinir yng ngeiriau Waldo?

> Beth yw bod yn genedl? Dawn
> Yn nwfn y galon.
> Beth yw gwladgarwch? Cadw tŷ
> Mewn cwmwl tystion.

Mae'r llenyddiaeth a'r drafodaeth am natur a diffiniad cenedlaetholdeb yn faith a chymhleth, a gwiriondeb fyddai ceisio crynhoi mewn unrhyw fodd y deunydd sydd ar gael. Yn sicr nid yw yn bwnc syml. I rai nid yw cenedlaetholdeb yn ddim ond efelychiad o natur y wladwriaeth, i eraill mae'n llawer ehangach. Mae angen dehongliad a sylw ar sawl lefel, ac wedi eu seilio ar werthoedd, symbolau a thraddodiadau gwahanol. Hyn oll mewn gwisg o ieithoedd a diwylliannau niferus. Hynny, fel ag y bo pobl yn gallu uniaethu a'u lleoli eu hunain mewn, beth sydd fel arall, yn gymhlethdod. Yr ydym oll angen ein milltir sgwâr. Oherwydd hynny gall cenedlaetholdeb ddatblygu i fod yn gul a dinistriol i eraill, yn senoffobig. Creu'r 'arall' hwnnw er mwyn sicrhau goruchafiaeth drostynt, eu gwthio i'r ymylon. Gwraidd hiliaeth a chreulondeb, gyda'r syniadaeth fod rhai yn well na'i gilydd. Y gwir efallai yw bod cenedlaetholdeb, dros amser, wedi cael ei orchuddio gan storïau a mytholeg, sydd wedi creu ffuglen niweidiol nad yw yn seiliedig ar ffaith. Fel pob syniadaeth mae iddo ei beryglon, ac ni all y Cymry chwaith wadu nad yw hyn yn rhan o'u hetifedd.

Yn 1882 roedd y Ffrancwr, Ernest Renan, yn sicr fod i'r genedl enaid, ei bod yn egwyddor ysbrydol, ond eto dros amser roedd iddi ddiwedd a diflaniad. I'r Sais, John Stuart Mill, os yr oedd yna iaith a chrefydd yn clymu pobl at ei gilydd, ynghyd â dilyniant o hanes a chof yna roedd yn bosibl sôn am genedl. Prin y gallwn ddiystyru'r elfen gyfriniol sydd yng ngwead gwaith y ddau, ac sydd i'm tyb i yn cryfhau'r hyn yr oedd Waldo yn cyfeirio ato. Iddo ef sail cenedl oedd yr ymdeimlad o frawdoliaeth, ond nid brawdoliaeth oedd yn gyfyngedig i le, iaith a chelfyddyd chwaith, ond yn hytrach a oedd hefyd "yn casglu teuluoedd y llawr" at ei gilydd. Saif traed dynoliaeth yn yr un pridd, "cymod a chyflawn we Myfi, Tydi, Efe". Fel Crynwr ni fu i Waldo gelu na chuddio ei genedlaetholdeb. Ceisiodd unioni ei ddealltwriaeth o'i Gymreictod a'i genedligrwydd o fewn tystiolaeth gadarn o heddychiaeth rhwng ac ymysg y cenhedloedd. Bod mawrion daear i gydnabod "cariad fel y môr" yn hytrach na chras lais ymdeimladau o ragoriaeth, goruchafiaeth a chenfigen sydd, yn anffodus, wedi lliwio eu perthynas â'i gilydd ers bron cyn hanes. Rhy Waldo lais sy'n clymu cenedlaetholdeb i'r dystiolaeth heddwch, gan ddatgan ar yr un pryd, fod angen cydnabod y gwahaniaethau sydd ynghlwm wrth iaith, hanes, crefydd, daearyddiaeth a diwylliant. Elfennau sydd, oherwydd eu gwahaniaethau, yn cyfoethogi ein bodolaeth ac nad ydynt ddim yn peryglu undod y ddynoliaeth.

Chwedl un bardd am Waldo, heddychiaeth oedd y rheswm iddo fwrw ei goelbren gyda'r Crynwyr a bod eu dylanwad yn drwm ar ei ymdeimlad a'i ddulliau fel bardd. Derbyniodd gefnogaeth hael ei gyd-Grynwyr pan garcharwyd ef am wrthod talu ei dreth incwm ddwywaith, yn 1960 am chwe wythnos, ac yna yn 1961 am chwe wythnos arall. Cyn hynny yn 1954 a 1956 atafaelwyd ei eiddo am wrthod talu'r un dreth, ac aelodau cwrdd Aberdaugleddau yn eu prynu yn yr ocsiwn. Bu yntau yn driw i'w Gyfarfod Misol, gan gynrychioli ei gyfarfod lleol, Aberdaugleddau, yn eu cyfarfodydd o leiaf ddeunaw o weithiau rhwng 1955 ac 1968, a cholli dau gyfarfod arall. Dywed un o'i gyfeillion, a oedd hefyd yntau'n Grynwr, nad oedd cenedlaetholdeb

Waldo wedi ei wisgo mewn gwleidyddiaeth groch gydag ystyriaethau ymarferol a strategaethol yn flaenllaw, er mwyn ennill cefnogaeth. Yn hytrach gŵr yr encilion syml, plentyn yr awen, a wisgai ei ffydd yn gyntaf yn hytrach na cheisio ennill ffafr. Pan safodd fel ymgeisydd cyntaf Plaid Cymru yn Sir Benfro yn etholiad cyffredinol 1959, y diwrnod cyn y lecsiwn diflannodd am y diwrnod er mwyn mynychu angladd cyfaill mynwesol rhyw 80 milltir o'r etholaeth!

Os yw Waldo yn esiampl i'w ddilyn yna ni ddylid gweld cenedlaetholdeb fel rhywbeth croes nac yn wrthodiad o werthoedd Crynwrol.

Yr unig Grynwr yn byw yng Nghymru, hyd ac y gwn, a ysgrifennodd unrhyw beth ynglŷn â chenedlaetholdeb, oedd yr academydd Sydney Charles Herbert. Ganwyd ef yn Llundain yn 1886 i deulu cyffredin. Gofalwr adeilad yn Adelphi Terrace oedd ei dad erbyn 1891, ac ymddengys fod Charles Booth, awdur astudiaeth aml-gyfrol hynod a dylanwadol *Life and Labour of the People of London* yn byw yn yr adeilad rhwng 1894 1901. Y drws nesaf oedd cartref George Bernard Shaw. Tybed a fu i Sydney drafod unrhyw beth â'r ddau ŵr bonheddig yma?

Erbyn 1901 roedd Sydney yn gweithio yn y Swyddfa Rhyfel fel 'copyist' ond erbyn 1911 roedd yn glerc, ail reng yn y gwasanaeth sifil, gyda'r Bwrdd Addysg. Erbyn hynny roedd yn briod ac fe anwyd ei unig fab, Denis yn 1916. Yn y flwyddyn honno hefyd y cyhoeddodd ei lyfr *Modern Europe 1789-1914* a ddaeth yn boblogaidd fel gwerslyfr prifysgol. Cafwyd chwe ail-argraffiad o'r llyfr rhwng 1916 ac 1923. Eto, ni raddiodd mewn unrhyw brifysgol, ond siawns iddo ledaenu ei gefndir addysgol yn rhywle iddo fedru ysgrifennu llyfr o'r fath, sydd yn dyst i'w allu. Yn 1921 cyhoeddodd gyfrol arall sef, *The Fall of Feudalism in France.* Erbyn hynny roedd ar staff Coleg y Brifysgol, Aberystwyth.

Mae'n bosibl iddo fod yn y fyddin yn ystod y Rhyfel Byd ond does dim sicrwydd. Eto, yn ei ragair i'w lyfr ar Ewrop rhydd ddiolch am awgrymiadau i Lieutenant Cyril Burton, ond os oedd yn gweithio yn Swyddfa'r Rhyfel yna nid yw hyn yn awgrymu ei fod yn y ffosydd.

Yn 1919 fe grëwyd Cadair mewn Gwleidyddiaeth Ryngwladol, yng Ngholeg Aberystwyth – cadair Woodrow Wilson. Y gadair gyntaf o'i math yn unrhyw fan yn y byd. Noddwr y gadair oedd David Davies, Llandinam, yn efelychiad o'i gefnogaeth i ddatblygu trafodaeth am fyd yn rhydd o ryfel; roedd hefyd yn gefnogwr brwd i Gynghrair y Cenhedloedd. Yr Athro cyntaf i'w apwyntio oedd Alfred Eckhard Zimmern, a oedd ar y pryd ar staff y Swyddfa Dramor. Chwaraeodd ef ran flaenllaw yn natblygiad syniadaeth ac ymarferiadau rhyngwladol. Yn 1924 safodd yn etholiad cyffredinol 1924 yn erbyn Lloyd George yn enw'r Blaid Lafur. Ef a fu'n gyfrifol am apwyntio Sydney Herbert.

Mae un o aelodau presennol cwrdd Crynwyr Aberystwyth yn adrodd stori am Sydney, iddo ddweud i Zimmer ddod ar ei draws pan oedd yn annerch cynulleidfa yn Hyde Park Corner. Pan glywodd Zimmer ef yn areithio aeth ato, a gofyn a garai swydd fel darlithydd mewn gwleidyddiaeth. Ymateb Herbert oedd dweud nad oedd ganddo radd, ac i Zimmer ddweud wrtho y buasai yn sicrhau hynny. Ymhen amser derbyniodd radd MA gan y Brifysgol. Ond gor-ddweud lliwgar yw'r stori gan, yn y rhagair a ysgrifennwyd ym Medi 1915 i'w lyfr ar Ewrop fodern, rhydd Sydney air o ddiolch i Zimmer am ddarllen y llawysgrif wreiddiol. Nid yw hyn i ddweud na wrandawodd Zimmer ar yr awdur yn siarad yn Hyde Park.

Yng nghylchgrawn Coleg y Brifysgol, *Y Ddraig yn haf 1951*, pan oedd Sydney yn Ddeon Cyfadran y Celfyddydau, y cyntaf i ddal y swydd nad oedd â chadair, nodwyd fod ei bersonoliaeth a'i gyflwyniad yn ddigon i gynhyrfu hyd yn oed y myfyriwr mwyaf esgeulus o'i ddifaterwch, a'i fod yn sensitif a chydymdeimladwy at anghenion myfyrwyr. Adwaenid ef gan bawb fel 'Syd Herb'. Fel dinesydd yn Aberystwyth cafodd ei ethol fel cynrychiolydd cyntaf y Blaid Lafur ar Gyngor Bwrdeistref Aberystwyth gan wasanaethu o 1936 i 1945. Fe'i gwnaed hefyd yn Ynad Heddwch. Er ei ymlyniad at y Crynwyr, a'r ffaith iddo ddanfon ei fab i ysgol breswyl y Crynwyr, Leighton Park yn Reading, ni fu i'r mab na'i wraig ymuno â'r enwad.

Nid yw'n eglur pryd yr ymunodd â'r Crynwyr, ac ni wyddom a oedd hynny wedi digwydd cyn iddo adael Llundain. Chwaraeodd ran amlwg ym mywyd cwrdd bychan Aberystwyth, gan lenwi swyddi o'i fewn. Roedd yn gyfaill agos i Islwyn Nicholas, mab Niclas y Glais, a phan gafodd y ddau yma eu carcharu fel Comiwnyddion yn 1940, fe archwiliwyd cartref Sydney gan yr heddlu ar yr un pryd. Bu Sydney Herbert yn gefn i Undodwyr Aberystwyth am amser hir – Islwyn Nicholas yn aelod – sydd yn egluro pam, am gyfnod, i'r Crynwyr ddefnyddio'r capel fel eu tŷ cwrdd.

Yn ei ddelfrydiaeth am genedligrwydd ymddengys fod Herbert yn gwyro tua syniadaeth F. H. Giddings, wrth ddatblygu ei syniadau. Fel un o dadau cymdeithaseg yn yr Unol Daleithiau, pwysai Giddings ar y syniad o "ymwybyddiaeth y rhywogaeth" (consciousness of kind) sef yr ymdeimlad fod pobl yn ymwybodol o'r hyn sydd yn eu cysylltu i feithrin cymdeithas homogenaidd, lle'r oedd perthyn yn bwysig, ynghyd â'r awydd i weld cymdeithas yn esblygu. Ond gyda'r sylweddoliad fod yr esblygiad hwnnw yn effeithio ar ffaith y natur ddynol oedd ynteu yn geidwadol neu'n esgynnol a chynyddol, yn unol â'u hamgylchiadau dros amser. Yn hyn o beth ni ellid anwybyddu emosiwn fel rhan annatod o ddatblygiad mewn unrhyw gymdeithas. Wrth i Herbert ysgrifennu am genedligrwydd yn 1919 pwysleisiodd bwysigrwydd undod o fewn grwpiau cymdeithasol a chenedl, ac os yw personoliaeth yn ffaith i unigolion, felly mae cenedligrwydd i undod y grŵp. Datblygai pobl yn eu hymwneud â'i gilydd. Yn ei ddelfrydiaeth am genedligrwydd ymddengys fod Herbert yn gwyro tua syniadaeth F. H. Giddings, wrth ddatblygu ei syniadau. Fel un o dadau cymdeithaseg yn yr Unol Daleithiau, pwysai Giddings ar yn syniad o "ymwybyddiaeth y rywogaeth" sef yr ymdeimlad fod pobl yn ymwybodol o'r hyn sydd yn eu cysylltu i feithrin cymdeithas homogenaidd, lle'r oedd perthyn yn bwysig, ynghyd â'r awydd i weld cymdeithas yn esblygu. Ond gyda'r sylweddoliad fod yr esblygiad hwnnw yn effeithio ar y ffaith fod y natur ddynol ynteu yn geidwadol neu'n esgynnol a chynyddol, yn unol â'u hamgylchiadau dros amser. Yn hyn o beth ni ellid anwybyddu chwaith emosiwn fel rhan annatod o ddatblygiad o fewn unrhyw gymdeithas.

Cenedligrwydd oedd hanfod cenedlaetholdeb i Herbert. Fel cefnogwr brwd i Gynghrair y Cenhedloedd pwysleisiai undod a chyd-ddibyniaeth pobl fel sail i'r genedl. Os yw personoliaeth yn hanfodol i'r unigolyn, felly mae cenedligrwydd i'r grŵp. Datblygai cydrywiaeth pobl trwy ymwneud â'i gilydd a thrwy eu hymatebiad cyffredin i'r hyn a oedd yn eu hysgogi neu eu poenydio. Nid oedd yna berthynas rhwng cenedl a hil, neu yn wir rhwng y wladwriaeth a'r genedl. Nid oedd gwladwriaethau yn genhedloedd, gan y gallasai unrhyw wladwriaeth gynnwys sawl cenedl. Roedd y wladwriaeth yn amlochrog. Goroesai'r genedl ystyriaethau gwleidyddol a chrefyddol, a hyd yn oed ystyriaethau economaidd. Yr oedd yna berthynas â thiriogaeth – y wladfa – ond fod cenedligrwydd yn cyrraedd ymhellach na hynny, ac felly llawn gymaint yn ysbrydol ag ydoedd yn wleidyddol. Gwelai genedligrwydd fel grym cadarnhaol yn natblygiad yr ysbryd dynol, hyd yn oed yn adwaith i erchyllterau diwydiannaeth. Caiff y genedl ei chreu trwy wleidyddiaeth, traddodiad, iaith neu grefydd, oll yn glymblaid gymhleth o amgylchedd ac etifeddiaeth, ond a allasai arwain at wahaniaeth a phwyslais barn. Pwrpas y wladwriaeth oedd sicrhau rhyddid a chydweithrediad, a chyfle digonol i bob cenedl oddi mewn iddi fynegi ei diwylliant yn ei ffordd ei hun.

Yn ei lyfr ar Ewrop nid yw yn sôn am Brydain o gwbl, ond yn hytrach cyfeirir at Loegr, fel yr ynys fechan ym môr Gorllewin Ewrop a oedd yn ganolfan i'r drefniadaeth gyfundrefnol wleidyddol bwysicaf i'r byd ei adnabod, "ei phobl wedi sicrhau rheolaeth a gwareiddiad Seisnig i bob rhan o'r glôb". Fodd bynnag ni fu i undod o dan y goron Seisnig, meddai, ddifetha'r ymdeimlad o genedligrwydd neilltuol yn yr Alban, Cymru nac Iwerddon, ac yn wir, fod eu hymdeimlad o hunaniaeth annibynnol genedlaethol wedi tyfu yn hytrach na diflannu. Siawns fod ei lyfr ar fin dod allan o'r wasg pan ffrwydrodd Iwerddon adeg y Pasg 1916. Efallai nad yw fawr syndod fod agwedd Herbert yn geidwadol wrth iddo fawrygu goruchafiaeth Lloegr a'r ymerodraeth, ac a olygai fod Lloegr yn cysgodi nifer o wladwriaethau dan ei haden.

Efallai i Waldo gyfarfod a "Syd Herb" yn y Coleg yn Aberystwyth. Prin y buasai Crynwriaeth yr un yn berthnasol i'r llall. Ymddeolodd Sydney yn 1951 ac roedd yn 1953 ar Waldo yn ymuno â'r Gymdeithas. Er, ymddengys fod y ddau yn dysgu dan adain Adran Efrydiau Allanol y Brifysgol ar un amser. Wrth edrych ar yrfa Sydney mae yn glir ei fod wedi ei chlymu â hanes a gwleidyddiaeth, ac yn sicr nid oedd yn fardd, a phrin oedd ei gysylltiadau â llenyddiaeth a'r awen Gymreig. Roedd Waldo hefyd yn aelod o Gyfarfod Misol De Cymru a'r llall yng Nghyfarfod Misol Henffordd a Maesyfed a phrin felly y buasai eu llwybrau wedi croesi. Does dim tystiolaeth fod Waldo na Herbert yn mynychu'r Cyfarfod Blynyddol yn Llundain.

Perthyn rhan o genedlaetholdeb y ddau i ffrwd ag iddi wreiddyn cyfriniol ac ysbrydol. Y naill efallai yn dadansoddi'r wladwriaeth mewn modd academaidd, a'r llall yn ei gweld fel grym i'w ddrwgdybio. Un yn herio trwy safiad ymarferol â chanlyniadau anghyffyrddus, y llall yn dadansoddi yn ysgolheigaidd, gan weld, trwy brofiad personol, feddyginiaeth mewn trefniadaeth sosialaidd; y ddau wedi eu trochi mewn tystiolaeth o heddychiaeth a gafodd ei chynnal, dros y blynyddoedd, gan eu henwad yn ffyddlon a gyda pheth ystyfnigrwydd.

Yn 1942 ysgrifenodd y Crynwr, Kenneth Boulding, economegydd dylanwadol a phwysig, ddogfen ar sut i ddileu rhyfel. Ysgrifennai meddai mewn "optimistiaeth loerig" o ystyried y llanastr oedd yn digwydd o'i amgylch, gyda datganiad rhyfel UDA yn Rhagfyr 1941. Crynwr o argyhoeddiad fel Waldo a Sydney oedd Boulding. Yn enedigol o Lerpwl, disgleiriodd fel economegydd byd-enwog, ac yn 1937 ymsefydlodd yn barhaus yn UDA. Roedd yn heddychwr penderfynol gan wrthdystio yn gyhyrog yn erbyn rhyfel Vietnam yn y 60au.

Fel economegydd pwysleisia'r syniad o economeg esblygiadol, gan weld cyffredinolrwydd gydag esblygiad biolegol. Yn 1966 cyhoeddodd draethawd, *The Economics of the Coming Spaceship Earth*, gan ddatblygu'r syniad fod yn rhaid i'r drefn economaidd gydnabod y drefn ecolegol gan fod adnoddau'r byd yn gyfyngedig. Roedd yn ddyn o flaen ei amser.

Felly hefyd yn 1942 dyma oedd ei weledigaeth. Nid oedd ei syniadau yn unigryw ond roedd ei heddychiaeth a'i Grynwriaeth yn hanfodol iddi. Nodai fethiant Cynghrair y Cenhedloedd, gan fod gwladwriaethau wedi ei defnyddio i hyrwyddo hunan-fudd yn hytrach na heddwch yn y byd. Yn hyn o beth roedd cenedlaetholdeb yn arf mileinig a dinistriol. Serch hynny roedd yn optimistaidd y gellid creu brawdoliaeth o ddibyniaeth rhwng y gwledydd er lles a budd dynoliaeth: y Cenhedloedd Unedig. Er cydnabod elfennau negyddol cenedlaetholdeb, gwelai Boulding yr angen, nid am ddileu'r genedl, ond yn hytrach i newid y genedl-wladwriaeth, a'i barnu ar ei gallu i ddiogelu cyfiawnder gwleidyddol. Nodai fod cadw'r genedl yn bwysig i amddiffyn gwahaniaethau a chyfoeth amrywiaethau, ac osgoi unffurfiaeth a oedd yn beryglus i amryliw bywyd. Credai fod gan bobl yr hawl i'w mamwlad, ond fe ddylai eu llywodraethau gydnabod eu cyfrifoldeb am les ei phobl a phawb o'i mewn boed ddinasyddion neu beidio. Mae gwledydd yn gyd-ddibynnol, ac mae byd gyda ffoaduriaid yn aflan, a byd heb loches a noddfa yn llawer gwaeth. Gallai cenedlaetholdeb, yn ei dyb ef, fod yn sail i drefn fyd newydd.

Roedd Boulding yn berson amryddawn, a hefyd yn fardd. Fe ysgrifennodd gyfres o sonedau wedi eu selio ar dystiolaeth James Nayler (1616-1659), y Crynwr cynnar a farnwyd yn euog o gabledd gan y Tŷ Cyffredin yn 1656. Roedd ei frwdfrydedd dros ei ffydd yn amlwg, ac fel arweinydd nid oedd ef a George Fox yn gytûn. Geiriau olaf Nayler wrth iddo farw a ysbrydolodd Boulding, a'r geiriau hynny yn ysbrydoliaeth i sawl Crynwr am eu heddychiaeth a'u golwg ar y byd:

Teimlaf Ysbryd sy'n ymhyfrydu wrth wrthod aflander, nad yw'n ddialgar i gywiro unrhyw ddrwg, ond yn ymhyfrydu i ddioddef popeth yn y gobaith o ennill ei ddydd. Gobeithia oroesi pob dicter a chynnen, ac i flino pob goruchafiaeth a chreulondeb, neu unrhyw beth sydd yn groes i'w natur. Gwêl ddiwedd ar bob temtasiwn. Ac fel nad yw'n cynnal drwg ynddo'i hun, felly ni ddisgwylia hynny ym meddwl eraill. Os bradychir ef, dioddefa hynny, oherwydd ei sylfaen a'i ffynhonnell yw trugaredd a thosturi Duw. Ei goron yw gostyngeiddrwydd, ei fywyd yw cariad diffuant diddiwedd; ennilla ei deyrnas trwy ymbil ac nid trwy gynnen, a'i chadw trwy wyleidd-dra ei feddwl. Yn Nuw yn unig yr ymhyfryda.

[Am y gwreiddiol gweler https://qfp.quaker.org.uk/passage/19-12/]

Sicr y buasai'r ddau Grynwr arall yn ategu'r geiriau yma. Fe fuasai'r tri yn eu gweld yn sail i fodolaeth cenedl iach, fel ag y bo cenedlaetholdeb yn fywiol ffynnu o fewn terfynau a disgwyliadau'r Ysbryd. Nid oes i frawdoliaeth ond yr un cymhelliad, sydd y tu draw i bob ffin wleidyddol, ac sy'n trigo mewn cyfoeth o ddiwylliant, iaith a chrefydd, lle y perchir pob barn ac y cerir pob calon, sydd yn guriad i fodolaeth pob cenedl.

Ond mae perygl o or-ramanteiddio. Gwyddom hefyd, y tu cefn, i sawl ymgyrch genedlaethol fod yna storiâu o wrthryfela a gwrthdystiad. Pobl yn gorfod sefyll ac ymladd, a heb hynny nid oedd rhyddid iddynt hwy nac i'r genedl yn bosibl. Llwybr sydd yn herio natur a dyfnder heddychiaeth, ac yn benbleth i sawl Crynwr sydd yn sylweddoli fod angen gweithredu cyhyrog er mwyn sicrhau cyfiawnder a rhyddid. Ni all cenedlaetholdeb fod yn rhywbeth disymud a dof yn wyneb gormes.

Yma yng Nghymru gweithredu'n ddi-drais fu'r patrwm lle'r oedd angen protest. Ni allwn ddiystyru'r ffrwydradau yn Nhryweryn neu losgi tai haf. Ond nid ydynt yn gymharol i'r angerdd a welwyd yn yr Iwerddon yn 1916, er enghraifft. Neu EOKA yng Nghiprys neu'r Haganah a'r Irgun yn Israel/Palestina, ond bu eu diweddglo hwy, ar un wedd, yn esiamplau o fethiant hefyd, er iddynt feddwl iddynt lwyddo. Ond fel ag y crybwyllais nid oes i genedlaetholdeb symlrwydd. Fel pob syniadaeth wleidyddol, dyma Ianws.

Wrth gyfeirio at Iwerddon dyma'r lle i ddod o hyd i Grynwr o genedlaetholwr cyhyrog a phenderfynol. Byddai rhai yn dadlau na ddylid ei gynnwys gan iddo ymddiswyddo o'r Gymdeithas yn 1914 wrth iddo sefyll yn gadarn dros ryddid i Iwerddon. Dyma genedlaetholwr ymarferol a llwyddiannus. Yn sicr fe heriodd ei gyd-genedlaetholwyr Gwyddelig gymaint fel iddynt ei wneud yn wrthodedig. Roedd yn gefnder cyfan i Sam Hobson y cyfeiriwyd ato eisoes, ond arhosodd ef gydol ei fywyd yn Iwerddon.

Ganwyd Bulmer Hobson yn 1883 yn Holywood, Swydd Down i deulu â thras Grynwrol o ddyddiau cynnar y mudiad. Cafodd ei addysg yn ysgol breswyl y Crynwyr yn Lisburn, ac yno yn 1896 mynnodd, er gwaethaf gwrthwynebiad y prifathro o Loegr, gael defnyddio ei bres poced i brynu *Shan Van Vocht,* y papur cenedlatholgar cyntaf oedd ar gael ar y pryd. Roedd hyn yn golygu fod Bulmer yn dod i gysylltiad â'r grymoedd newydd oedd yn ymgasglu yn Iwerddon. Wedi ei ysbrydoli gan arweinwyr Gwyddelig fel Wolf Tone, oedd wrth gwrs hefyd yn Brotestant, uniaethodd ei hunan â'r ymgyrch dros ryddid i'w wlad. Profodd i fod yn drefydd heb ei ail. Yn ôl un awdurdod dangosodd Hobson ei hun fel chwyldroadwr effeithiol a oedd ar un adeg, yn nhyb gwasanaethau cudd Prydain, y dyn mwyaf peryglus yn Iwerddon. Gydag Arthur Griffith roedd yn un o sylfaenwyr Sinn Fein ac erbyn 1907 yn un o'i his-lywyddion, er fe adawodd y blaid yn 1909 gan roi mwy o sylw i'r Gwirfoddolwyr Gwyddelig, lle y bu yn effeithiol yn eu cryfhau i fod yn gorff disgybledig wrth iddynt baratoi ar gyfer Gwrthryfel y Pasg, 1916. Roedd hefyd yn aelod o'r Frawdoliaeth Weriniaethol Wyddelig. Mae gwead y gwahanol gyrff hyn yn bwysig ond mae'n ddigon i ddweud fod pob un yn cyfrannu at yr ymgyrch genedlaethol. Prin fod y cyfan, o sylweddoli gogwydd filitaraidd rhai ohonynt, yn gweddu i fyd y Crynwyr, ond rhaid peidio anghofio fod sawl Crynwr wedi ymuno â'r fyddin i ymladd y Boer yn Ne Affrica!

Fodd bynnag fe ymddiswyddodd o'i aelodaeth gyda'r Crynwyr yng Nghyfarfod Blynyddol Dulyn, gan y gwelai nad oedd ethos y Crynwyr yn plethu i amcanion militaraidd y mudiad gweriniaethol. Ond yr oedd hefyd yn Grynwr o'r crud, ac wedi ei drwytho yn eu hegwyddorion. Gyda'i ymddiswyddiad dylid efallai ei ddiystyru yng nghyd-destun yr ysgrif hon. Nid oes cwestiwn am ei ymrwymiad fel cenedlaetholwr i'r ymgyrch yn Iwerddon. Erys dau beth amdano sydd yn hawlio ei le hefyd fel Crynwr o reddf, a oedd am fyw yn ei wirionedd ei hun, gan weld yr ymgyrch Wyddelig fel 'consýrn' i adfywio bywyd economaidd, diwylliannol a gwleidyddol Iwerddon.

Yn 1909 fe ysgrifennodd bamffled hynod ddylanwadol, *Defensive Warfare* sef llawlyfr i genedlaetholwyr. Fe'i cyhoeddwyd gan Sinn Fein ym Melfast. Llawlyfr oedd yn rhoi arweiniad i ymgyrchu di-drais, gan ddadlau na ddylid defnyddio grym arfau ond yn amddiffynnol. Gallasid cael buddugoliaeth trwy wanhau grym y wladwriaeth pe bai'r bobl yn gwrthod cael eu llywodraethu, ac yn defnyddio eu grym economaidd i danseilio'r drefn honno. Nid oedd y cynnwys yn dderbyniol i'r garfan fwyaf militaraidd o fewn y mudiad gweriniaethol. Dadleuai Hobson yn erbyn gweithredu treisiol diangen, ac fe ddaeth hynny yn elfen gadarn i'w gyfraniad tuag at ryddid Iwerddon. Bu ei syniadau a'i ddadansoddiad yn ddylanwadol i ymgyrchoedd Gandhi yn yr India. Siawns fod ei Grynwriaeth yn siarad i'w gydwybod. Meddai yn 1963, "Mae gennyf ryw 300 mlynedd o Grynwriaeth tu cefn imi, gydag arswyd o ryfel, ond yr oedd gennyf gymhelliad cryf i weld rhyddid i Iwerddon ac ni allwn ddianc oddi wrth hynny."

Ymddengys fod y wythïen yma o heddychiaeth yn ddylanwadol, oherwydd adeg y Pasg 1916 trefnodd y Cyngor Milwrol a oedd yn cyfarwyddo'r gwrthryfel i herwgipio Bulmer fel na allai ddylanwadu mewn unrhyw ffordd ar y datblygiadau na thrafod gyda'i gyd-genedlaetholwyr. Oherwydd hynny ni chymerodd unrhyw ran yn y gwrthdaro. Ni fabwysiadodd ddogma'r Ffeniaid am wrthryfel gan bwysleisio'r elfen sifil honno o wrthwynebiad, sydd yn rhan hanesyddol bwysig o sut y bu i'r Crynwyr ymateb i rym y wladwriaeth.

Bu i Bulmer briodi Pabyddes, ond fe ddanfonodd ei blant i ysgol y Crynwyr yn Waterford. Gwasanaethodd ei wlad fel gwas sifil ar ôl 1922, a hefyd ysgrifennodd sawl cyfrol gan gynnwys llyfr ar fywyd Wolf Tone. Erbyn heddiw cydnabyddir ei gyfraniad allweddol i'r frwydr yn Iwerddon, ac ystyrir ef yn un o'r hoelion wyth.

Efallai y dylid nodi enw Crynwyr arall o Ogledd Iwerddon, sef Herbert Moore Pim. Eto yn gyn-ddisgybl o ysgol Lisburn fel Bulmer. Yn fardd ac yn awdur, ymunodd yntau â'r Gwirfoddolwyr Gwyddelig, a bu yn flaengar yn Sinn Fein am gyfnod. Cafodd ei garcharu yn 1916 a'i ddanfon i Loegr am ysgrifennu deunydd bradwrus. Ond wrth iddo fynd yn hŷn trodd at yr Unoliaethwyr yn Ulster, a phan oedd wedyn yn byw yn yr Eidal, dangosodd gryn ffafriaeth at ffasgaeth, a datblygu syniadau gwrth-

Semitaidd. Efallai mai gwell rhoi cyfraniad Pim o'r neilltu gan gofio i un cenedlaetholwr Gwyddelig amlwg iawn ei ddisgrifio fel "fy nghyfaill penysgafn"!

Ond beth, drwyddi draw, am y Crynwyr a chenedlaetholdeb a chenedligrwydd Cymru? Mae'n gwbl iawn nad ydynt fel sefydliad neu enwad yn ffafrio un syniadaeth na phlaid, un yn erbyn y llall. Os am safiad neu farn ar unrhyw beth, yna dibynnant ar eu dealltwriaeth a dadansoddiad o gynhyrfiad y Dwyfol yn eu plith. Fe effeithia hynny ar wleidyddion a pholisïau, ac yn hanesyddol bu i'r Crynwyr ochr yn ochr â chredinwyr eraill, dalu'r pris am hynny. Cymhelliad ysbrydol sydd hefyd, wrth gwrs, yn troi pobl i weithredu trwy bleidiau gwleidyddol ac nid yw'r Crynwyr ddim gwahanol i unrhyw un arall yn hyn o beth. Oherwydd hynny nid oes rheswm pam fod Crynwyr yn unfarn ar wahanol bolisïau neu ystyriaethau cyhoeddus arbennig.

Weithiau pan fo cwestiwn pwysig yn codi ei ben, caiff ei anwybyddu gan rai a'i gefnogi'n frwd gan eraill. Bu boddi Tryweryn yn ysgytwad i wleidyddiaeth Cymru, ac fe weddnewidiodd gryn dipyn ar y tirlun hwnnw. Profwyd fod yna lais cenedlaethol cryf i Gymru o hyd, a oedd am gadw hunaniaeth cenedligrwydd y Gymru, nid fel rhywbeth cas a milain yn erbyn eraill, ond yn ddatganiad fod yna werthoedd i'w cadw a'u trysori.

Safodd pob enwad yn gryf yn erbyn y datblygiad oherwydd ei fod yn fater o egwyddor ac yn cyffwrdd â hunaniaeth gwlad a gwerin. Methodd y Crynwyr â sefyll gyda'r enwadau eraill. Pam? Gellir cyplysu hyn â thri pheth, sef yn gyntaf nad oedd yna lais cadarn Cymreig o fewn y gyfundrefn. Yn ail y methiant i ddefnyddio'r drefn osodedig i sicrhau fod y corff yn datgan barn wedi trafodaeth drylwyr. Fe fuasai hynny wedi digwydd trwy beirianwaith y Cyfarfod Dioddefiadau, yn Saesneg *Meeting for Sufferings*, sef pwyllgor sefydlog y cyfarfod blynyddol, gyda chyfrifoldeb am ofalu am unrhyw beth allasai gynhyrfu'r dyfroedd rhwng ei eisteddiadau, oedd angen sylw ar frys, neu oedd yn ddigon pwysig i fyny trafodaeth. [Cyfeirir ato fel Dioddefiadau o hyn ymlaen, ond ceir esboniad pellach yn nes ymlaen]. Yn olaf nad oedd y Crynwyr yn rhan o Gyngor Eglwysi Cymru ar y pryd, ac felly heb eu gweu i drafodaethau ar y pwnc. Mae'r tri pheth yn annatod glwm â'i gilydd. Canlyniad y cwbl yn ategu'r feirniadaeth o'u hagwedd a'u dealltwriaeth o faterion Cymreig ar y pryd a oedd yn arwynebol a heb ddyfnder deall. Ymateb gwantan, os nad llwfr a gafwyd.

Eironig fod methiant a rhaib wedi rhoi ysgytwad i ail-ddeffroad. Bu Tryweryn yn llinell goch a bu'r canlyniad, er boddi'r dyffryn, yn bwysig i lawer wrth iddynt ymrafael â'u dealltwriaeth o beth yw bod yn Gymry.

Yn mis Mawrth 1956 bu i E.P. Jones, un o Grynwyr y Tymbl, ddod â'r cwestiwn o wrthwynebu'r bwriadau yn Nhryweryn ger bron Cyfarfod Misol De Cymru. Nid yw'n eglur os y gwnaed hynny heb gofnod o'i gyfarfod lleol, ac os felly fe fuasai ei driniaeth yn llai ffurfiol, ac yn egluro pam y dilynwyd y llwybr neilltuol a wnaed. Ymateb i gwestiwn ar y pryd gan unigolyn yn hytrach nag ystyried llais corff o Grynwyr. Cofnodwyd fel hyn gan y cyfarfod misol, ac mae'n werth ei gadw yn yr iaith wreiddiol: "We feel we are unable without having more facts and time for thought to pass judgement today we defer further consideration for a future meeting, and we ask the Clerk to write to Liverpool Friends for their views." Anodd dirnad nad oedd gan y Crywnyr ddigon o wybodaeth. Daethpwyd yn ôl at y mater ym mis Mai, wedi iddynt dderbyn ymateb gan Grynwyr Lerpwl. Canlyniad llugoer a gwasaidd a gofnodwyd: "We do not think our feelings are strong enough on this matter to justify a letter of protest to Liverpool Corporation, but we have every sympathy with those who are disturbed about the flooding of this valley." Mud fu Crynwyr y Gogledd a'u cyfarfod chwarter. Bu ymateb y Crynwyr yn siom arbennig i ysgrifenyddes pwyllgor amddiffyn Tryweryn, a bu i E.P. Jones wneud sylw iddi am ei fethiant, gan ddisgrifio ei enwad, fel un Seisnig a ddim mwy na hynny. O gofio yr angerdd o gwmpas boddi Tryweryn, tawel fu'r Cyfarfod Blynyddol, ond buasai iddo godi llais yn dibynnu ar arweiniad trwy gonsýrn ac ni ddigwyddodd hynny. Newidiodd pethau yn sylweddol unwaith y sefydlwyd Cyfarfod y Crynwyr yng Nghymru.

Os yw Tryweryn yn esiampl o fethiant i gydnabod cenedligrwydd Cymru nid yw hynny yn ffaith bellach, a bu creu cyfarfod cenedlaethol Gymreig yn dyst i hynny. Er na fu creu y corff hwnnw yn felys ym mhob cyfeiriad, ac fe godwyd lleisiau nad oedd yn ffafriol. Ond dyfal donc – "hwna ydio"!

Mewn gwleidyddiaeth mae'r angen am weledigaeth yn bwysig a hanfodol. Cyflwr marwaidd, di-ffrwt a disymud fyddai'r canlyniad hebddi. Mae gan bob gwleidydd weledigaeth, rhai yn fwy ysgytwol na'i gilydd. Bu twf sosialaeth yn hynod bwysig i ledaenu dealltwriaeth am gyfiawnder dynol, cydraddoldeb, a threfn economaidd fwy teg. Y tristwch yw bod rhethreg yn llawer rhy aml yn gryfach na gweithredu. Efallai nad oes i unrhyw "iaeth" lwyddiant, ac mai pererindod lafurus trwyddynt a rhyngddynt yw'r unig beth y gallwn obeithio amdano, ac oherwydd hynny siomiant yw'r wobr. Allwn ni ddim cytuno ar sut i amddiffyn ein hamgylchedd a'n daear, er ein bod yn gweld fod y byd yn araf losgi ac yn tagu ar ei sbwriel, heb sôn am y rhyfeloedd diddiwedd, a'r elw a wneir trwy gynhyrchu arfau. Annibendod ac anhrefn.

Ni feiddiwn amddiffyn cenedlaetholdeb yn ei holl amlygiad. Gwelwyd fod peryglon di-ben-draw wrth i'w wisg honno gael ei defnyddio i fawrygu gwaed dros enaid, un ffydd yn erbyn y llall, un hil yn gorthrymu hil arall, rhagfarn yn ennill plwyf dros ffaith. Casineb yn sail i weithrediad a rhesymeg yn ddiffrwyth, ddi-fudd. Does dim syndod felly i'r syniadaeth gael ei dibrisio.

Ni allwn chwaith anwybyddu cenedlaetholdeb a chenedligrwydd fel sail i wleidyddiaeth. Mae cystal ag unrhyw "wleidyddiaeth" arall, cyn belled â'i fod hefyd yn mawrygu hawliau dynol, cyfiawnder, trugaredd a chydraddoldeb, fel bod pawb yn ddiwahân yn gallu eistedd ger yr un bwrdd, bwyta ac yfed heb ofn dryll, elw a chost. Nid yw cenedlaetholdeb o'i hanfod yn senoffobig ac yn beryglus. Efallai yn y gorffennol mai dyma oedd gwendid cenedlaetholdeb Prydeinig, a fagodd ymerodraeth a ddifethodd gymaint yn enw cynnydd ac, yn rhy aml, ar draul hawliau brodorol. Gosodiad sydd efallai yn croesi i faes beirniadaeth wleidyddol, ond allwn ni ddim llai na sylwi ar greithiau'r ymerodraeth honno. Er, a bod yn deg, mae pob ymerodraeth yn gadael olion a fedyddiwyd yng ngwaed y diniwed. Ond onid plentyn cenedlaetholdeb ar garlam yw'r ymerodraeth, wrth i'r genedl geisio goruchafiaeth dros eraill? Cwestiwn yn unig – ystyriwch!

Nid yw'r ymdeimlad o genedligrwydd a phwysigrwydd cenedlaetholdeb yn ddieithr i'r Cyfeillion, yn wir mae unrhyw ddarlleniad o hanes y Crynwyr yn oes Victoria, er enghraifft, yn dangos yn glir eu hymlyniad a'u cred mewn Prydeindod a'r ymerodraeth. Ond chwaith, nid oeddent am weld grym noeth a bwystfilaidd yn sathru ac yn tagu pobloedd mewn ymgais i hyrwyddo goruchafiaeth dros wladwriaethau. Nid oedd sail i genedlaetholdeb trwy goncwest filwrol, ond gwrthwynebiad lle'r oedd gormes yn rheibio ac yn tagu ple bynnag yr oedd. Rhaid cadw'r ffydd nid bwydo'r tân.

Perygl – Llwybyr Troellog

OS OES UN peth sydd yn wir am grefydd yna'r gallu i ymrannu a ffraeo am ddaliadau ac athrawiaethau yw hynny. Nid oes yr un grefydd, hyd y gwn, yn rhydd o ymraniad. Y gwreiddiau yn cael eu dehongli a'i hailddehongli dros amser. Cweryla. Unwaith y ceir un rhaniad gellir bod yn sicr y ceir mwy. A'i gwendid yw hyn, ynteu a yw yn ddisgwyliedig? O sylwi ar ymddygiad pobl dros yr oesau mae hi'n amlwg na allwn fod yn gytûn. Rhan o'r natur ddynol yw anfodlonrwydd. Pam ddylsai crefydd a ffydd fod yn wahanol?

Felly, fe dybiwn i, nad yw crefydd byth yn dawel a distaw, nid yw'n ddisymud chwaith, a pha ryfedd? Ni all crefydd, fel anghrediniaeth, sefyll yn llonydd. Mae pob crefydd yn frith o bobl sydd am hawlio dealltwriaeth wahanol yn enwedig wrth, ac wedi iddynt, ddarllen yr ysgrythurau. Ac os nad yr ysgrythurau yna hanes y mudiad, ei draddodiadau, ei dywediadau, a'i llenyddiaeth a'r hyn a dybir eu bod yn llyfrau "sanctaidd". Mae hyn oll yn lliwio unigolion i weld pethau yn wahanol, yn groes i'w gilydd, ac o hynny yn mynnu gwrandawiad. Ac o fynnu gwrandawiad, hel dilynwyr, rhai yn fwy penboeth na'i gilydd, ac yn fuan wedyn mae tebygolrwydd fod yr "Iawn" am hawlio ei le trwy nerth braich a grym arfau. Pa ryfedd fod hanes crefydd yn goch gan waed, a'r diniwed yn cael eu gwthio i bob cyfeiriad? Ac os nad ydynt yn cael eu gwthio yna'n cael eu lladd a'u rheibio.

Onid dyna yw natur ffydd? Selio sicrwydd mewn dallineb. Gosod rhesymeg a dysgeidiaeth o'r neilltu a rhoi unbennaeth i'r Gair sanctaidd, na ellir ei wyrdroi. Nid yw'r "Iawn" na'r "Gair" wrth gwrs yn gyfyngedig i Gristnogaeth, rhag ofn i unrhyw un feddwl mai ymosod yr ydwyf ar Gristnogaeth; mae'r ddwy ddelwedd, mewn gwisgoedd a disgrifiadau gwahanol, yn perthyn i bob crefydd.

Gwêl rhai Shia a'r Sunni, ym myd Islam, yn elynion i'w gilydd, y naill yn haeddu goruchafiaeth dros y llall. Bu cyflafan ISIS yn dyst i hynny. Ac nid yw Bwdïaeth chwaith yn unlliw, na Hindwiaeth. I'r Cristion mae hanes y gwahaniaethau yn ddolur na ellir bob amser ei amgyffred trwy'r sbectol ôl-fodernaidd. Ond mae'r gwrthdaro rhwng crefyddau hyd yn oed yn waeth, ac yn llawer mwy brwnt. Caiff y stori honno ei hailadrodd gyda chysondeb bron yn ddyddiol, ac yn amlwg mae'r wers yn llawer rhy anodd inni ddysgu ohoni. Ond dyna fo, onid oes rhaid i Dduw a'r duwiau gael antur a chyffro!

Ond beth am y pererin sydd yn ceisio llwybr trwy'r cymhlethdod hwn. Sut mae dod o hyd, nid yn gymaint i sicrwydd, ond i'r gwelediad hwnnw a rydd ddealltwriaeth o ddirgelwch bywyd ac o'n syniadaeth am ysbrydolrwydd? Atebion i ddryswch, rhoi ystyr lle mae amheuaeth. A dyma ni yn ôl yn ysgol profiad. Saif pawb ar eu traed eu hunan, sawl un yn aros yn eu hunfan, ond yn obeithiol symudol, oni bai iddynt lyncu rhyw ddehongliad arbennig na allant ymwrthod ag ef. Eraill yn fwy anturus ac am symud ymlaen, heb boeni yn ormodol am y canlyniadau. Pawb yn lleisio barn ac yn cyfiawnhau eu safiad, ac fe fydd y dwndwr weithiau yn drech, a'r gwrthdaro oherwydd hynny yn boenus ac yn ddolur. Beth sydd i'w weld trwy ffenestr cred wrth edrych ar y byd? Pa ateb a geir i gwestiwn argyfwng gwacter ystyr? Ac i wryw a menyw, heterorywiol, traws a hoyw, pa liw sydd i'r tirlun iddynt hwy trwy ffenestr byd ffydd a chredo? Y fath annibendod.

Os oes un pwnc sydd yn sicr o uno ac o greu dadl ymysg crefyddwyr yna cwestiynau yn ymwneud â rhyw yw hwnnw. Dyma le i bobl o bob crefydd sefyll a darganfod undeb, a bloeddio undod mewn anoddefgarwch. Crefyddau yn hawlio ymddygiad a meddylfryd moesol na ddylid eu cwestiynu, ac yn rhoi strwythur o foesoldeb na ddylid ei danseilio. Yn creu rheolau am yr hyn sydd yn annerbyniol, ac wrth wneud hynny yn tynnu'r llenni, gan foddi'r byd mewn tywyllwch. I aralleirio, "Goddefgarwch ga'd fi'n llonydd". Cau allan yn hytrach na chofleidio gwahaniaethau, creu byd unlliw llwyd, ac fe gollodd Joseph druan ei siaced fraith – nid honno a ddisgrifiwyd yn llyfr Genesis, ond y siaced a grëwyd mewn bywiogrwydd cerddorol lliwgar gan Tim Rice ac Andrew Lloyd Webber.

Fe fydd pawb yn ceisio rhoi ystyr i'w rhywioldeb, a'r tyndra o wneud hynny weithiau yn creu cryn boen. Pam? I'r crefyddwyr ffwndamentalaidd sicr eu byd ceir atebion clir a chroyw, gydag awdurdod na ellir ei herio. Nid oes noddfa i bechaduriaid sydd yn tynnu'n groes i'r ewyllys Ddwyfol, ac ni cheir cofleidio, na maddeuant heb ddatganiad o gyffes am eu halltudiaeth o wir foes a chrefydd. Rhaid bod yn frwnt i fod yn garedig. Nid oes ond un natur, crëwyd dyn a merch yn unol â'r ewyllys duwiol. Efallai mai myth yw Adda ac Efa, ond o leiaf mae yn sodro'r hyn sydd i fod yn ddigyfnewid, yn cadw'r pegwn rhwng y ddau ryw. Ffwlbri yw meddwl fod yna berthynas arall yn bosibl y tu allan i'r gofyniad yma. Nid yw rhyw yn ddim ond arf i sicrhau parhad dynoliaeth, gwiriondeb yw meddwl fel arall.

Ar ddydd Sadwrn y 26ain o Fawrth 1961, ffarweliodd fy rhieni â mi am y noson, gan eu bod ar y ffordd i dŷ cyfeillion i swpera. Roeddwn yn fodlon iawn aros adra gyda'r ci – er efallai y buasai'r ci wedi bod yn hapusach gyda 'nhad! Eu geiriau olaf wrth ymadael oedd, "Welwn ni chdi yn y bora."

Cefais fy neffro oddeutu tri o'r gloch y bore gan fy mam. Eisteddai ar erchwyn y gwely. Y geiriau a glywais ganddi oedd, "Mae dy dad wedi mynd at Iesu Grist." Tystiolaeth o'i sicrwydd a'i ffydd, ac yn osgoi bryntni'r geiriau fod fy nhad wedi marw. Ni allaf gofio sut yn union yr ymatebais iddi, mae'r cwbl yn aneglur iawn, ond gwyddwn fod rhyw elfen o ddüwch wedi cyffwrdd â'm bywyd.

Beth sydd yn aros yn y cof oedd imi godi yn fuan, roedd hi wedi goleuo, a cherddais ar hyd y ffordd o'r tŷ. Roedd cartref henoed Plas y Coed yn eithaf diarffordd, gyda ffordd hir o'r briffordd i'w fynedfa – fel oedd yn arferol i hen dai'r "byddigions".

Wrth gerdded, heb wybod yn iawn i le nac yn wir pam, daeth un o staff y cartref tuag ataf wrth iddi fynd at ei gwaith. Gyda syndod gofynnodd imi i ble'r awn mor fuan. Credaf imi ei dychryn wrth ddweud fod fy nhad wedi marw – cerddais ymlaen. Siawns fod cael ei chyfarch felly yn un ffordd o gadarnhau fy mhoen a difrifoldeb fy sefyllfa. Roedd yn un ffordd o ddelio gyda'r sioc.

Roedd sydynrwydd ac amgylchiadau marwolaeth fy nhad yn ysgytiad, ac maent wedi glynu ynof hyd heddiw. Gallaf glywed geiriau fy mam yn atseinio. Pam arall eu dwyn ar gof a finnau yn wynebu degawd olaf fy mywyd? Erys doluriau a chleisia ein plentyndod gyda ni, rhai yn aros yn ddyfnach nag eraill. Beth ddaeth yn amlwg oedd iddo effeithio arnaf i, a heb fawr syndod wrth edrych yn ôl, ar fy ymdrechion yn yr ysgol. Bu yn esgus hefyd. Mynnais nad oeddwn am eistedd fy arholiad lefel O (fel ag yr oedd yr amser hynny) yn Ffrangeg er holl berswâd fy mhrifathro a'r athro pwnc. Ffolineb, ond yn cadarnhau hefyd y gallaf fod yn bengaled, ac i ryw raddau mae hynny hefyd wedi profi yn amddiffynfa!

Prin imi dalu fawr sylw i'r effaith ar fy mam, a oedd bellach yn weddw yn 43 mlwydd oed, a rhaid cyfaddef y gallwn fod wedi gwneud bywyd yn haws iddi hi. Stori arall yw honno, ond nid fy mwriad yw ysgrifennu hunangofiant, er bod tinc o hynny yn y darn hwn.

Mae pob gwagle personol yn friw. Ein tuedd yw rhamanteiddio a gorchuddio a cheisio llenwi'r twll a grëwyd ynom. Claddu profiadau brwnt. Hawdd chwyddo profiadau hapus fel eu bod yn falm, ac anghofio'r bryntni. Un peth sydd wedi creu pryder imi yw nad oes gennyf atgofion clir o hanesion teuluol, hyd yn oed o'm dyddiau fel oedolyn ac fel rhiant. Ni allaf gofio sawl digwyddiad sydd yn amlwg yn aros gyda llawer o'm teulu. Storïau aeth yn angof. Ai gwagle? Y rhan honno o'r twll na allaf ei llwyr lenwi? Nid yw'r cyfan yn angof, ond rhywsut teimlaf y dylwn fod yn cofio mwy, os nad i ddim arall na hwyluso ymgom. Dyma graith sydd yn parhau i fy mhoenydio. Mae'n angenrheidiol ein bod yn cofio digwyddiadau o hwyl, pleser a boddhad, y wên a'r chwerthin. Hynny yn rhannol er mwyn cryfhau'r ddealltwriaeth fod bywyd yn bleser, bod cyd-fyw, cyd-siarad ag eraill yn angenrheidiol i fodolaeth iachus, ac y dylem fwynhau pob cyfathrach ar draws hil, iaith a chrefydd. Hel atgofion a dweud stori hyd yn oed os y caiff y manylion eu chwyddo. Heb y storïau ceir gwegni.

Ym mis Mawrth 1961 nid oedd na chapel na chrefydd yn gysur, ond pa ddisgwyliad oedd i fachgen 15 oed ddibynnu ar hynny? Cafodd fy nhad "gynhebrwng mawr" ac o leiaf pedwar gweinidog yn gweinyddu – tri Methodist ac un Bedyddiwr. Fe'i claddwyd ym mynwent Llanrug, a'i dad yn prynu'r ddau safle nesaf at y bedd. Gorwedd tri brawd cyfochrog â'i gilydd – fy nhad yn marw yn 47, ei frawd canol yn 56, a'r brawd ieuengaf yn 63. Bu farw eu hunig chwaer yn 15 oed yn 1929, o'r diciâu hyd ag y deallaf. Eu hoedran oll yn dyst i galedi byw yng nghysgod y garreg lâs. Ac yn ein hatgoffa hefyd am yr angen i fyw i'r foment, yn hytrach na phoeni yn ormodol am bethau na ddigwydd byth! Gwers na ddysgais i erioed.

Fy nhad oedd yr unig un o'r tri brawd i lynu yn glos at ei gapel. I'm rhieni roedd y capel yn ganolfan bwysig a hanfodol. Penodwyd ef yn flaenor, ac meddai ei gyfundeb amdano, "Gŵr diymhongar, hynaws; gweddïwr gafaelgar, cyfrannwr hael, un a roddodd wasanaeth i'r Deyrnas; yn gynnyrch diwylliant ardal y chwareli ar ei orau.". Roedd yn driw i'w fro, ei deulu a'i gapel. Ond eto prin yw fy atgof ohono, er fy holl ddyfalu. Pam?

Os bu sydynrwydd marwolaeth fy nhad yn ysgytiol, yna cefais glec arall a oedd yn llawer mwy tyngedfennol o fewn ychydig wythnosau. Nid wyf yn glir fy meddwl am yr amseriad, ond nid yw'r dyddiad yn bwysig. Ond daw hyn â fi at y llwybr troellog sydd yn dilyn ymyl y dibyn.

Eisteddwn yn y lolfa. Daeth fy mam i'r ystafell â chopi o'r *Caernarfon and Denbigh Herald* yn ei llaw (Does gen i ddim cof i'r *Herald Gymraeg* gael ei brynu gennym) ac meddai, "Sbïa ar hwn." Darllenais yr erthygl a chynhyrfwyd atgof, siglodd fi yn y fan a'r lle. Os oes unrhyw un yn cwestiynu syniadau Freud am ataliaeth (*repression*), gallaf eich sicrhau ei fod yn llygaid ei le. Fe gladdwn atgofion neu ddigwyddiadau yn ddiarwybod allan o'n hymwybyddiaeth, ac yna'r cyfan yn rhuthro yn ôl i'r cof wrth i rywbeth neu ddywediad agor y llifddorau. Does ryfedd yn y byd fod cyfnodau o iselder melancolaidd wedi cydio ynof, ers imi ddarllen yr erthygl honno, ddim yn cydio am gyfnodau hir, ond yn ddigonol i fod yn rhwystredigaeth, i ddifetha perthynas, ac i effeithio ar weithgaredd, ymddygiad os nad penderfyniadau o bryd i'w gilydd. Erys hynny.

Roedd yr adroddiad yn y papur newydd, yn eithaf syml. Heddiw fe fuasai wedi cael ei chwyddo i fod yn erthygl tudalen flaen, gyda *banner headlines*. Nid felly yr oedd, ond yn erthygl ddinod ym mol y papur. Cyfeiriodd at achos llys lle'r oedd gŵr wedi ei gyhuddo am ymddwyn yn anweddus â dau fachgen oedd ychydig yn iau na mi, ond y ddau ar un amser yn cydchwarae â mi. Dyma fynediad i fyd cysgodion. Ar amrant rhuthrodd i'm hymwybod ddigwyddiad pan oeddwn oddeutu tair oed – rwyf yn eithaf sicr nad oeddwn wedi cychwyn yn yr ysgol. Bu i'r un gŵr, a oedd yn gyfaill i'm rhieni, fy ngham-drin innau hefyd, yn eithaf difrifol. Gallaf synhwyro effaith cyffyrddiad ei law ar fy mhidyn. Cymeraf yn ganiataol nad yw plentyn tair oed i gael ysgytiad rhywiol, na chwaith i fastyrbeiddio, ond roedd gwefr yn perthyn i'r weithred. Gallaf gofio ei eiriau hefyd, fod hyn yn gyfrinach rhyngom ac na ddylwn ddweud unrhyw beth wrth fy rhieni. Gadawodd. Ddywedais i ddim wrth neb, euthum yn ôl i chwarae.

Ddywedais i ddim chwaith wedi darllen yr erthygl, ond credaf i fy mam sylweddoli fy mod wedi cael fy nghynhyrfu. Yn ei thyb hi, rwy'n siŵr, oherwydd y wybodaeth a ddarllenais am ddau hen gyfaill, gan imi erioed sôn wrthi am y digwyddiad ddeuddeg mlynedd ynghynt. Felly at bwy yr awn i ddweud fy nghŵyn?

Gyda'r ddau ddigwyddiad yma, credaf yn fy meddwl, i ran o fy mhersonoliaeth gael ei llunio, yn arbennig felly y prynhawn hwnnw wrth ddarllen y stori yn y papur. Roedd yn don ar ben ton. Tswnami cofio a phwniad creulon. Creodd gryn ansicrwydd a dryswch. Cododd deimladau cryf o golled, colli diniweidrwydd a hynny'n ymddangos ar gyfnod pan oedd hormonau glaslencyndod yn deffro. Ond siawns fod yma elfen o gatharsis a glanhau yn fy nisgrifiad, gan, er imi rannu fy mhrofiad ag un neu ddau, dyma'r tro cyntaf imi wneud hynny yn gyhoeddus. Gallaf gyd-synio gyda'r Pêr Ganiedydd:

> Datrys, datrys fy nghadwynau.
> Gad i'm hysbryd fynd yn rhydd;
> Rwyf yn blino ar y twllwch
> Deued, deued golau'r dydd;
> Yn y golau
> Mae fy enaid wrth ei fodd.

Nid wyf, wrth gwrs, yn bychanu colli fy nhad a phur debyg fod gwead o'r ddau ddigwyddiad ynghlwm â'i gilydd yn cymhlethu, ond craith y gamdriniaeth achosodd y penbleth mwyaf.

Wrth sôn am y graith efallai y buasai yn hytrach yn well sôn am y grachen, ac nad yw'r graith eto wedi ymddangos. Chwarae ar drosiad i raddau, ond teimlaf fod y dolur yn parhau yn weladwy i mi o leiaf. Nid yw'r grachen eto wedi disgyn. Caiff pobl ysfa i grafu'r "hen grachen 'na" a gweld y briw yn diflannu, gan obeithio wedyn na fydd yna chwaith graith. Parhau i gosi mae'r grachen yn fy isymwybod. Gallaf ddeall yn union deimladau'r plant hynny ddioddefodd gamdriniaeth rywiol am flynyddoedd gan ddieithriaid a theulu. Mae unwaith yn ddigon. Arhosa'r trawma gyda phawb gan adael ôl fydd yn fwy amlwg ymysg rhai nag ar eraill, ac nid yw'r rhan fwyaf o bobl yn amgyffred dyfnder y canlyniadau. Troi at gyffuriau neu alcohol i leddfu'r boen, cyfnodau o salwch meddwl, gyrfaoedd ar chwâl, ond hefyd dewrder llawer yn goresgyn eu profiadau gan wthio'r boen yn fewnol a dysgu sut i wenu. Ond lladdwyd diniweidrwydd, ymchwilir am dangnefedd, ond i ormod o bobl, dolur fu pris eu tawelwch, a'u mudandod yn fwrn wrth iddynt gladdu'r cyfan.

Pan glywaf sôn neu ddarllen am weithredoedd o gamdrin, am bedoffilia a'r crochlefain a'r gweiddi am dalu'r pwyth yn ôl, am garcharu a chosbi llym, os nad galwad am ddienyddiad, gallaf ddeall o ble y daw'r emosiynau cignoeth yma. Ond byrdwn ein bod yw ein gallu i dderbyn ac iacháu'r clwyfedig, sydd i gynnwys y camdriniwr. Nid yw cosbedigaeth yn y pen draw o fudd i unrhyw un, ond yn plesio'r dialgar – ond am ba hyd? Gallwn lenwi'r carchardai i'w hymylon, a sylweddoli wedyn na fu hynny yn effeithiol, a'i fod yn hynod wastraffus, nid yn unig o fywydau pobl ond hefyd o adnoddau a allasid eu cyfeirio at ddefnydd llawer mwy pwrpasol. Peidiwch â meddwl fy mod yn dadlau yn erbyn "cosbi", nid hynny, ond fod hwnnw yn berthnasol, dyngarol a phwrpasol.

Erys crachen, craith a'r cysgodion, a'r cysgodion sydd fwyaf brwnt gan nad ydynt yn weladwy. Ond yn y pen draw fe ddylem ddysgu beth yw gwerth cymodi, gan dderbyn nad yw hynny bob amser yn bosibl, gan fod briw'r dioddefwr mor ddofn a disymud. Nid yw hynny yn rheswm i beidio ag ymdrechu, dilyn llwybr cymodi, er pa mor wantan ei afael ar y dioddefwr a'r camdriniwr.

Ond pam cyfeirio at ddigwyddiad sydd mor bersonol os nad preifat? Efallai am ein bod yn preifateiddio cymaint er mwyn cuddio a gwadu. Mae angen dealltwriaeth ehangach o ddatblygiadau rhywiol, na ddylem eu diystyru, a'r sylweddoliad fod yn rhaid i ffydd a chred hefyd ddelio gyda hwy yn agored a gonest. Os yw crefydd a ffydd i fod yn berthnasol i'n sefyllfa yn y byd yna ni ddylid anwybyddu'r cynyrfiadau rhywiol sydd yn ein hamgylchynu ac yn effeithio arnom. Mae hunaniaeth rywiol, a'i chread, yn ganolog i bwy ydym. Mae yn hanfodol bwysig felly fod pawb yn cael diffinio eu hunain yn y ffordd sydd fwyaf cyffyrddus iddynt, ac yn adlewyrchu eu hesblygiad seicolegol a chorfforol. Rhaid i fyd ffydd liwio ei hunan i sicrhau hynny, beth bynnag fo'r adwaith. Y tristwch mawr yw bod hynny yn ymddangos yn anoddach mewn sawl lle yn y byd wrth i ragfarn ennill ei blwyf.

Y gwir yw i'r eglwys (cyfyngaf fy hun i brofiad o fewn y ffydd Gristnogol am y tro) anwybyddu, yn rhy hir, cwestiynau am ryw ac ymddygiad rhywiol. Os yn ei drafod gwneud hynny mewn modd negyddol a beirniadol. Daw pechod i frathu'r sodlau, a rhoddir pwyslais ar ddyfyniadau o'r Beibl sydd yn condemnio miloedd gan fod eu hunaniaeth rywiol yn groes i ewyllys Duw. Yn waeth na hynny fod y moesoldeb yma hefyd wedi cuddio gweithredoedd aflan offeiriad, gweinidog a henuriad tuag at blant ac eraill. Yn wir ymddygiad gormod o bobl, boed mewn swydd eglwysig neu beidio. O fewn yr eglwys efallai mai mater o rym ac awdurdod sydd wrth wraidd y broblem, yn enwedig felly oherwydd bod y Beibl, am yn rhy hir, wedi rhoi goruchafiaeth i'r gwryw ac yn fwriadol yn iselhau'r fenyw. Mae gennym eto lawer i'w ddysgu, a rhai enwadau yn straffaglu i ddod i dermau â'r hyn sydd ddisgwyliedig ohonynt mewn byd o newid. Ond nid yw adweithiau negyddol bellach yn dderbyniol, a siawns, yn un rheswm arall pam, yma yng Nghymru, fod cilio oddi wrth ffydd mor amlwg. Fod gwagedd miloedd o bregethau dros y blynyddoedd wedi cael eu datgelu i fod yn rhagrithiol a di-sens. Ond os na all yr eglwys lynu at ei dysgeidiaeth a safonau traddodiadol, pa bwrpas sydd iddi? Sut fel arall y gellir sicrhau moes a gweithrediad uniawn? Mae'r cyfiawnhad yma yn rymus a rhesymegol, ond hefyd yn annigonol mewn byd o newid. Y duedd yw glynu at y traddodiadol, ac ymwthio yn erbyn syniadaeth o ddatguddiad parhaol a rhoi lle i esboniad gwahanol. Cadw o fewn cwys gul ddigyfaddawd beth bynnag fo'r pris i unigolion a chymdeithas. Nid yw hyn yn wir am bob enwad, ond golyga fod rhaniadau o fewn yr eglwys yn parhau, a diwinyddion yn cael mwy o gyfle i amddiffyn yr hyn sydd amddiffynadwy.

Caf fy arwain hefyd at y cwestiwn sut, ac ym mha ffordd, y dylem ddysgu a chyfarwyddo ein plant am ymddygiad rhywiol. Gadawaf y cwestiynau am sut, yn ymarferol, y dylem amddiffyn plant rhag camdriniaeth o'r neilltu gan fod yr atebion hynny yn perthyn i drafodaeth ehangach.

Yn yr Unol Daleithiau gwelwyd ymateb eithafol i unrhyw syniad fod y wladwriaeth i ymyrryd mewn addysg bersonol, ac mai mater i rieni a'u ffydd ddylai hyn fod. Yn waeth na hynny ceir llyfrgelloedd yn diosg llyfrau am fod rhieni, a rhai enwadau, yn eu hystyried yn beryglus i ddatblygiad moesol eu plant. Gwelwn, fodd bynnag, elfennau yma yng Nghymru sydd gyda'r un meddylfryd ynglŷn â dysgu am ryw a pherthynas bersonol. Adwaith negyddol, er enghraifft, a welwyd gan rai i gwricwlwm addysg bersonol Llywodraeth Cymru a gyflwynwyd yn 2021. Aeth un corff i'r llys i wahardd datblygiadau; mudiad, gyda rhyw elfen o eironi, sydd yn galw ei hunan yn Public Child Protection Wales. Braf oedd sylweddoli fod adwaith yr enwadau yng Nghymru yn gyffredinol gadarnhaol i'r datblygiad, ond wedi gofyn am newidiadau oedd yn dderbyniol, nad oedd yn tanseilio egwyddor gyffredinol y newidiadau. Amser a ddengys sut y bydd pethau yn datblygu ac os gwelir gwrthwynebiad. Mae'r cwricwlwm newydd yn cychwyn y broses o addysgu plant am berthynas â rhyw yn saith oed ac yn gwneud y pwnc yn orfodol i bob un.

Bod yn gynhwysol, dyna'r her. Os gallwn fod yn gynhwysol yna efallai y gallwn ddymchwel y muriau sydd yn ein gwahanu, ond eto cadw'r gwahaniaethau sydd yn ein cyfoethogi. O safbwynt crefydd sut mae cadw moes a threfn ar ymddygiad a hunaniaeth rywiol heb feirniadu a chondemnio? Ond efallai fod cariad yn fwy na all rhai ei oddef?

Tyfu mewn dealltwriaeth yw profiad y rhan fwyaf ohonom. Rhai efallai yn cael profiad sydd, fodd bynnag, yn culhau dadansoddiad yn hytrach na lledaenu dealltwriaeth. Y perygl wedyn o fod yn gwbl unllygeidiog, gan fod y profiad ynddo'i hun yn derfynol, a ddim i'w gwestiynu. Dyna pam fod llwybr George Fox mewn cred yn ddiddorol. Nid yw'n sôn am brofiad am yr un eiliad, yr hon yn nhyb y bardd a oedd yn enedigaeth i'r awr. Yn hytrach ceir yr ymdeimlad ei fod wedi llwybro yn ddigyfaddawd nes medru hawlio iddo gyffwrdd â'r gwirionedd. Gwirionedd oedd, heb fawr syndod, yn efelychiad o athrawiaeth a dysgeidiaeth ei oes: ffaith oedd Gardd Eden iddo ef nid alegori, ac nid oedd angen cwestiynu'r enedigaeth wyrthiol na'r atgyfodiad. Ond symud yn ei flaen wnaeth yr ymchwil a'r ddealltwriaeth a rhaid addasu ac ailddehongli yng ngoleuni hynny.

Yn yr un modd ein dehongliad, neu yn hytrach ein tyfiant i ddealltwriaeth o natur rhywioldeb o fewn cymdeithas. Heddiw nid yw termau fel panrywiol, rhyngrywiol, deurywiol, traws, mor ddieithr ag yr oeddent, er efallai fod sawl un yn crafu pen am cwiar a cis. Eto, fe ddaw'r termau hyn yn gyfarwydd dros amser – heblaw bod rhywun wedi dod o hyd i ddisgrifiadau gwell. Yn anffodus mae'r eirfa yn cymhlethu, ac yn sicr o fod yn ddryslyd i lawer.

Yn 1885 deddfwyd bod pob gweithred rywiol rhwng dynion yn anghyfreithiol, a heb angen tystion i brofi hynny. Cafwyd y ddeddf gyntaf yn ymwneud â gwrywgydiaeth – term sydd bellach wedi ei gryn ddisodli – gan Ddeddf Bwgera 1533, a oedd hefyd yn berthnasol i gyfathrach refrol rhwng dynion a merched, ond dynion a effeithiwyd fwyaf. Hyd at 1861 gallasai unrhyw drosedd rhwng dynion arwain at y gosb eithaf. Cafwyd y dienyddiad cyntaf yng Ngorffennaf 1540 pan grogwyd y Barwn Hungerford, er bod yna gymhlethdod gwleidyddol cryf yn ei achos – bu farw ochr yn ochr â Thomas Cromwell.

Erbyn 1954 roedd nifer y dynion a garcharwyd dan ddeddf 1885, wedi tyfu i dros 1,000 y flwyddyn. Galwyd am ymchwiliad nid yn unig i ddeddfau yn erbyn cyfunrywioldeb ond hefyd i buteindra. Sefydlwyd pwyllgor Wolfenden y flwyddyn honno i wneud hynny, ac fe gyflwynwyd eu canlyniadau a'u hargymhellion yn Awst 1957. Y prif argymhelliad oedd mai mater preifat oedd ymddygiad rhywiol rhwng unigolion. Ni ddylai'r gyfraith ddeddfu ar faterion moesol a oedd yn gyfyngedig i fywyd personol a phreifat unigolion. Pwrpas y gyfraith oedd amddiffyn y cyhoedd. Ni ddeddfwyd ar y pryd, ond yr oedd un barnwr amlwg yn datgan y dylai'r ddeddf ymyrryd ynglŷn ag unrhyw weithrediad moesol, hyd yn oed os yr oedd yn breifat. O ganlyniad i'r adroddiad sefydlwyd Cymdeithas Diwygio Deddfau Cyfunrhywiol ac yn 1967 newidiwyd y ddeddf yn Lloegr a Chymru fel nad oedd gwaharddiad cyfreithiol ynglŷn â chyfathrach rywiol gydsyniol rhwng unrhyw un. Bu yn rhaid i'r Alban aros tan 1980 a Gogledd Iwerddon hyd at 1982 am newid.

Beth am adwaith yr eglwysi i adroddiad Wolfenden? Heb fawr syndod, dim cefnogaeth i'r argymhellion, gan gynnwys y Crynwyr. Glynu at y gwaharddiad Beiblaidd oedd y drefn yn arbennig felly oherwydd yr adnod yn Lefiticus (18.22), "Nid wyt i orwedd gyda dyn fel gyda gwraig, mae hynny yn ffieidd-dra." Caiff ei ailadrodd hefyd yn llythyr cyntaf Paul at Timotheus (1.10) "yn ymlygru â'u rhyw eu hunain". Er tegwch i Paul ymddengys mai nad ef oedd awdur y llythyr yma, na chwaith y gofyniad y "dylai'r gwragedd fod yn ddistaw yn yr eglwysi". (1 Cor 14.34) Rhaid taflyd y bai ar rywun arall o fod yn wrthhoyw a gwrth-ferched wrth ystyried y dyfyniadau yma. Fodd bynnag nid yw Paul yn gwbl ddieuog chwaith: "Y mae eu merched wedi cefnu ar arfer naturiol eu rhyw, ac wedi troi at arferion annaturiol; a'r dynion yr un modd, y maent wedi gadael heibio gyfathrach naturiol â merch, gan losgi yn eu blys am ei gilydd, dynion yn cyflawni bryntni ar ddynion yr un modd." (1 Rhuf, 1. 26-27) Erbyn heddiw nid yw'r gwaharddiadau hyn yn berthnasol, ehangwyd ar ddealltwriaeth ac mae awdurdod y Beibl wedi gwanhau. Heb fawr ryfedd os meddyliwch am hanes Lot yn Sodom. Ymosodwyd ar ei gartref gan ddynion y ddinas a oedd am reibio dau o'i westeion. Gwrthododd Lot eu deisyfiad ond yr oedd yn barod i aberthu ei ddwy ferch iddynt, gan bwysleisio nad oeddent eto wedi cael cyfathrach, fel y câi'r dynion wneud â hwy fel y dymunent. (Gen 19.8) Y fath ragrith, yn tanlinellu na ddylem roi gormod o sylw i gyfarwyddiadau sydd yn perthyn i'r gorffennol pell. Ond eto nid felly y mae ymhobman, ac mae Uganda newydd ddeddfu'r un eithafiaeth ag a oedd yn perthyn i ddeddf 1533 yma yng Nghymru.

Os yw newid mewn rhai meysydd yn araf lusgo, yna roedd anghenion dynion hoyw yn esiampl dda o hynny. Roedd adroddiad Wolfenden yn arwydd fod symudiad yn bosibl, ond i ddynion hoyw yn y 50au a'r 60au roedd cysgod carchar a gwarth yn parhau yn elfennau pwysig yn eu hymddygiad a'u gallu i fynegi eu hunain fel ag y dymunent.

Yn 1954 cychwynnodd nifer o Grynwyr ifanc gyfarfod ynghyd ar nos Sul yng nghartref Anna Bidder (1903-2001) oedd ar y pryd yn ymchwilydd ym Mhrifysgol Caergrawnt – bioleg forwrol oedd ei phrif bwnc. Merch oedd i ddangos arbenigedd, nid yn unig yn ei phwnc, ond fel un o dair ysgogodd sefydlu Coleg Lucy Canendish yng Nghaergrawnt yn 1965, ac ehangu'r ddarpariaeth i fenywod yn y brifysgol. Hi oedd llywydd cyntaf y coleg. Pwrpas y cyfarfodydd yn ei chartref oedd trafod yr anawsterau a oedd yn wynebu dynion hoyw. Cychwyn ar y drafodaeth oedd hyn, ac yna yn 1957 galwodd Anna Bidder grŵp o Grynwyr amlwg at ei gilydd i wthio'r drafodaeth i lefel uwch, gan alw eu hunain "The Quaker Group on Homosexuality and Other Problems of Sex". Nid grŵp o amaturiaid mohonynt ond un ar ddeg o bobl oedd yn ymwneud â bywydau a phrofiadau pobl eraill – tri phrifathro, dau seiciatrydd, dau seicolegydd, academydd, un wraig tŷ ac un bargyfreithiwr, ac yn olaf Cyfarwyddwr y Gwasanaeth Carchardai yn y Swyddfa Gartref ar y pryd. Canlyniad eu gwaith oedd cyhoeddi llyfryn yn 1963, *Towards a Quaker View of Sex [TQVS]*. Teitl oedd, fel mae nodyn golygyddol y llyfryn yn cydnabod, oherwydd i'r awduron synhwyro fod eu hymdrechion yn efelychiad o'r hyn elwir gan y Crynwyr yn "gonsýrn" – hyd y gwn nid oes gair yn y Gymraeg i gyfleu'r amcan yn gywir. Sef ymateb i alwad y Dwyfol, yn ddi-gwestiwn, ond yn dilyn cyfnod o ddirnadaeth ddofn, i'r angen i roi gwasanaeth, i herio syniadaeth neu gywiro camwedd. Ceisio bod yn ffyddlon i sefyllfa eraill ac yn gydymdeimladwy o'u trallod, gan roi gwedd neu ddealltwriaeth newydd a gwahanol i sefyllfa arbennig: unioni cam, a bod yn barod i ddioddef sen a sarhad wrth wneud hynny.

Nid oedd hwn yn gyhoeddiad swyddogol gan Gyfarfod Blynyddol Llundain, a defnyddio yr hen enw, er iddo gael ei gyhoeddi gan eu pwyllgor llenyddiaeth, a bu'r adwaith i'r penderfyniad hwnnw yn negyddol. (I unrhyw un sydd â diddordeb i ddarllen mwy am y cefndir a'r adroddiad yna mae'r wefan https://exhibits.lgbtran.org/exhibits/show/

towards-a-quaker-view-of-sex werth sylw.) Cyfiawnhad y pwyllgor llenyddiaeth oedd gweld y llyfryn fel cyfraniad i drafodaeth helaethach ac iachach yn ymwneud â rhyw o fewn cymdeithas. Pwysleisiwyd, fodd bynnag, mai syniadaeth y grŵp oedd y cynnwys, ac nad oedd o reidrwydd yn adlewyrchu safiad y pwyllgor na Chymdeithas Grefyddol y Cyfeillion. Gwireddwyd eu ffyddlondeb. Bu'r cyhoeddiad yn ddaeargryn ac yn ddylanwadol, ymhell tu draw i ffiniau'r Gymdeithas, ac yn ysgytwol i athrawiaeth draddodiadol yr eglwys. Hwn oedd yr adroddiad cyntaf gan enwad ym Mhrydain yn rhoi sylw cadarnhaol, agored a chywir wrth ymwneud â hoywder.

Mae iaith yr adroddiad wreiddiol, os nad rhai o'r disgrifiadau, bellach yn hen ffasiwn a rhaid cyfaddef bellach yn annerbyniol. Pe bai'r llyfryn yn cael ei gyhoeddi heddiw fe fyddai'r pwyslais yn dra gwahanol. Ceir, er enghraifft, gyfeiriad mynych at "wyriadau" – *deviations* – term sydd bellach yn annerbyniol, ac mae rhai termau wedi eu diosg ers cryn amser. Cyhuddwyd y cyhoeddiad gwreiddiol o fod yn amrwd tuag at sefyllfa merched, cydnabuwyd hynny ac fe ddiwygiwyd a llyfnu'r cyfan erbyn yr ail argraffiad. Ond mae egwyddor y llyfryn wedi goroesi, a'r cyfan yn parhau yn berthnasol.

I'r awduron roedd yn amlwg nad oedd Cymdeithas y Cyfeillion ym Mhrydain wedi rhoi sylw i anghenion pobl oedd yn wynebu anawsterau am eu rhywioldeb, a'r foes tu cefn i hynny. Eu prif amcan felly oedd ystyried beth oedd gan y Crynwyr i'w ddweud yn arbennig wrth bobl hoyw, ac wrth wneud hynny yn sylweddoli fod yn rhaid hefyd ystyried agweddau ehangach am rywioldeb o fewn cymdeithas. Hyn oherwydd fod cymdeithas wedi gorchuddio rhyw mewn euogrwydd, dirgelwch ac anwybodaeth. Dyma oedd y "consýrn."

O ganlyniad roedd yr adroddiad yn cyffwrdd â rhywoliaeth yn gyffredinol, nid yn unig ymysg pobl hoyw, gan fod moes o fewn priodas hefyd yn haeddu sylw. Ceid anhapusrwydd ymysg cyplau yn amlwg, ac na ddylid anwybyddu hynny. Oherwydd hyn cafodd yr adroddiad ei feirniadu am danseilio natur a sancteiddrwydd y briodas Gristnogol. Wrth gwrs roedd yr ymdrech i gyfiawnhau hoywder hefyd yn gwneud hynny!

Ym mis Tachwedd 1963 daeth yr adroddiad ger bron Dioddefiadau. Roedd yn amlwg nad oedd cynnwys yr adroddiad yn boblogaidd, a chofnodwyd fod y pwyllgor yn ail-ategu cred sylfaenol y Crynwyr ym Mhrydain am sancteiddrwydd priodas gydol oes, natur ffyddlondeb o fewn priodas, nad oedd lle i odineb, ac na ddylid cael rhyw cyn priodi. Safiadau traddodiadol a cheidwadol. Roedd ymatebiad rhai Crynwyr unigol yn llawer mwy llym, gyda rhai yn datgan fod yr adroddiad yn tanseilio'r seiliau Cristnogol am ryw.

Prif bwyslais y llyfryn oedd mai cyfoeth a dyfnder perthynas sydd yn bwysig yn hytrach na natur y weithred rywiol. Nid yw gweithgarwch rhywiol yn dda na drwg, mae yn fiolegol naturiol, fel sawl gweithred ddynol arall. Wrth ei gyplysu â phechod, dibrisir ein hysbrydolrwydd a thlodir ffydd. Dylid barnu pob perthynas rywiol ar ei gwerth yn hytrach nag ar ryw'r partïon. Yn wir os oes un agwedd am y drafodaeth yn ymwneud â rhyw yn yr eglwys sydd yn ddamniol yna'r elfen anlladaidd yw honno. Rhoi pwyslais diangen ar natur yr ymddygiad corfforol, yn enwedig felly cyfathrach refrol, a'i wneud yn rhywbeth budr a phydredig. Eto yn ôl pob ymchwiliad bu ymddygiad o'r fath yn rhan o fywyd pobl erioed, ac erbyn heddiw amcangyfrifir fod o leiaf 28% o bobl ifanc yn ei ymarfer. Yn feddygol gwyddom fod yna beryglon, a'r drafferth fwyaf yw sicrhau fod pobl yn ymwybodol o hynny ac yn ofalus. Ond nid yw bod yn hoyw chwaith yn golygu cyfathrach refrol ym mhob perthynas, ond dyna'r argraff gaiff ei greu gan y rhai sydd yn elyniaethus.

Os oedd llyfryn 1963 yn ceisio trafodaeth agored ac onest am hoywder yna yr oedd hefyd yn agor y drws i drafodaeth lawnach am ryw o fewn cymdeithas, ac wrth gwrs ymysg Crynwyr. O safbwynt gwerthiant y llyfryn, erbyn mis Tachwedd 1963 cafwyd y chweched argraffiad. Yr oedd yn hynod boblogaidd. Cyffyrddodd â sawl un a rhoi agoriad i drafodaeth ehangach ymysg credinwyr.

Nid cenhedlu yn unig yw sylfaen rhyw ond y gallu a'r angen i roi pleser corfforol i bobl, sydd wedyn yn atgyfnerthu eu perthynas yn seicolegol ac yn cryfhau eu hunaniaeth. Yn gyffredinol, estron yw'r math yma o neges i'r pulpud yng Nghymru, a'r duedd fu i wrthod cymodi rhyw â Christnogaeth. Ymhell yn ôl efallai? Ond pan fu i Prosser Rhys ennill y goron yn Eisteddfod Genedlaethol 1924 cafodd ei bryddest ei chondemnio yn hallt oherwydd pwyslais rhywiol ei awen. Gwir ei ddyfyniad, "A Rhyw yn ein gorthrymu".

Un agwedd bwysig am y Crynwyr heddiw yw'r ffaith, o fod yn enwad bychan o ran rhif, eu bod yn barod, efallai yn rhy araf yn nhyb rhai ohonynt, i herio a chwestiynu. Bod yn barod i chwifio baner sydd yn amhoblogaidd, a chynnig dehongliad gwahanol. Mewn iaith Grynwrol bod yn barod i dderbyn arweiniad y Goleuni, a cheisio bod yn ffyddlon i'r arweiniad hwnnw. Yn 1929, er enghraifft, cyhoeddwyd "Marriage and Parenthood: The Problem of Birth Control" gan grŵp o Grynwyr, cyhoeddiad oedd yn ei amser eto yn arloesol ac yn heriol. Ac ar drywydd arall, Cyfarfod Blynyddol Prydain oedd y sefydliad cyntaf ym Mhrydain, yn 2013, i wneud y penderfyniad i dynnu allan o fuddsoddi mewn cwmnïau oedd yn cloddio ffosiliau. Dilynodd sawl enwad arall felly yn y man.

Yn 1967 fe newidiwyd y ddeddf yn ymwneud ag ymddygiad rhywiol, ond ar draws y wlad araf iawn oedd y parodrwydd i dderbyn yn agored pobl hoyw. Roedd yna'n sicr betrusedd ac ansicrwydd, ond nid hawdd newid agweddau pobl yn enwedig ymysg y rhai hŷn. Ac os oedd y newid yma yn gwneud pobl yn anghyffyrddus yna roedd y syniad o greu priodas rhwng pobl o'r un rhyw yn llawer anoddach.

Yn 1987 cafwyd y drafodaeth gyntaf am briodas un rhyw o fewn Cymdeithas y Cyfeillion, gyda'r datganiad, "Cydnabyddwn fod pobl hoyw yn chwarae rhan amlwg ym mywyd Cymdeithas y Cyfeillion. Ceir cyplau hoyw sydd yn credu eu bod eisoes yn briod ac yn dystiolaeth i ras dwyfol fel mewn priodas hetro ... Gwelwn fod y gair 'priodas' yn anodd ond yr ydym yn glir fod gennym ddyletswydd i gefnogi pawb yn ein cyfarfodydd yn eu perthynas." Yn 1988 bu i Ddioddefiadau gydnabod yn ffurfiol uniad un-rhyw yn eu mysg, gan annog cyfarfodydd ar draws y cyfundeb i'w cydnabod a'u mawrygu. Yn 2009 Crynwyr oedd yr enwad cyntaf ym Mhrydain i ddatgan parodrwydd i hyrwyddo priodas un-rhyw. Gwnaed gwaith distaw a thyngedfennol y tu ôl i'r llenni, a oedd yn greiddiol i newid y ddeddf ym Mawrth 2014 i ganiatáu priodasau felly.

Un elfen o hyn oedd egluro safiad y Gymdeithas i'r enwadau eraill trwy rwydwaith CTBI (www.quaker.org.uk/documents/we-are-but-witnesses-2009) a gwireddu'r gosodiad, "Nid oes na gwryw na menyw; mae pawb yn un yn y Crist Iesu". (Gal 3.28) Ond mae safiadau diwinyddol a Beiblaidd yn dallu, a thrist oedd y datblygiad a welwyd ymysg rhai aelodau o Churches Together in England, [CTE] yn 2019, sydd yn efelychiad o'r anawsterau sydd yn wynebu rhai enwadau, a'r rhwygiadau annisgwyl sydd yn parhau i orwedd dan yr wyneb.

Mae gan CTE arferiad llywodraethol o ddewis chwe llywydd i gynrychioli'r gwahanol enwadau. Dewisir y pedwerydd llywydd pob pedair blynedd o blith grŵp o enwadau sydd yn cynnwys y Crynwyr, ynghyd â Chyngor Lwtheraidd Prydain, yr Eglwys Lwtheraidd Efengylaidd, Lwtheraidd Almaenig, ac Eglwys Bresbyteraidd yr Alban. Cylchir y llywyddiaeth yn eu mysg. Gogyfer 2018 dewis y Crynwyr oedd ger bron, ac fe enwebwyd merch a oedd yn dderbyniol i'r enwadau perthnasol. Daeth yn amlwg i rai eglwysi fod yr enwebiad yn briod â merch arall. Oherwydd hynny gwrthodwyd yr enwebiad gan fwyafrif aelodau CTE. O ganlyniad gadawyd sedd y pedwerydd llywydd yn wag am gyfnod yr apwyntiad. Yng ngeiriau CTE: "The empty chair represents the lack of agreement within the Churches in England regarding human sexuality, and the reality that this dimension of the churches' pilgrimage together is not yet complete." O leiaf roedd cydnabod y "sedd wag" yn efelychiad o'r angen i fod yn gariadus ac yn ymdrechgar i dderbyn fod gwahaniaethau yn parhau i fodoli ond yn creu dolur. Gyda thristwch y derbyniwyd y penderfyniad gan y Crynwyr, a bu yn gyfle iddynt ail-ategu eu hymrwymiad i natur perthynas a phriodas un-rhyw. Penderfynwyd na fuasai yn ddefnyddiol nac yn iachus i fywyd eciwmenaidd Lloegr herio'r penderfyniad. Fel mewn llawer sefyllfa arall roedd y Crynwyr yn gwthio'r ffiniau. Erbyn heddiw ceir merch o'r eglwys Lwtheraidd yn llenwi'r sedd wag.

Yng ngeiriad un cyflwyniad i Gyfarfod Blynyddol 2021 nodwyd fod peth anghytundeb yn parhau ymysg ei haddolwyr ynglŷn â goblygiadau amrywiaeth rhyw yn eu mysg, ac nad oedd eto undeb ar sut i ymdrin â phobl draws a rhyweddhylifol. Y pennawd bras roddwyd i'r cynulliad y flwyddyn honno oedd, "Er cysur ac anesmwythyd inni". Yna yn Awst 2021, gyda dros fil wedi ymgynnull, gwrandawyd ar storïau a phrofiadau sawl un yn ymwneud â'u rhywoledd, ynteu fel aelod o deulu, fel rhiant, neu o safbwynt personol. O ganlyniad cofnodwyd, "llawenhawn gydnabod creadigaeth Duw yn ein gilydd. Fe fynna cariad hyn oddi wrthym." Felly derbyn ein bod oll yn gyfartal, yn wyneb y Dwyfol, ac na allwn ddiystyru sefyllfa hunaniaeth unrhyw un, ac y dylem bob amser gofleidio'r gwahaniaethau sydd rhyngom. Cafwyd undod er efallai nad oedd pawb yn hapus.

Os pery dryswch ymysg y rhan fwyaf o'r boblogaeth am gwestiynau ynglŷn â rhyw yna pur debyg fod ystyriaethau a chwestiynau ynglŷn â phobl draws yn siwr o fod yn amlwg. Yn 2003 ymatebodd Dioddefiadau yn gadarnhaol i'r ymgynghoriad ar y Gender Recognition Bill. Gofynnwyd i'r pwyllgor canolog oedd yn ymwneud â materion bugeiliol sicrhau fod cyfarfodydd lleol yn ystyriol o anghenion pobl draws, eu teuluoedd, partneriaid a phlant.

Un person traws amlwg ym mywyd Cymru oedd y diweddar Jan Morris. Roedd ei hen daid ar ochr ei mam yn Grynwr, er iddo gael ei ddiarddel am briodi, ddwywaith, merched nad oeddent yn Grynwyr. Mae ei chofiant yn bwysig i unrhyw un sydd am gael dealltwriaeth o ofynion a goblygiadau byd y traws. Rhydd hi bwyslais ar y ffaith nad mater rhywiol oedd y newid, ond yn hytrach yn gydnabyddiaeth o hunaniaeth o ran rhywedd. Eglura mai nid rhywbeth corfforol yw rhywedd, mae yn hytrach yn ansylweddol, yn enaid, efallai yn dalent, yn flas, yn gerddoriaeth fewnol, yn fwy nag unrhyw wead o geilliau a hormonau. Mae'n hanfodol i undod yr unigolyn. Iaith gyfriniol ac ysbrydol, i'm tyb i a geir yma, darganfod hunaniaeth o ran rhywedd, o sylweddoli ei bod, yn bedair oed, wedi ei geni yn y corff anghywir. Ni allaf wneud cyfiawnder â mynegiant ei hysgrifennu, ac ni allaf ond eich cyfeirio at ei chyfrol *Conundrum* gyhoeddwyd yn 1997 yn enwedig tudalen 30.

Gwelir yr un elfennau mewn darn a ysgrifennwyd gan un Grynwraig annwyl iawn, am ei phrofiad hi o groesi (*Tua'r Tarddiad: Crynwyr yng Nghymru*, tud 107-109). Iddi hi beth oedd yn bwysig oedd cael troi at y goleuni. Daeth i ddeall, meddai, "nad yw achubiaeth bersonol yn dod o edifeirwch a maddeuant, ond, fel y dywedodd George Fox, o droi yn gadarnhaol ac aeddfed oddi wrth y tywyllwch at y goleuni … a dilyn yn anochel o wybod bod yr hyn o Dduw ym mhob un ohonom, beth bynnag yw ein natur." Dyna, bid siŵr, yw'r allwedd i adnabod y consýrn, fod Duw yn trigo ymhob un, a'n dyletswydd yw cadarnhau hynny a throi oddi wrth ragfarn a beirniadaeth sydd yn rhannu ac yn creu casineb. Rhoi lle i bawb ddarganfod a dilyn eu cyfeiriadedd rhywiol, ac felly bod yn rhydd i fyw fel ag y mynnont cyn belled nad yw hynny yn peryglu nac yn niweidio unrhyw un arall.

Yn 2015 gwnaed y penderfyniad i gynnwys "Arall" ochr yn ochr â menyw a gwryw yn y categorïau sydd yn y dadansoddiad ystadegol blynyddol ar ddosbarthiad rhyw o fewn Cyfarfod Blynyddol Prydain. Trwy hynny dyna sicrhau fod hunaniaeth penodol pobun yn cael ei gyfri, ac felly sicrhau cydraddoldeb gan i bawb gael nodi eu hunaniaeth fel sy'n gywir iddynt hwy. Nid pawb oedd yn fodlon â'r datblygiad yma. Ond sut yn union mae disgrifio pobl o ryw amrywiaethol ond sydd yn cael eu gorfodi i ddisgrifio eu hunain i fod ynteu yn wryw neu'n fenyw, pan nad yw'r dewis yma yn berthnasol iddynt. Anghofiwn fod oddeutu 1.7% o'r boblogaeth yma ym Mhrydain yn rhywhyfil. Nid yw'r term androgyn neu ddeuryw bellach yn ddigonol, tra bod rhywhylifol yn well disgrifiad. Rhoi'r pwyslais ar hunaniaeth sydd yn berthnasol ac yn bersonol, a bod yn effro i'r ffaith na allwn bellach ddiystyru cyfeiriad rhyweddol a'i fod yn rhywbeth mwy na'r ddau begwn traddodiadol.

O safbwynt cyffredinol y Crynwyr ym Mhrydain efallai nad oes bellach angen cyfrif faint sydd yn perthyn i ba bynnag ryw. Mae'r arferiad yn adlewyrchiad o drefn hanesyddol pan oedd gan y Crynwyr ddau Gyfarfod Blynyddol, un i'r merched a'r llall i'r dynion! Cyfaddefiad nad oedd cydraddoldeb bob amser yn rhan o'u byd, pan oedd y dynion yn hawlio eu dyrchafiaeth gan gadw'r merched draw o faterion ariannol a chyfreithiol.

Nid oedd y drafodaeth yng Nghyfarfod Blynyddol Prydain yn 2021 yn gyffyrddus, a bu'r daith o 2003 i 2021 yn anodd i rai. Dryswch ynglŷn â geirfa, er enghraifft, ac ansicrwydd ymhle yn union mae'r ffiniau rhwng yr hoyw, y traws a'r grŵp hylifol – y grŵp nad yw yn hawlio'r naill begwn na'r llall. Nid yw'r eirfa yn syml, a siawns fod hynny ynddo ei hun yn creu penbleth, yn enwedig pan fo anghytundeb ymysg grwpiau. Mae'r ddadl gyhoeddus yn ymwneud â sefyllfa merched traws yn nodweddiadol, a safiad pobl fel J K Rowling a'r Athro Kathleen Stock yn dallu rhai ac yn cynddeiriogi eraill. Diddorol nodi fod Cadeirydd y Comisiwn dros Gydraddoldeb a Hawliau Dynol, y Farwnes Falkner, wedi datgan yn ddiweddar fod angen newidiadau yn y ddeddf gan symud at ailddiffinio, yn llawer mwy clir, y gwahaniaeth rhwng rhyw biolegol a rhywedd. Bod rhyw biolegol yn gyfystyr â gweithrediad atgenhedlu er enghraifft. Dros gyfnod o dair blynedd ar ddeg newidiodd ein dealltwriaeth a'r iaith sydd yn ymwneud â rhywioldeb a throsi rhywedd. Trwy newid i ddiffiniad biolegol o ryw, byddai hyn yn gwneud pethau yn haws i grwpiau oedd yn teimlo dan warchae, ac am amddiffyn eu hunain rhag gofynion a oedd yn tanseilio eu hunaniaeth.

Cyfeiriais yn gynharach at bwysigrwydd trafod ac ymhelaethu ar faterion yn ymwneud â rhyw. Y gwir yw ein bod yn osgoi trafodaeth, ac eto gwelwn gynifer o bobl yn cael eu sathru a'u bychanu oherwydd eu rhywioldeb. All llawer ddim goddef gweld yr hyn sydd yn wahanol, eto mewn sawl diwylliant mae hi'n arferol gweld dynion yn cyd-gerdded law yn llaw. A sut ddehonglwn bobl yn cyffwrdd bochau ei gilydd er yn ddieithriaid? Arferiad sydd yn anghyfarwydd i'r rhai ohonom sydd gyda'r duedd i ysgwyd llaw.

Y pwyslais yn TQVS oedd lle y ceir gwir dynerwch, diffuantrwydd agored, ac ymrwymiad pendant, yna daw ysbryd y Dwyfol i drigo ym mhob perthynas. Sail y cyfan fydd cariad digyfaddawd. Ond nid ydym chwaith yn byw mewn perffeithrwydd ac fe fydd llawer perthynas yn methu oherwydd amgylchiadau a datblygiadau na ellid fod wedi eu rhagweld. Nid methiant fo hynny, ond ymatebiad naturiol a'r sylweddoliad y dylai pobl gael byw mewn sicrwydd a diogelwch. Fe ddylem annog pobl i ryddhau eu hunain o berthnasu annerbyniol, a gwneud hynny mewn modd sydd yn gynhaliol i bawb o'i mewn. Ond i rai enwadau mae hynny yn ormod, heb sôn am gyflawni eu dyletswyddau tuag at yr hoyw, y deurywiol a'r rhyngrywiol. Nid oes lle i'r rhyweddhylifol chwaith, gan fod y cwbl yn groes i ewyllys Duw.

Gwelwn enwadau yn cael eu rhwygo gan ddadl a ffyrnigrwydd argyhoeddiad. Yr esiampl sydd yn cael cyhoeddusrwydd yma yw problemau Eglwys Loegr sydd ar fin cwblhau trafodaeth ar sut ddylid bendithio pobl mewn priodas un-rhyw, ond yn parhau i drafod beth ddylai ddigwydd i offeiriaid hoyw sydd am briodi eu partneriaid, heb sôn am godi'r gwaharddiad na ddylai offeiriaid sydd mewn partneriaeth hoyw weithredu yn rhywiol. Rhyw greadur cymhleth iawn yw'r Duw hwn sydd i'w weld yn troi ei gefn ar y greadigaeth. Ond yn hytrach efallai mai troi ein sylw ddylem at wendidau dynol, y celwydd, y gobeithion a ddrylliwyd, a'r trais sydd yn cydio cymaint yn ein dychymyg ac yna yn ein gweithrediadau. Gweld trwy hynny fod angen newid. Yn waeth na hynny ceir rhywioldeb yn cael ei fedyddio gan drais a diffyg tynerwch, ac atgasedd yn berwi ymysg y diniwed. Ni yw'r alltudion!

> Mae rhywioldeb yn rhan annatod o'n natur a'n gwead. Dyna yw neges Crynwyr ym Mhrydain heddiw, ac oherwydd hynny nid oes gennym yr hawl i drin pobl fel gwrthodedigion oherwydd eu rhywioldeb, sydd ynddo'i hun yn wadiad o'r cread. Ni roddwyd yr hawl hwnnw inni, er, wrth edrych ar ein hymdriniaeth o'r amgylchedd, mae yn amlwg nad ydym wedi dysgu'r wers. Wrth i bob un ohonom ymrafael â'n rhywioldeb, darganfyddwn boen a phleser, ansicrwydd, a'r angen i ddarganfod. Nid dirgelwch fydd y llwybr wedyn ond undod i'n hunaniaeth rywiol, a'n dymuniad i gyd-fyw ac eraill o fewn ein gwahaniaethau, ac fel y caiff ei fynegi ym mharagraff 22.16, *Quaker Faith and Practice: The book of Christian Discipline of the Yearly Meeting of the Religious Society of Friends [Quakers] in Britain*, https://qfp.quaker.org.uk/chapter/22/ :

> Sylweddolwn y gall ein natur rywiol achosi cryn boen ond hefyd rhoi pleser. Rhaid i bob un ohonom gydnabod y boen ... cyffwrdd ag eraill yn y modd gorau posibl, ac adlewyrchu ar ein methiannau personol wrth garu eraill ... Rhaid inni oresgyn ein hofn o'r hyn sydd ddieithr neu'n wahanol, oherwydd yr ydym oll yn fregus; mae pob un angen cariad.

Trefn – Cymhlethdod a Gwreiddiau

SIAWNS Y BUASAI y rhan fwyaf ohonom erbyn heddiw yn cytuno gydag un ysgolhaig fod ein crefydd yng Nghymru bellach yn hynod ddiniwed, a heb fod yn fygythiol i'r gymdeithas na'r sefydliad. Tro ar fyd. Eto, mae crefydd yn gallu bod yn hagr a hyll, yn beryglus, ac yn niweidiol wrth i garfanau hawlio eu lle, gan fynnu goruchafiaeth, doed a ddêl. Ar y llaw arall mae crefydd yn gynhaliol ac yn greiddiol i obaith a sicrwydd i gymaint. Rhoi cysur lle ceir poen. Ynddo'i hunan mae crefydd yn gyfanswm o brofiadau iachus â dyhead am rywbeth gwell. Ond y mae hefyd, yn anffodus, yn ffynhonnell erchyllterau na allwn yn hawdd eu dychmygu. Beth a wnawn ni â'r penboethion sydd heddiw yn diystyru effaith eu gweithredoedd a'u hefengylu? Y Kalashnikov fel lladmerydd ffydd. O feddwl am serchiadau'r emynwr efallai ei fod yn synhwyro'r hwyrhau, a'r haul wedi llwyr fachludo a ddim i ailgodi. A'r byd?

> Nid oes ond gwagedd heb ddim trai
> Yn rhedeg trwyddo i gyd.

Ac eto rydym yn glynu at yr hyn a rydd inni fodlonrwydd a diogelwch. Dyna gryfder enwadaeth, pobl yn hel at ei gilydd i gydrannu a chytuno, cydlynu, cyd-dynnu, bod yn gytûn.

Dyma ymgais felly sydd, fe obeithiaf, yn drefnus ac yn cyfarfod â'r galw i fod yn gryno, ar destun a allasai lenwi cyfrol! Y bwriad yw ceisio egluro peirianwaith y Crynwyr ym Mhrydain. Cymdeithas Grefyddol y Cyfeillion yw enw ffurfiol y corff. Disgrifiad mewn gwawd o'r 17eg ganrif oedd Crynwyr, a ddefnyddiwyd gyntaf gan ustus yn Derby yn 1650, oherwydd yr her a roddwyd i'r ustusiaid ar iddynt grynu wrth glywed gair Duw. Fe'i mabwysiadwyd mewn balchder fel yr enw sydd fwyaf cyfarwydd inni bellach. Nid oedd yn boblogaidd ganddynt ar y cychwyn, a cheir rhybudd gan sawl un o'u hawduron ar eu cyhoeddiadau i'r perwyl "gan un a elwir mewn dirmyg yn Grynwr". Cyfeillion – term nad oedd yn unigryw iddynt hwy o bell ffordd yn y dyddiau cynnar, ac a ddefnyddid gan lawer o gredinwyr eraill – a ddaeth yn amlwg wrth iddynt gyfeirio at ei gilydd, oherwydd eu defnydd o ddisgrifiadau megis "Cyfeillion yn y Gwirionedd".

Prif gorff cyfansoddiadol yr enwad yw Cyfarfod Blynyddol Prydain, sydd yn cyfarfod unwaith y flwyddyn. Yn 1668 gwnaed datganiad: "Penderfynasom ymysg ein gilydd i drefnu cyfarfod, i weld wynebau ein gilydd ac i agor ein calonnau un wrth un, yng Ngwirionedd Duw, unwaith y flwyddyn." Dyna ddigwyddodd. Sefydlwyd Cyfarfod Blynyddol Llundain, a oedd yn adlewyrchu, nid yn unig y man cyfarfod, ond hefyd am fod gweinyddiad y Gymdeithas, o'i dyddiau cynnar, wedi ei sefydlu yno. Yn 1994 newidiwyd yr enw, gan fwriadol osgoi'r gair "Prydeinig" gan fod Crynwyr Gogledd Iwerddon yn rhan o Gyfarfod Blynyddol Iwerddon. Gresyn felly, erbyn hyn, fod llawer yn tueddu i gyfeirio atynt eu hunain fel "Crynwyr Prydeinig", gan ddiystyru pwysigrwydd y disgrifiad "Crynwyr ym Mhrydain". Yn anffodus os am *hash tag* mae "Crynwyr Prydeinig" gymaint yn haws! Ond onid oes yma wers arall, sef anwybodaeth am y defnydd a'r ddealltwriaeth hanesyddol o'r hen derm "Ynys Prydain"? Disgrifiad a lyncwyd gyda'r dyhead i greu syniadaeth imperialaidd os nad gormesol! Byddai'n ddefnyddiol pe bai pob Crynwr yn cofio nad oes y fath beth â Chyfarfod Blynyddol Prydeinig.

Erbyn heddiw mae gan bob aelod o'r Gymdeithas yr hawl i fynychu'r cyfarfod blynyddol, ac nid yw'n annhebygol i dros fil neu fwy ymgynnull. Fe fyddai yna broblem go fawr pe bai i bawb droi i mewn!

Wrth sefydlu'r Cyfarfod Blynyddol penderfynwyd hefyd greu cyfarfodydd chwarterol oedd i gynnwys nifer o gyfarfodydd misol, a oedd yn wreiddiol yn gyfyngedig i ddalgylch yr hen siroedd. Wedyn roedd pob cyfarfod lleol o fewn y Sir yn gyfrifol am ddisgyblaeth y cyfarfod misol. Trefn hierarchaidd oedd hon, ac nid un gynulleidfaol. Gyda'r disgwyliad fod y cyfarfodydd i'w cynnal yn fisol a chwarterol.

Dros y blynyddoedd symleiddiwyd y drefn. Diflannodd y Cyfarfod Chwarter, ailddisgrifiwyd y cyfarfod misol fel cyfarfodydd rhanbarthol, heb y disgwyliad iddynt gyfarfod bob mis, a rhoddir cwmpas mwy daearyddol i'w haelodaeth na'r hen drefn sirol. Yr uned sylfaenol yw'r cwrdd lleol, a dyma asgwrn cefn y Gymdeithas. Dyma hefyd y cyfarfod addoli sydd yn agored i bawb. Ceir rhyw 456 ohonynt ar draws Prydain. Rhai mewn tai cyrddau hynafol a adeiladwyd yn y 17eg ganrif, eraill yn rhentu ystafelloedd.

Disgwylir i bob cyfarfod lleol drefnu cyfarfod yn rheolaidd i drafod busnes, sef y materion dyddiol hynny y carai'r rhan fwyaf ohonom eu hosgoi, ond sydd yn sylfaenol i weinyddiad a threfn os ydym i barhau fel corff effeithiol!

Bydd pob cyfarfod lleol yn penodi clerc i reoli ei weinyddiad, a'r clerc hefyd sydd yn gyfrifol am rediad pob cyfarfod busnes: mewn geiriau eraill y clerc yw cadeirydd ac ysgrifennydd pob cyfarfod. Cynhelir pob cyfarfod busnes mewn ysbryd addolgar, ac o fewn cynhaliaeth y distawrwydd. Yn hyn o beth mae ffurf a threfn pob cyfarfod, boed i addoli, i gladdu, i briodi neu i gadw trefn weinyddol yn union yr un fath.

Y clerc sy'n trefnu'r agenda, mewn ymgynghoriad ag eraill, ac wedi gwrando ar y drafodaeth a chyfraniadau'r cwrdd, y clerc sydd yn gyfrifol am ddarparu cofnod o'r hyn a ddywedwyd, a benderfynwyd neu nas penderfynwyd. Cofnod drafft yw'r gwreiddiol bob amser ac fe'i cynigir felly i'r cwrdd. Gall y cwrdd awgrymu newidiadau i newid pwyslais a chynnwys y gwreiddiol. Yn aml sylwadau adeiladol yn hytrach na beirniadaeth a yngenir. Yn naturiol bydd y clerc yn gofyn am gyfraniadau o'r llawr, ac fe all unrhyw un godi. Mater i'r clerc yw dewis pwy sydd i siarad. Mae amser bob amser yn pwyso, ac fe fydd yn rhaid i'r clerc rywbryd benderfynu pryd i gloi'r cyfraniadau, er mwyn rhoi amser i bendroni dros newidiadau i'r cofnod drafft. Os yw'r mater ger bron yn un llosgawl bydd pob clerc yn ymwybodol fod geiriad a phwyslais y cofnod terfynol yn bwysig. Gobeithir am undod, ac os oes lleisiau croes fe gofnodir hynny, gyda'r disgwyliad, os oes angen, i'r testun ddod yn ôl i gyfarfod arall am drafodaeth bellach. Os oes gwahaniaeth barn buasai'n annerbyniol lleisio hynny yn groch ac yn fygythiol. Gall y cofnod fod yn hir neu'n fyr, ond cyfrifoldeb y clerc, gydag amynedd a sensitifrwydd, yw ceisio adlewyrchu'r ymdeimlad y tu cefn i gyfraniadau ac yn union beth yw ewyllys y cwrdd.

Nid oes yna gynigydd ac eilydd – cyflwynir popeth i'r cyfarfod gydag eglurhad o'r hyn sydd angen ei benderfynu neu sydd yn galw am ymchwiliad pellach, neu yn wir lle mae adlewyrchiad ar destun ynddo'i hun yn ddefnyddiol.

Nid dadl mohoni. Nid oes pleidlais. Pwyslais pob cyfarfod yw ymgyrraedd at undod, ac oherwydd hynny rhaid i benderfyniad weithiau aros hyd nes bod yr undod hwnnw yn weladwy ac yn ddealladwy. Ceir yma elfen o esblygiad barn yn rhoi cyfle i sawl un gnoi cil dros yr hyn sydd ei angen – cynnwys y cofnod gwreiddiol cyn i'r mater ddod yn ôl am drafodaeth.

Dibynna'r cwrdd ar y clerc i synhwyro cyfeiriad, dyfnder a chanlyniad pob trafodaeth ac wrth gyflwyno'r cofnod bydd y clerc yn ymwybodol fod yn rhaid i'r cofnod gyffwrdd â phob barn a fynegwyd.

Yn Saesneg y gair a ddefnyddir am hyn yw *discernment* gyda'r clerc yn chwilio, neu weithiau yn ymbalfalu, i ddod o hyd i *"the sense of the meeting"*. Yn y Gymraeg, yn ôl Geiriadur yr Academi, cyfieithir *discern* fel "canfod, dirnad, gweld," ac efallai mai dirnadaeth yw'r cyfieithiad gorau. I mi fodd bynnag synhwyro ysbryd y cyfarfod fydd y clerc, neu os mynnwch ymdeimlo â bod yn ymwybodol o gyfeiriad a phwyslais y cwrdd wrth wrando ar wahanol gyfraniadau, ond cyfraniadau a all fod yn groes i'w gilydd. Ceisio edau o gydlyniad rhwng yr hyn a rannwyd, a'u gweu i fod yn rhywbeth cadarnhaol ac adeiladol. Gwas y cyfarfod yw'r clerc ac oherwydd hynny rhoddir ar bob cyfarfod gyfrifoldeb arbennig i gynnal y swydd-ddaliwr yn gariadus. Mae cymaint yn disgyn ar ysgwyddau'r clercod, wrth iddynt ymrafael â phynciau a allasai fod yn ddadleuol, anodd a phoenus. Rhoddir felly ar y clerc elfen sylweddol o ymddiriedaeth, â'r disgwyliad fod y swydd-ddaliwr yn onest ac agored wrth lunio'r cofnodion a llywio'r drafodaeth. Nid dadl mohoni ond ceisio cerdded yn noethineb ysbryd o ddarganfod mewn addoliad. Yn 1662 gallasai Edward Burrough gyfeirio'r Crynwyr i gyffwrdd ag ysbryd sanctaidd y gwir ymhob cyfarfod, a hynny trwy wrando mewn cariad, difrawder, tynerwch ac "annwyl undod".

Trwy'r holl gyfundrefn fe fydd i bob cyfarfod neu bwyllgor eu clerc, a fydd yn gweithredu yn yr union drefn. Rhoir pwyslais bob tro ar sicrhau undod. Oherwydd hynny, fe obeithir y bydd pob un yn agored i wrando, ystyried a gwyro i'r hyn a ddywedwyd er efallai fod ansicrwydd yn parhau ym meddyliau rhai. Nid oes disgwyliad i bawb gytuno, ond fod pawb yn fodlon derbyn y canlyniad, a'r trywydd sydd i'w dilyn.

"Sense of the meeting" – idiom sy'n anodd ei chyfieithu. "Teimlad y cwrdd", "barn y cyfarfod" – mae'r ddau yn disgrifio rhan o'r hyn sydd yn digwydd, ond rhywsut mae yn llawer mwy. Disgwyl am arweiniad y Dwyfol oedd tarddiad y drefn, bod yna ddoethineb i'w ddarganfod, wedi ei glymu i alwad yr ysbryd a seiliau moesol a chyfeiriadau'r ffydd. Undod ymhlyg â gweithred.

Mae un awdures yn awgrymu fod yna elfennau hanfodol yn perthyn i'r drefn wrth i'r clerc synhwyro barn y cyfarfod, sef:
- fod pawb yn ymddiried yn ei gilydd a'u swyddogion beth bynnag fo eu barn bersonol
- fod yna ddealltwriaeth gyffredinol o'r prosesau, yn enwedig y ffaith fod trafodaeth a phenderfyniad ynghlwm â'i gilydd, a bod hyn yn cael ei fynegi yn y cofnod
- fod distawrwydd ac adlewyrchiad mewnol yn rhan hanfodol i gyfeirio trywydd y busnes
- fod pawb yn cyfrannu, er yn ddistaw, ac yn cydnabod y gwerthoedd sydd gyffredin ymysg ei gilydd
- fod pawb yn agored i ddealltwriaeth newydd, er bod hynny weithiau yn creu anghydfod personol

Ac efallai yn olaf fod yna ysbryd creadigol a llonyddwch

mewnol yn cyffwrdd pawb sydd yn bresennol, ac yn eu harwain at undod, ac yn dilyn yr un llwybr. Bydd rhai yn camu'n frysiog ymlaen, eraill yn chwythu ac yn chwysu. Mae'r theori bob amser yn gyffyrddus, cyflawni nod bob amser yn ffaith!

Nid oes gan unrhyw Grynwr hawl dros unrhyw un arall, ond mae angen pobl benodedig i gynnal y peirianwaith. Nid y clerc yw'r unig swydd-ddaliwr. Fe apwyntir yn rhanbarthol henuriaid i bob cwrdd, a hwy sydd i gadw llygaid ar ei fywyd ysbrydol, gyda'r disgwyliad fod iddynt gyfrifoldeb arbennig am rediad ac ymddygiad y cyfarfod i addoli. Disgwylir iddynt fod yn Gyfeillion o brofiad, ond ni osodir rhicyn oedran wrth eu hapwyntio.

Law yn llaw â'r henuriaid sefydlir grŵp i ofalu am anghenion bugeiliol y cwrdd. Disodlwyd y defnydd o'r gair "goruchwyliwr" yn ddiweddar, i adlewyrchu'r pwyslais fod gan bawb gyfrifoldeb dros ei gilydd, ond fod hefyd angen grŵp i gyd-gordio'r ofalaeth fugeiliol.

Fel rheol fe apwyntir pawb fel clercod, henuriaid a gofalwyr bugeiliol am gyfnod penodol o dair blynedd, gyda'r disgwyliad y cyfyngir pob ail apwyntiad i dair blynedd arall, a dim hirach. Chwe blynedd, yn ddelfrydol, ddylai parhad pob apwyntiad fod. Ceisir cadw at y drefn yma er mwyn sicrhau nad yw cyfrifoldeb yn gorwedd yn rhy hir gydag unrhyw unigolyn, yn wahanol i'r drefn mewn rhai enwadau lle y caiff blaenoriaid aros am oes, a hyd y bedd!

I sicrhau fod pob swydd yn cael ei llenwi yn gylchol, fe drefnir Pwyllgor Enwebiadau ddaw ag enwau ymlaen i'r cyfarfod am gadarnhad. Gall y cyfarfod gydymffurfio neu ofyn i'r pwyllgor ailfeddwl unrhyw argymhelliad.

Yn naturiol fe geir hefyd bwyllgorau i gefnogi trefniadau pob cwrdd megis pwyllgor adeiladau neu bwyllgor cyllid, hyn yn dibynnu ar y nifer y Cyfeillion sydd ar gael. Wrth i'r cyrddau grebachu a gwanhau mae'r ddelfryd a ddisgrifiwyd yma yn mynd yn anoddach! Ond nid yw hynny yn esgus i beidio ceisio am y gorau.

Er bod pob cyfarfod lleol yn trefnu cyfarfod i drafod busnes, maent yn gyfrifol i'w Cyfarfod Rhanbarth. Y cyfarfod hwn sydd yn penderfynu ar aelodaeth a'u dosbarthu ar draws y cyfarfodydd lleol. Erbyn hyn, yn dilyn newid yn neddfau'r elusennau, mae pob Cyfarfod Rhanbarth yn elusen, ac yn penodi ymddiriedolwyr i fod yn gyfrifol am ei adnoddau. Newidiad a fu'n ysgytwad i'r hen drefn, ond sydd wedi symleiddio a chyflymu penderfyniadau ar eiddo a chyllid, a oedd fel arall yn disgyn ar y Cyfarfod Rhanbarth.

Ond y mae angen rhoi sylw ymhellach i'r Cyfarfod Dioddefiadau, a oedd ar un cyfnod yn gweithredu fel pwyllgor gwaith y gymdeithas, ac yn gwasanaethu fel ei chorff ymddiriedaethol. Tyfodd y cyfarfod hwn o'r angen i gofnodi holl ddioddefiadau'r Crynwyr wrth iddynt dystio dros eu ffydd, wrth wrthod cymryd llwon a thalu'r degwm, heb sôn am gadw draw o'r eglwys blwyf, a datgan yn erbyn y defodau allanol megis bedydd a'r sacrament. Fe'i cychwynnwyd oddeutu 1675, a bu'n cyfarfod yn rheolaidd ers hynny, gan ychwanegu at ei gyfrifoldebau dros y canrifoedd, gan fagu pwyllgorau a oedd yn atebol iddo. Erbyn 1833 hwn oedd y cyfarfod a ddaeth i siarad dros y Cyfarfod Blynyddol rhwng ei segurdod deuddeg mis. Gwnaed ef yn gorff cynrychiadol, yn wreiddiol trwy ddewisiad aelodau'r cyfarfodydd chwarter, ond bellach y cyfarfodydd rhanbarthol sydd yn danfon cynrychiolwyr. Mae gwead datblygiad y corff hwn yn gymhleth wrth iddo ddisodli haenau o gyfarfodydd eraill a sefydlwyd yn y 17eg ganrif. Erys yr enw, yn dyst i ddilyniant a phrofiad o fewn hanes, ond gyda pheth peth balchder a sentimentaleiddiwch! Trist nodi na fu i ferched ymuno â'r cyfarfod tan 1896, a hyd at hynny, "yr hen ddynion 'na" oedd wrth y llyw.

Er bod merched yn gweinidogaethu ac yn efengylu o gychwyniad y Gymdeithas, ni roddwyd iddynt yr un hawliau â'r dynion wrth sefydlu trefniadaeth y Gymdeithas. Yn 1691 cynghorwyd y Cyfeillion i sefydlu, lle'r oedd angen, gyfarfodydd ar wahân i'r merched, ond rhaid disgwyl tan 1794 hyd nes y bo merched yn cael cynnal Cyfarfod Blynyddol ochr yn ochr â'r prif gyfarfod a oedd, wrth gwrs, wedi ei neilltuo i ddynion. Unwyd y ddau gyfarfod yma yn 1909. Yn 1792, er enghraifft, gwnaed yn eglur mai'r merched oedd i ymdrin ag anghenion merched mewn tlodi ond eu bod i ofyn i gyfarfod y dynion am y modd i leihau'r angen. Cyfyngwyd ar y merched i ymateb i anghenion eu rhyw. Cydnabyddid cyfartaledd ysbrydol, ond roedd agweddau ceidwadol traddodiadol yn cyfyngu ar weithrediad ehangach.

Mewn ymateb i'r newidiadau yn y ddeddf elusen, nid yw Dioddefiadau bellach yn gweithredu fel corff ymddiriedaethol. Oherwydd y gofynion newydd trosglwyddwyd hyn i gorff llai, o ddim mwy na phymtheg, a ddewisir o blith holl aelodau'r Gymdeithas, bob un i wasanaethu, yn y drefn arferol, am ddau gyfnod o dair blynedd. Yr ymddiriedolwyr sydd yn gyfrifol am adnoddau ac eiddo'r Cyfarfod Blynyddol, ond nid eiddo sydd ym mherchnogaeth y Cyfarfodydd Rhanbarth. Gadewir cwestiynau a gyfyd o safbwynt tyst a chyflwyniad ffydd i Ddioddefiadau a'r Cyfarfod Blynyddol, ynghyd ag unrhyw reolau yn ymwneud â disgyblaeth aelodau.

Ond yng Nghyfarfod Blynyddol 2024 gwnaed y penderfyniad i newid y drefn, ac ar ôl 2026 bydd y Cyfarfod Blynyddol yn cyfarfod yn chwarterol. Diddymir

Dioddefiadau fel corff sefydlog parhaol. Symudiad ac ymgais i symleiddio'r drefn lywodraethol, a chadw gwell cydbwysedd rhwng y corff llywodraethol terfynol a chyfrifoldebau'r ymddiriedolwyr. Diddorol nodi fod dymuniad pendant wedi ei wneud na ddylid colli'r enw Dioddefiadau gan ei fod yn atseinio cymaint ar hanes ac ymdrechion dros y canrifoedd.

Mae'n anodd dadlau, gydag argyhoeddiad cryf, i'r Crynwyr wreiddio eu hunain yn ddwfn ym mywyd a hunaniaeth Cymru. Os oes heddiw iddynt wyneb cyfarwydd cyhoeddus rhaid diolch mwy i nofelau Marion Eames, a gafodd eu troi i fod yn gynyrchiadau teledu llwyddiannus, am boblogeiddio eu presenoldeb, yn hytrach nag unrhyw fesurau gan y Gymdeithas ei hun, er ei holl ymdrechion. Fe fu i fyd dychymyg a ffuglen roi sglein ar hanes y Gymdeithas, a cyn belled â bod hynny wedi ei wreiddio mewn ffaith, ni wnaed unrhyw niwed. Unwaith yr aiff y nofelau yn angof beth tybed wedyn fydd y sefyllfa?

I'r cwestiwn, " Beth wyddoch chi am y Crynwyr?" mae hi'n bur debyg na fyddai'r ateb yn un maith neu ceid y sylw, "O, meddwl eu bod wedi marw allan".

Erbyn 1897, cyfanswm aelodaeth y Crynwyr yng Nghymru oedd 313, mewn 10 cyfarfod. Ceid 81 o aelodau yng nghwrdd Caerdydd, tra bod 120 yn byw yn Sir Faesyfed. Pan gyhoeddwyd adroddiad y Comisiwn Brenhinol ar yr Eglwys Sefydledig yng Nghymru yn 1910, nodwyd fod yna 270 o Grynwyr, rhyw 0.05% o holl anghydffurfwyr y wlad. Erbyn 1898 roedd gan y Methodistiaid Calfinaidd 41 o gapeli yn Lerpwl, 10 yn Llundain a 15 ym Manceinion. Cyfanswm eu haelodaeth yn Lloegr oedd 12,593 a 20,260 o wrandawyr neu fynychwyr – bron cymaint â chyfanswm y Crynwyr yn eu Cyfarfod Blynyddol! Erbyn heddiw yng Nghymru, gan ddibynnu ar ffigyrau yn adroddiad Cyfarfod

Blynyddol 2022, ceir 428 o aelodau, rhyw 303 o fynychwyr, wedi eu dosbarthu rhwng 31 cyfarfod i addoli.

Yn dilyn ymdrechion cenhadol cynnar yr ail ganrif ar bymtheg gwanhawyd y Crynwyr gan ymfudiad i'r America. Dyna fu hanes Rowland Ellis, prif arwr nofelau Marion Eames, a'i deulu a chyfoedion iddo o Feirion, wrth iddynt, yn lliaws, ymfudo i Pensylfania yn 1686. Bu angerdd a nerth y Diwygiad Methodistiaid yn ddigon wedyn i ysgubo'r rhai a arhosodd bron o'r neilltu. Crebachu wnaeth y cyfarfodydd misol, a rhyw rygnu ymlaen fu eu hanes. Erbyn 1867 cofrestrwyd 74 o aelodau ar draws y wlad, ond nid oedd sôn am gyfarfod yng Nghaerdydd, ac yr oedd gan Abertawe 8 aelod.

Gellir cymharu'r ffigyrau hyn gyda chanlyniadau y cyfrifiad crefyddol cyntaf ym Mhrydain o 1851. Cofrestrwyd naw cyfarfod yng Nghymru gyda 125 yn addoli ynddynt yn y bore. Nid oedd yr un cyfarfod yn siroedd Brycheiniog, Caernarfon, Fflint, Meirionydd, Trefaldwyn na Môn. Eisteddai 4 i addoli yng nghyfarfod Rhuthun, yr unig gwrdd yn y gogledd, a cheid 5 yng nghwrdd Aberdaugleddau. Yng nghyfarfod Castell-nedd cyfanswm yr addolwyr oedd 40, a hwn oedd y cyfarfod cryfaf. Pam? Oherwydd ymfudiad Crynwyr o Loegr i'r ardal i gychwyn busnesau a datblygu diwydiant. Wrth fynd heibio, cafodd Tylorstown a Treharris yng Nghwm Rhondda eu henwi ar ôl teuluoedd datblygwyr y gweithfeydd glo yno, hwythau yn Grynwyr. Ond stori arall yw honno am gyfraniad y Crynwyr at ddatblygiadau diwydiannol ar draws Prydain.

Un ffactor pwysig ym methiant y Crynwyr yng Nghymru oedd eu hanallu i gyhoeddi yn y Gymraeg. Gwnaed ymdrechion i gyfieithu cyfrolau o'r Saesneg, ond ni chafwyd dim byd gwreiddiol. Cymharer hyn, er enghraifft, ag ymdrechion cynnar y Mormoniaid, a gyhoeddodd rhwng 1853 ac 1861 *Udgorn Seion*, tra roedd Byddin yr Iachawdwriaeth yn 1889 yn cyhoeddi 10,000 copi o'r *Gad Lef*. Pan fu i Fox genhadu ym mhob sir yng Nghymru yn 1657, yn trafaelio gydag ef yr oedd John ap John ac Edward Edwards, y ddau o sir Ddinbych, cyn-ddilynwyr i Morgan Llwyd. Gwyddai Fox yn dda, heb siaradwyr a phregethwyr yn y Gymraeg, y buasai ei ymdrechion wedi bod yn llipa a di-fudd wrth gyflwyno ei neges ger bron y werin. Gwyddai fod gan Gymru, nid yn unig ei hiaith, ond hefyd ymdeimlad o fod yn wlad â thraddodiadau ac arferion a oedd yn wahanol i'w wlad enedigol.

Yng ngoleuni hyn yn 1657, yn bur debyg ar ôl ei daith trwy'r wlad, danfonodd Fox lythyr cyffredinol, yr hyn a elwid yn 'epistol' at Grynwyr Cymru, ond heblaw am y cyfarchiad ni cheir cyfeiriad penodol at y wlad a'i hamgylchiadau. Yn hytrach ceir anogaeth i'r Cyfeillion fyw mewn ffydd, dod i adnabod Crist ac i 'gerdded yng ngoleuni'r oen'. Yn 1685 fe ddanfonodd ail lythyr i Gyfarfod Blynyddol Cymru a grëwyd yn 1682 mewn ymatebiad i epistol a ddarparwyd ganddynt.

Roedd Cyfarfod Blynyddol Cymru yn gyfrifol am oruchwylio dioddefiadau'r Cyfeillion, eu hymddygiad, rheoli eiddo a darparu llenyddiaeth yn y Gymraeg. Ond yn 1675 gwnaed yn gwbl eglur na ddylid cyhoeddi unrhyw beth yn enw'r Gymdeithas, mewn unrhyw iaith, heb ganiatâd canolog pwyllgor yn Llundain, yr hyn a elwid yn *Morning Meeting* – roedd yn cyfarfod ar fore Llun, a'i aelodaeth yn Gyfeillion ac yn weinidogion a oedd yn y ddinas ar y pryd – ond heb unrhyw ferch yn eu mysg. Prin y byddai presenoldeb Crynwyr o Gymru ar y pwyllgor hwn. Rheswm arall pam y ceid prinder cyhoeddiadau gwreiddiol yn y Gymraeg – pwy yn union oedd i roi barn ar gynnwys o'r fath!

Roedd gan bob cyfarfod misol yr hawl i ddanfon cynrychiolwyr i gyfarfod blynyddol Cymru. Nid oedd yn gyfarfod annibynnol, ond yn ddarostyngedig i ddisgyblaeth a goruchwyliaeth Cyfarfod Blynyddol Llundain. Yn 1693 ychwanegwyd cyfarfod misol Sir Amwythig at y cyfarfod ac fe gyfarfu ddeuddeg gwaith yn y sir honno. Am 52 o flynyddoedd Crynwyr o'r un sir oedd clercod y cyfarfod. Rhaid derbyn fod hyn yn adlewyrchu gwendid sylfaenol yr aelodaeth Gymreig.

Erbyn 1794 roedd y cyfarfod mor wantan, a chyflwr y Gymdeithas ar draws Cymru mor drychinebus fel y gofynnwyd am arweiniad Cyfarfod Blynyddol Llundain. Fe drefnwyd pwyllgor i ymweld. Yn y Trallwm yn 1797 ymdriniwyd ag arweiniad y corff canolog, ac fe benderfynwyd diddymu Cyfarfod Blynyddol Cymru, a chreu dau gyfarfod hanner-blwyddyn, a gyfarfu o 1798 i 1831, ond ni fu iddynt ffynnu. Yn 1831 priodwyd y cyfarfod gyda Chyfarfod Chwarter Swydd Henffordd a Chaerwrangon, a'i gydnabod felly gyda'r enw Cymru wedi ei ychwanegu at y teitl. Yn 1869 ychwanegwyd cyfarfod misol Caerloyw a Nailsworth at y corff hwn, gan greu Cyfarfod Chwarter y Gorllewin. Diflannodd Cymru fel uned genedlaethol oddi ar fap peirianwaith y Gymdeithas. Y cyfarfod chwarter newydd yma oedd i gael trosolwg dros Gymru, ond roedd hynny yn broblemus. Gan nad oedd cyfarfodydd yn y gogledd prin fod angen poeni rhyw lawer am yr amgylchiadau yno, ac yn 1855 pan sefydlwyd cyfarfod yn Rhuthun, syrthiai'r cyfrifoldeb amdano i Gyfarfod Misol Hardshaw West a oedd yn cynnwys Warrington, ac felly o dan awdurdod Cyfarfod Chwarter Caerhirfryn a Sir Gaer. Ond yn 1742 roedd hynny o Grynwyr a oedd yn byw yn siroedd Fflint a Dinbych eisoes yn disgyn dan awdurdod Cyfarfod Misol Sir Gaer. Effaith hyn oedd y golygai, yn gyfansoddiadol, fod cyfrifoldeb am faterion o Gymru yn disgyn i ddwy dalaith annibynnol ar ei gilydd, heb ddisgwyliad am unrhyw fath o gydgordiad rhyngddynt.

Arhosodd yr enw Cymru yn nheitl Cyfarfod Misol Rhan Ddeheuol Cymru, ac yn efelychiad fod Cymru ar un adeg yn cael ei hystyried fel uned gyfan o fewn y gyfundrefn. Yn y man crëwyd Cyfarfod Misol De Cymru, ond does dim sôn am y gogledd na'r canolbarth.

Rhaid aros wedyn tan 1937 hyd nes i enw Cymru ailymddangos fel uned genedlaethol o fewn Cyfarfod Blynyddol Llundain. Gallwn aros i daflu golwg ar gysylltiad diddorol y Crynwyr â Diwygiad 1904-05, ond dewch i ni adael hynny am y tro.

Erbyn 1937 roedd amryw o Grynwyr, "pobol ddŵad" wedi ymsefydlu yng Nghymru, a'r rhan fwyaf o gefndir dosbarth canol. Mewnlif oedd yn weithgar yn y De wrth iddynt ymateb i effeithiau'r dirwasgiad, yn bennaf yn y Rhondda a'r alwad gan y Cyfarfod Blynyddol am driniaeth Gristnogol radical i sefyllfa'r wlad. Yn 1926 sefydlwyd canolfan addysgiadol "Maes yr Haf" yn Nhrealaw. Bu yn ganolfan bwysig i ledaenu gweithgareddau ymarferol ar draws y cymoedd, sefydlu clybiau i'r di-waith, heb sôn am roi cymorth uniongyrchol i deuluoedd.

Yn 1928 daeth y Crynwyr i Frynmawr. Sefydlwyd cyfarfod i addoli, ond yn bwysiach fyth cafwyd ymdrechion ymarferol cyd-weithredol i leddfu'r anghenion lleol ac i sicrhau gwaith. Yn y man datblygwyd unedau masnachol, un ohonynt yn creu a gwerthu dodrefn, un arall esgidiau. Yn Nowlais bu'r Crynwr, John Dennithorne, brodor o Lundain, yn brysur yn Sefydliad Addysgiadol Dowlais. Ymdrechion oedd y rhain nad oeddynt yn swyddogol yn disgyn dan adain y Cyfarfod Blynyddol, ond yn efelychiad o "gonsýrn" Crynwyr unigol, ond yn derbyn sêl bendith y corff. Eto, nid fy mwriad yw manylu am y datblygiadau hyn.

O ganlyniad i'r mewnfudiad fe sefydlwyd cyfarfod i addoli yn Nhrealaw a Brynmawr, ac yn y man fe adeiladwyd tŷ cwrdd yn Nhon Pentre. Yr unig dŷ cwrdd i gael ei adeiladu yng nghymoedd y De, ond fe'i gwerthwyd yn y 60au. Stori drist arall o fethiant y Crynwyr i gyffwrdd, mewn unrhyw ddyfnder, â bywydau Cymry cyffredin. Yr un fu'r stori ym Mrynmawr a hefyd yn y Tymbl, pan sefydlwyd cwrdd yno yn 1928.

Canlyniad y datblygiadau yn y De oedd denu rhai brodorion at y Gymdeithas, ac felly yn Ionawr 1937 gofynnodd Cyfarfod Ton Pentre i'r Cyfarfod Misol sefydlu Cyfarfod Cyffredinol dros Gymru. Ym mis Mawrth danfonodd y Cyfarfod Misol gofnod i Gyfarfod Chwarter y Gorllewin yn gofyn iddynt gymeradwyo sefydlu Cyfarfod Blynyddol i Gymru i "gyhoeddi'r gwirionedd" ond heb unrhyw gyfrifoldebau gweinyddol. Penderfynodd Dioddefiadau gefnogi'r symudiad ac fe gynhaliwyd y cyfarfod cyntaf o Gyfarfod Cyffredinol Cymru ym Medi 1938 yn Abertawe. Daeth dros 100 o Gyfeillion ynghyd, yn bennaf o'r De a'r Canolbarth. Dylid nodi pwyslais adroddiad a wnaed am y cyfarfod yn y cylchgrawn *The Friend*. Mae'n gymysglyd ei natur, ac yn tanlinellu ofnau a phryderon dyfodiad unrhyw ysbryd cenedlaethol, ac yn ymgais i ddistewi'r dyfroedd a sicrhau fod y cyfarfod yn derbyn cefnogaeth ehangach. Ceir elfen nawddoglyd yn yr adroddiad: "Mae angen am lenyddiaeth yn yr iaith Gymraeg, nid o ysbryd o Genedlaetholdeb, ond oherwydd pan ddaw i fater o grefydd try meddwl y Cymry at eu mamiaith. Mae hefyd angen am ddau neu dri Chyfaill sydd yn siarad yr iaith i drafaelio ar draws y wlad gyda neges o gymod trwy gariad Crist."

Cafwyd cyfarfodydd wedyn yn 1939 ac 1940, ond daeth y rhyfel i ddrysu'r cwbl. Yna, cyfarfu'n rheolaidd o 1947 i 1954, ond erbyn hynny roedd y chwilfrydedd gwreiddiol wedi pylu. Daeth y trefniant i ben. Un ffactor bwysig oedd methiant i ddenu diddordeb Crynwyr y Gogledd. Disgynnai'r cyfrifoldeb am unrhyw drefniadau a chyllido'r cyfarfod ar ysgwyddau Crynwyr De Cymru, a phrin fod yna unrhyw drafodaeth o bwys rhwng y ddau Gyfarfod Chwarter perthnasol. Yn wir yn 1953 cofnododd Cyfarfod Chwarter y Gorllewin na fuasent yn cefnogi'r cyfarfod yn ariannol ac mai mater i'r cyfarfodydd misol oedd hynny.

Er gwaethaf yr ymdrechion ni lwyddodd y cyfarfod i fod yn gyfarfod cynrychiadol dros Gymru, ac ni wnaed unrhyw ymdrech gan y Cyfarfod Blynyddol chwaith i hyrwyddo hynny. Er yn 1952 fe gafwyd argymhelliad gan bwyllgor y dylid creu Cyfarfod Blynyddol Cyffredinol parhaol i Gymru, a hynny trwy gofnod y ddau Gyfarfod Chwarter perthnasol. Ond ofer fu'r awgrym, a distawodd y lladmeryddion.

Cafodd un ymchwilydd i hanes y Crynwyr yng Nghymru ei synnu pa mor sydyn y diflannodd pob ymwybyddiaeth o fodolaeth y Cyfarfod Cyffredinol. Mae hyn yn cyfleu rhywbeth am y feddylfryd o fewn y Gymdeithas yn y 50au a'r 60au. Mae hefyd yn atgyfnerthu sylw un awdur a ysgrifennai yn 1938, mai "cof melys annelwig" oedd y Crynwyr yng Nghymru, yn aros mewn ambell lecyn "megis eira yng nghysgod clawdd". Yng nghyd-destun ymdrechion y 40au a'r 50au toddodd peth mwy o'r eira.

Rhwng 1954 ac 1967 does fawr ddim yn digwydd o safbwynt peirianwaith y Gymdeithas yng Nghymru. Yn 1964 cyhoeddwyd gan y Cyfarfod Blynyddol gyfieithiad gan Marian a J. Henry Jones, Aberystwyth, nad oeddynt yn aelodau ond yn fynychwyr, o bamffled a ysgrifennwyd gan George Gorman, ysgrifenydd y Pwyllgor Cenhadaeth

Trefn – Cymhlethdod a Gwreiddiau

Gartref ar y pryd, sef *Hanfodion Ffydd y Crynwyr*. Ond erbyn 1967 sefydlodd y tri chyfarfod misol perthnasol – De Cymru, Henffordd a Maesyfed, Hardshaw West – bwyllgor ar y cyd dan y teitl Pwyllgor Sefydledig dros Faterion Cymreig. Bu'n weithgar rhwng 1967 ac 1969. Ym mis Mai 1967 nodwyd eu bwriad i bwyso a cheisio creu'r hyn y cyfeirid ato fel cynhadledd Gymreig. Trefnwyd cynhadledd ganddynt yn Llandrindod ym Mehefin 1968. Ni phwyswyd ymhellach ynglŷn â chreu corff sefydlog Cymreig, a chofnodwyd ganddynt fod llawer o Gyfeillion Seisnig yn y Gogledd yn gwbl ddi-hidio am ddyheadau o'r fath. Prif lwyddiant y pwyllgor byrhoedlog yma oedd cyhoeddi yn y Gymraeg, gyfieithiad Waldo Williams o daflen *Distawrwydd* ac un eto gan Marian Jones, Aberystwyth, ar ddod i'r cwrdd am y tro cyntaf. Yn bennaf cafwyd cyfieithiad newydd, mwy llithrig o'r *Advices and Queries*, sef *Cynghorion a Holiadau*, distylliad o gynghorion a chwestiynau a grëwyd o brofiadau a chyfarwyddiadau'r Gymdeithas dros dri chan mlynedd. Eu pwrpas? I bwnio a herio ymddygiad, gwasanaeth a ffydd yr aelodau. Fe'u crëwyd yn wreiddiol ar sail ymarferion, cyfeiriadau o ddoethineb a phenderfyniadau'r Cyfarfod Blynyddol. Cyhoeddwyd hwy mewn un gyfrol fechan am y tro cyntaf yn y Saesneg yn 1928, a chawsant eu diweddaru yn 1949 ac 1964. Ceir cyfieithiad o gyfrol 1949 ond heb sicrwydd pwy oedd y cyfieithydd. Mae pob cyhoeddiad yn efelychu newidiadau o'r hyn a ddysgwyd trwy brofiad, ac o ddatblygiad dealltwriaeth ddyfnach o'r byd a chyflwr ei bobl. Fersiwn 1994 a ddefnyddir bellach gyda'r arferiad fod un o'r 42 dyfyniad yn cael eu darllen yn y cwrdd, fel arfer ar y Sul cyntaf yn y mis. Defod bid siŵr – gan y Crynwyr? Choelia i byth!

Os toddodd yr eira, erbyn i mi ymuno â'r Gymdeithas yn 1971 nid oedd unrhyw sôn am drefniadaeth Gymreig, na chwaith am y trefniadau hanesyddol mwyaf diweddar. Fel newydd ddyfodiad, yn ceisio cael ei draed dano, wnes i ddim cwestiynu hynny ar y pryd. Beth oedd hefyd yn amlwg oedd diffyg y Gymraeg yn fy nghwrdd lleol, a dim ymdrech i newid hynny. Gan fy mod yn byw rhyw 22 milltir oddi wrtho, nid oeddwn mewn sefyllfa ymarferol i ddylanwadu ar hynny chwaith. Yna yn 1980 yn yr wythnos y cafwyd datganiad Gwynfor Evans ei fod am ymprydio i farwolaeth dros y sianel Gymreig, heriwyd y Cyfarfod Misol i ystyried beth fuasai arwyddocâd y penderfyniad pe bai i'r gwaethaf ddigwydd. Roedd pawb yn ymwybodol o'r tanlif posibl yn enwedig wrth ystyried safiad traddodiadol y Crynwyr lle'r oedd unigolion yn fodlon aberthu ar fater o egwyddor. Bu ymatebiad y Gymdeithas a'r edmygedd a ddangoswyd ganddynt i ymdrechion Gandhi yn brawf o hynny.

O ganlyniad cafwyd cyd-dealltwriaeth, eto rhwng y tri chyfarfod misol, o'r pwysigrwydd i sefydlu pwyllgor Cymreig newydd. Dyna fu, ac fe gafwyd Pwyllgor Dros Waith y Crynwyr yng Nghymru – llond ceg, ond o leiaf roedd yn symudiad cadarnhaol. Gyda datblygiad y pwyllgor, a oedd wedi ei wreiddio yn fwy pendant o fewn gweithgareddau'r Gymdeithas, penderfynodd Dioddefiadau wneud arolwg o'r ffordd ymlaen. Ffrwyth hynny oedd creu Cyfarfod y Cyfeillion yng Nghymru. Pe bai popeth wedi bod yn rhwydd yna yn rhesymol creu cyfarfod ar yr un llinellau â Chyfarfod Cyffredinol yr Alban fyddai'r drefn. Yn yr Alban mae'r cyfarfodydd misol yn ddarostyngedig i'w cyfarfod cyffredinol. Yn anffodus cododd gwrthwynebiad i hynny dros Gymru ac o ganlyniad seiliwyd cyfarfod Cymru i gynnwys pob aelod unigol sydd yn byw yng Nghymru neu sydd yn aelodau o gyfarfodydd lleol yng Nghymru. Gyda darpariaeth i aelodau o gyfarfodydd eraill fynychu'r cyfarfodydd trwy ganiatâd y clercod.

Yn 1994 wrth i'r Cyfarfod Blynyddol drafod a derbyn argraffiad newydd a diwygiedig o'u canllawiau a'u profion ffydd – y llyfr disgyblaeth, neu'r llyfr coch fel y cyfeirir ato bellach, *Quaker Faith and Practice* – yr oedd i gynnwys, am y tro cyntaf, ddyfyniadau gwreiddiol yn y Gymraeg. Dywed un o'r dyfyniadau hynny fod yn rhaid i'r Gymdeithas gydnabod "fod rhan o'i bywyd wedi ac yn cael ei fynegi trwy ieithoedd eraill, ac yng Nghymru hefyd trwy'r Gymraeg. Darostyngir traddodiad ein Cymdeithas, ein hanes a'n tystiolaeth os anwybyddir hynny."

Yn 2023 newidiwyd enw'r cwrdd Cymreig i *Crynwyr Cymru-Quakers in Wales* gan gadw at ei ddyletswyddau gwreiddiol, sydd yn gymharol i rai'r Alban, a gwnaed datganiad fod y cyfarfod yn cynrychioli Cyfarfod Blynyddol Prydain o fewn Cymru. Golyga hyn benodi Cyfeillion i weithredu ar Cytûn a'i bwyllgorau, cyfathrebu gyda Llywodraeth Cymru a chyrff cyhoeddus a gwirfoddol eraill yng Nghymru, yn enwedig y rhai sydd yn ymwneud â thystiolaeth gymdeithasol, heddwch ac aml-ffydd.

Yn 2001 penderfynwyd fod angen symleiddio'r drefn gyfreithiol a llywodraethol i'r cyfafodydd Cymreig, gan fod cynnal pedwar corff elusennol yn feichus ar aelodaeth bychan. Yna yn Ionawr 2025 daeth corff elunsennol newydd i fodolaeth, dan yr enw CYMAR (CYM=Cymru MAR=Marches) fydd yn gyfrifol am holl beirianwaith y Crynwyr yng Nghymru a'r Gororau Deheuol. Dod a'r pedwar cyfarfod rhanbarthol, sef y tri Cymreig a Chyfarfod Rhanbarth y Gororau Deheuol, (sydd yn gyfrifol am gyrddau Llandrindod a'r Fenni) o dan yr un to ond i gynnwys, hefyd, elusen Crynwyr Cymru. Ni ddylai hyn effeithio ar gyfrifoldebau penodol unrhyw un o'r cyrff perthnasol, gyda'r disgwyliad y bydd y corff elusennol newydd yn parchu penderfyniadau wneir gan y Crynwyr yng Nghymru.

Dyma ni felly bron yn ôl yn 1797 gyda chorff annibynnol Cymreig o fewn trefn y gyfundrefn. Ond mae un gwahaniaeth sylfaenol, sef fod gan Grynwyr Cymru'r hawl i siarad ar ran Cyfarfod Blynyddol Prydain, heb orfod gofyn caniatâd. Prin y gellir disgwyl i unrhyw ymrafael ddigwydd rhyngddynt. Ar yr un pryd fe erys yr hawl i'r cyfarfod ddanfon cofnod neu destun i Ddioddefiadau ei ystyried yn ôl y gofyn.

A fu hyn yn llafurus neu droellog i'r darllenydd? Os bu, ymddiheuriadau o waelod calon. Gallaf feddwl am sawl Crynwr pybyr sydd hefyd yn troi clust fyddar at unrhyw beth sydd yn ymwneud â materion cyfundrefnol neu sydd yn cyffwrdd â hanes.

Edrych ar Bethau

Tybed, erbyn heddiw, faint o bobl sydd yn gyfarwydd â helynt y Tymbl a ddaeth i sylw amlwg y wlad yn 1928 – er bod y sosban wedi cychwyn berwi yn 1926. Yn sicr, fe fydd sawl un sydd â diddordeb mewn hanes eglwysig ac enwadol, neu ddatblygiadau diwinyddol yng Nghymru yn wybodus, ond prin, gredwn i, fod y mwyafrif bellach ag unrhyw wybodaeth o'r ddaeargryn allasai fod wedi newid cyfeiriad un enwad o leiaf, os nad mwy. Ond, wedi'r cwbl, mae'r digwyddiadau bron yn gant oed, a'r trafferth gydag unrhyw hanes yw bod datblygiadau a storïau newydd yn claddu'r hen, a hwythau wedyn yn magu haenen o fytholeg sydd yn lliwio ein dealltwriaeth o'r hyn a ddigwyddodd. Gellir gwyrdroi ffeithiau i fod yn gelwydd.

Prin heddiw y buasai rhwygiad enwadol mewn pentref bychan yng Ngorllewin Cymru yn sicrhau sylw amlwg yn y *Western Mail*, ond dyna yn union ddigwyddodd wrth i'r papur ddilyn hynt a helynt y Parch. Tom Nefyn Williams, gweinidog Ebeneser, y Tymbl yn 1928. Bu ei helyntion gyda'i enwad, Eglwys Bresbyteraidd Cymru, yn destun cryn sylw ac nid yn unig yng Nghymru. Erbyn heddiw, os oes hanes eglwysig yn y cyfryngau, helyntion cam-drin rhywiol gan offeiriad neu eraill sy'n denu sylw, neu adweithiau yn ymwneud â rhywioldeb. Prin fod yna ddiddordeb mewn gwahaniaethau diwinyddol, neu'r modd y dylai eglwys ymdrin â'i haelodau, neu ymhle y trig awdurdod mewn cyfundeb. Gan bwy y mae'r hawl i ddehongli'r "gwirioneddau"? Ond yn 1928 roedd helynt Tom Nefyn, a'r datblygiadau yn y Tymbl, yn newyddion cyffrous, yn cwmpasu'r cwestiynau hyn, a llawer gyda'r diddordeb i drafod eu goblygiadau a dilyn y dadleuon a oedd ynghlwm. Yn hynny o beth yr oedd gan y Crynwyr ddiddordeb, ond efallai o safbwynt culach na'r rhelyw.

Nid wyf am fanylu am fywyd a chefndir Tom Nefyn. Rhydd un bywgraffiad ddarlun bywiog cydymdeimladol a chynnes ohono gan roi darlun o'r datblygiadau yn y Tymbl, sef *Tom Nefyn: Portread* gan Harri Parri a gyhoeddwyd yn 1999. Yn yr un modd ceir triniaeth wresog yng nghyfrol deyrnged Tom Nefyn a olygwyd gan y Parch. William Morris yn 1962, ond sydd yn gynnil am helynt y Tymbl, gan gyfeirio'r darllenwr at hunangofiant Tom Nefyn am ddadansoddiad manylach. Gresyn hynny, gan fod *Yr Ymchwil* yn waith dryslyd ei rediad, yn anghyflawn ei esboniad, gan osgoi rhoi darlun manwl o'r hyn a ddigwyddodd yn y Tymbl – efallai i arbed agor dolur neu i osgoi beirniadaeth. Nid yw'n gyfrol hawdd i'w darllen, yng ngeiriau un awdur nid yw yn wir hunangofiant ond yn fwy o ddadansoddiad o bererindod ysbrydol, gan ychwanegu yn ddireidus nad oedd wedi cyfarfod ag unrhyw un a lwyddodd i'w ddarllen o glawr i glawr. Tystiaf innau i hynny!

Ganwyd Tom Nefyn yn 1895, ei dad yn saer gwlad, ffermwr, bardd ac yn bregethwr. Y teulu yn byw ym Mhistyll, uwchben Nefyn. Bu farw ei fam pan oedd yn ddeg oed, ac yn dair ar ddeg aeth i weithio fel prentis o setiwr i chwarel ithfaen ger ei gartref. Ond erbyn 1915 roedd wedi gwirfoddoli i fod yn filwr gyda'r Ffiwsilwyr Cymreig Brenhinol a'i ddanfon i ymladd i Gallipoli – meddai, "ac nid oedd mwyach ffin rhwng byw a marw". Gwaedlyd ac ofer fu'r brwydrau ac encilio oddi yno oedd tynged y cynghreiriaid, gan adael 56,707 yn farw (34,000 o Brydain). Ond roedd y salwch a'r haint ymysg y milwyr, oherwydd safonau glendid, yn fwy o fwrn ar y byddinoedd. Trawyd Tom Nefyn â'r *enteric fever* – teiffoid – a'i symud i ysbyty yn yr Aifft. Wedi hynny treuliodd ei amser fel milwr yn y Dwyrain Canol.

Brwnt oedd y cyfan. Disgrifia sawl profiad fuasai wedi llorio sawl un: glanio yn Suvla Bay i gynddaredd chwalfa o dân, a'r môr yn troi yn llwch gwyn a "lle y buasai rhywun eiliad yn gynharach … ni welid mwyach ddim ond ambell fwndel gwingol, griddfanus, gwaedlyd." Cnawd yn ymlynu "fel tameidiau o glai coch" ar ei gôt am rai dyddiau. Yn un o'r brwydrau i oresgyn Gaza (1917) cafodd ei saethu. Ymlusgodd i gysgod, a chael cwmni chwe Thwrc, un Almaenwr clwyfedig, a Sais hefyd wedi ei glwyfo a dau Gymro mewn cyflwr gwael. Meddai, "A phob un yn clywed y llall yn siarad yr un iaith ag ef ei hun sef iaith dioddefaint … Pentecost yr anafusion." Gorweddodd yno am ddeuddydd yn "Rhandir Neb", ef oedd yr unig un o'r cwmni a ddaeth oddi yno yn fyw. Rhydd rhai o'i ddisgrifiadau o'i brofiadau awgrym fod dolur y rhyfel wedi treiddio yn llawer dyfnach nag oedd llawer yn barod i'w gydnabod. Heddiw, byddem bid siŵr yn sôn am effaith Anhwylder Straen wedi Trawma (PTSD).

Bu i brofiadau'r rhyfel ddylanwadu ar ei feddylfryd a'i ymddygiad ar ôl 1918, yn enwedig wrth iddo ymateb i ddatblygiadau rhwng 1926 ac 1931. Yn sicr daeth yn ôl i Gymru gyda chasineb angerddol at ryfel a phopeth ynglŷn ag ef. Mewn cerdd a ddanfonwyd at gyfaill yn 1929 dyma oedd ei deimladau:

> Adenydd colomen pe cawn
> Mi hedwn i'r ffosydd oer, llaith;
> Yng nghanol yr uffern mi gawn
> Lais Duw rhwng llythrennau drwg iaith.
> Cawn glywed y gwynt yn gweddïo

Rhwng gwifrau yng nghynni y nos;
A Christ yng ngwisg milwr yn wylo
Am y blodau fy gynt ar y rhos.
Cawn drwsio doluriau cyd-ddynion,
A gweled byd enaid heb len;
Cawn brofi anobaith y llwon,
A thewi uwch croes fach o bren.
Drwy chwiban y fwled ddi-dostur
Cawn glywed cri calon rhyw fam
A gweled llif serch i bob llythyr –
Y serch nas lladd rhyfel na'i cham.

Er, erbyn hynny, buasai "llythrennau drwg iaith" hefyd yn berthnasol i'r trafferthion enwadol a oedd i'w boenydio wrth iddo ymrafael â chwyldro o'i wneuthuriad ei hun.

Unwaith roedd yn ôl yng Nghymru teimlodd yr alwad i efengylu. Yn 1920 ymunodd ag Ysgol Feiblaidd, Ynys Hir, Cwm Rhondda, dan arweiniad yr efengylwr ffwndamentalaidd, y Parch. Rhys Bevan Jones. Ond dim ond am gyfnod byr. Cawsai eu pwyslais yn rhy gyfyngedig, "edrych ar wirionedd crefyddol fel *matter of factness* diwinyddol; ac oblegid hyn ni roddid lle i na dychymyg na chrebwyll barddonol, a chêl-dybid fod dyfynnu adnodau oddi yma ac oddi acw ynddo'i hun o rin achubol." Erbyn 1921 roedd yng Ngholeg y Bala, wedi ei dderbyn yn ymgeisydd am y weinidogaeth gyda'r Methodistiaid Calfinaidd. O'r Bala i Aberystwyth a chael ei ordeinio ym mis Medi 1925. Erbyn y 4ydd o Hydref roedd yn weinidog ar gapel Ebeneser y Tymbl.

Rhaid nodi yma fod y rhyfel wedi effeithio ar sefyllfa'r eglwysi ar draws Prydain. Llawer wedi cilio, dadrithiad ysbrydol a diwinyddol yn amlwg, ac adwaith yn erbyn y brwdfrydedd a welwyd yn niwygiad 1905 gyda'i bwyslais ar achubiaeth bersonol. Ar yr un pryd roedd twf syniadau sosialaidd yn sialens fyw i hegemoni Anghydffurfiaeth Gymreig, ac wrth gwrs i'r hen drefn Ryddfrydol. I lawer o weinidogion ifanc, fel Tom Nefyn, a oedd wedi ymuno â'r weinidogaeth ar ôl 1918, dyma oedd y sialens. Meddai am ei ymdrechion "ymgais syml a difrif [oedd] i ddwyn yr Eglwys i gyswllt agosach â churiad calon 1905" ac am ei arbrawf amlochrog: "Nid digon yw gweddïo heb weithio; ac nid digon yw bodlonrwydd y Tad Nefol ar Fynydd y Gweddnewidiad heb fodloni tad y bachgen epileptig ar y gwastatir."

Roedd ei ymdrechion yn llwyddiannus. Nid yn unig roedd yn bregethwr cyhyrog, ond roedd ei syniadau am natur gwasanaeth a chyfrifoldeb cymdeithasol yr eglwys yn dderbyniol i'w gynulleidfa, ac i lawer arall. Defnyddiai seicoleg a syniadau gwleidyddol yn ei bregethau, ac yn y seiat. Ym mis Rhagfyr 1925 penderfynodd cynulleidfa Ebeneser ddangos cefnogaeth i lowyr oedd ger bron y llysoedd. Lledaenodd ei ddiddordeb i ymladd dros wella cyflwr tai ym mherchnogaeth y lofa yn y pentref, a llwyddo. Yn ystod y streic gyffredinol trefnodd gôr i ymweld â'r Gogledd i hel arian i gynorthwyo'r streicwyr. Ond wrth gwrs roedd ei radicaliaeth yn boendod i rai yn ei eglwys, gan ei bod yn tanseilio yr hyn, yn eu tyb hwy, oedd yn ddinistriol i'r dull Cristnogol o feddwl.

Buasai yn annheg ceisio rhoi disgrifiad manwl o'r holl dreialon a wynebodd Tom Nefyn, na chwaith o'i weithgaredd a'i bwyslais a'i efengylu wrth iddo gyflawni ei fugeiliaeth. O ran ei ddiwinyddiaeth tystiodd un o'i aelodau amdano: "Aeth Mr Williams i bregethu pethau modern fel y galwai ef hwynt, Gwadu'r Iawn, y Geni Gwyrthiol, ac Atgyfodiad y Corff. Ni chredai yn y Drindod."

Doedd fawr syndod felly i dri o flaenoriaid y capel ymddiswyddo ym mis Gorffennaf 1926. Daeth hyn yn fater i Henaduriaeth De Caerfyrddin i'w ystyried. Er ceir un dadansoddiad nad cwestiwn diwinyddol oedd wrth wraidd yr ymddiswyddiad ond am i'r eglwys bleidleisio dros roi hawl i'r gynulleidfa benderfynu trefniadau'r Sul, a oedd wedi bod yn nwylo'r blaenoriaid. Yn gyfansoddiadol nid oedd y blaenoriaid a ymddiswyddodd i gadw eu lle yn yr henaduriaeth. Fodd bynnag, ac yn dyst i'r rhaniadau a'r tyndra o fewn y corff hwnnw, gofynnwyd iddynt aros. O dipyn i beth penderfynodd yr Henaduriaeth ym mis Mai 1927 ofyn i Gymdeithasfa'r De am arweiniad ynglŷn â'r datblygiadau yn y Tymbl ac yn enwedig pa hawl oedd gan weinidog i wyro o'r safonau traddodiadol. Gwnaethpwyd yn eglur gan y Gymdeithasfa a gyfarfu yng Nghrughywel ym Mehefin 1927 fod rheidrwydd ar i weinidogion gadw at ofynion gosodedig y Corff. Fe apwyntiwyd pwyllgor i ymchwilio ymhellach a chyfarfod â Thom Nefyn. Y gobaith oedd tawelu'r dyfroedd ac osgoi dadleuon diwinyddol. Ceir yma ragflas ar wleidyddiaeth ehangach o fewn yr Eglwys Bresbyteraidd. Oherwydd roedd yr eglwys yn ceisio cael cefnogaeth unfarn i newid, trwy'r Senedd, sail gyfreithiol eu bodolaeth, a chyflwyno Cyffes Ffydd Fer i ystwytho'r drefn, a throsglwyddo i'r enwad reolaeth lwyr dros ei chyfansoddiad a sail ffydd. Nid oedd hyn i ddisodli cyffes wreiddiol 1823. Serch hynny, roedd amheuon ymysg rhai, yn enwedig o blith adain geidwadol ac efengylaidd y Corff, gyda phobl fel y Parch. Nantlais Williams yn uchel eu croch. (Er yn gyffredinol roedd cydnabyddiaeth fod newid yn angenrheidiol.) O gofio fod yn rhaid i bob henaduriaeth gytuno i'r newidiadau cyfansoddiadol nid yw fawr syndod fod helyntion y Tymbl yn eilradd. Dyma un rheswm pam, wrth i'r dadleuon ystyfnigo, na fu i Gymdeithasfa'r De herio penderfyniadau a wnaed gan Henaduriaeth De Caerfyrddin yn 1928 a oedd, yn ôl pob rheswm, yn anghyfreithlon. Troedio'n ofalus – wel efallai ddim o ystyried beth ddigwyddodd.

Gogyfer â chyfarfod y Gymdeithasfa yn Llundain yn Hydref 1927 ysgrifennodd Tom Nefyn ddatganiad cyfrinachol o 31 o dudalennau yn ymhelaethu ar ei safiad. Oherwydd hynny chwyddwyd nifer y pwyllgor gwreiddiol i 13 i'w hystyried, gan ofyn iddynt adrodd i'w cyfarfod yn Nhreherbert ym mis Ebrill 1928. Cyhoeddwyd y datganiad yn llawn gan Tom Nefyn yn ystod 1928, dan y teitl *Y Ffordd yr Edrychaf ar Bethau*, mi dybiaf cyn cyfarfod Treherbert. Roedd y cynnwys yn fersiwn diwgiedig o'i lythyr gwreiddiol, ac yng ngeiriau'r *Western Mail* "a revolutionary document".

Derbyniodd y cyfarfod yn Nhreherbert adroddiad eu pwyllgor. Roeddent yn gytûn fod datganiadau diwinyddol y gweinidog ifanc yn groes i safonau'r cyfundeb ac i ffydd hanesyddol yr Eglwys Gristnogol; fod y Gymdeithasfa yn rhoi mwy a amser iddo ail-ystyried ei sefyllfa a bod yr Henaduriaeth i fod yn amyneddgar hyd nes cael ymateb yng nghyfarfod y Gymdeithasfa yn Nant Garedig mis Awst, ac os na allai Tom Nefyn gydymffurfio yna y byddai'n ymddiswyddo. I rai dyma'r dystiolaeth, o'r diwedd, fod yr Hen Gorff wedi cychwyn ar yr orchwyl o lanhau'r llawr dyrnu, a sefyll dros athrawiaeth Feiblaidd yn erbyn y foderniaeth oedd am ei meddiannu.

Cafodd yr "heretic" gefnogaeth ei braidd, ac nid oeddent am dderbyn ei ymddiswyddiad. Darparwyd a chyhoeddwyd taflen ganddynt, *A Plea and a Protest* a'i gyflwyno i'r Gymdeithasfa: ni thrafodwyd ei chynnwys ganddi. Yn Nant Garedig, er fod yna dystiolaeth gref o gefnogaeth gyhoeddus i safiad Tom Nefyn, ynghyd â deisebau, anwybyddwyd y cyfan. Ail-gyflwynwyd argymhellion y pwyllgor. Nid oedd gair am ymddiswyddiad gan Tom Nefyn, a phenderfynwyd hyd nes y byddai'n uno â safonau'r Cyfundeb ei fod yn cael ei wahardd rhag bod yn weinidog. Ni chafodd ei ddiarddel na'i esgymuno. Ond roedd yn ddi-waith.

Yr ymatebiad? Sylw'r Athro R.T. Jenkins yn *Y Llenor* oedd gofyn beth yn union yw "union gred", ymhle y mae'r safon a'r maen prawf. Meddai, "Nid yw ein credoau, ein theorïau, ond ymdrechion i roddi gwisg symbolaidd i deimladau am Fod, am realiti; ac nid yw ein hiaith na'n hamgyffred yn ddigon at y gorchwyl." Meddai golygydd y cylchgrawn, yr Athro W.J. Gruffydd, "Her y dewr a'r ffyddiog a ddylai Cyffes Ffydd fod, ac nid clawdd i'r llwfr a'r enaid taeog i ymochel y tu ôl iddo." I Brifathro Coleg Diwinyddol yr Annibynwyr ym Mangor roedd ei gydymdeimlad â Tom Nefyn yn llwyr, "a chytunaf â bron pob gair yn y gyffes. Credaf yn sicr ei bod yn gyffes wir Gristnogol mewn ysbryd, cynnwys a ffurf."

A'r praidd yn Ebeneser? Bu i ryw 150 ohonynt gyfarfod ar y pumed o Fedi a phenderfynu cytuno i addoli gyda'i gilydd. Ar y nawfed pregethodd eu cyn-weinidog i gapel llawn, yn gymaint fel na allai pawb ddod i mewn. Gyda'r nos cynhaliwyd gwasanaeth yn y cae rygbi, gyda dros dair mil yn bresennol, os nad chwe mil, yn ôl un llygad dyst. Canlyniad hyn oedd i bedwar blaenor gwyno fod Tom Nefyn yn pregethu yn y capel i'r cyfarfod dosbarth, er bod pump yn gefnogol. Yn Nhrimsaran ar yr ail o Hydref cyfarfu cyfarfod dosbarth Llanddarog, gan brotestio yn erbyn gweithred a oedd yn groes i benderfyniad Nantgaredig, gan ofyn i'r Henaduriaeth ddadsefydlu'r capel. Dyna yn wir ddigwyddodd. Effaith hyn oedd esgymuno'r aelodaeth gan gynnwys y cyn-weinidog. Gweithrediadau oedd yn *ultra vires*. Trefnwyd fod yr hen aelodau yn cael ailymaelodi, ac fe ailsefydlwyd y capel gyda 51 aelod. Roedd y gweddill yn ddigartref. Daeth y rhelyw at ei gilydd ar y degfed dan yr enw "Grŵp Nefyn" a phenderfynu parhau i gyfarfod a chymdeithasu.

Ond beth am y Crynwyr? Prin y buasai'r rhan fwyaf ohonynt yn ymwybodol o'r helyntion yn y Tymbl gyda'i chymdeithas weithiol, Gymraeg ei hiaith. Yn sicr felly Cyfarfod Misol De Cymru er amlygrwydd y datblygiadau yn y papurau newydd.

Rhaid mynd yn ôl i'r cynhaeaf ŷd ym Modeilias, ynteu yn 1919 neu 1920, bid siŵr 1919, i weld sut y cychwynnodd y cysylltiad rhwng Tom Nefyn a'r Crynwyr. Galwodd George M. Ll. Davies, y gwrthwynebydd cydwybodol, a fu am gyfnod yn garcharor yn Wormwood Scrubs, ŵyr John Jones, Talysarn, heibio i weld John Thomas Williams a tharo ar y mab. Tyfodd eu cyfeillach o'r amser hwnnw, oherwydd medd un awdur eu, "cariad angerddol ... at bobl a daear Llŷn". Oherwydd ei safiad fel heddychwr, ac yn arbennig fel un o sefydlwyr Cymdeithas y Cymod, ac o 1915 ei hysgrifennydd cynorthwyol, daeth George i gysylltiad agos â Chrynwyr amlwg, gan gryfhau'r berthynas dros y blynyddoedd. Erbyn 1927 pan oedd rhai Crynwyr wedi sefydlu canolfan yn y Rhondda i weithio gyda'r di-waith, roedd George M. Ll. yn gefnogwr brwd ac yn ymwelydd cyson. Wedi iddo ymddiswyddo fel gweinidog gyda'r Hen Gorff yn 1930 treuliodd flwyddyn yn astudio yng nghanolfan y Crynwyr yn Birmingham, Woodbrooke, ac wedi hynny yn cefnogi gweithgarwch gyda'r di-waith yn y De.

Roedd y modd y triniwyd cynulleidfa Ebeneser a thynged Tom Nefyn yn boendod i George ac o'r cychwyn bu'n amddiffynnwr cadarn drostynt. Gyda gweithrediad y Corff tyfodd ei anfodlonrwydd gyda'i enwad, ac yn wir yn 1929 gallai ddweud, er ei gariad tuag at y Methodistiaid, ei fod yn fwy o Grynwr na dim arall. (Yn 1928 ymaelododd ei wraig gyda'r Crynwyr).

Wrth i ymdrechion y Crynwyr yn Ne Cymru gryfhau – boed ym Mrynmawr neu'r Rhondda roedd Pwyllgor Gwasanaeth Cartref y Crynwyr yn awyddus i ledaenu neges y Crynwyr yng Nghymru. I'r perwyl hwn trefnwyd Ysgol Basg yng Ngholeg Harlech yn 1928, gyda George M. Ll. yn flaenllaw yn y trefniadau, wedi ei seilio ar ei awydd i gryfhau bywyd ysbrydol Cymru. Dyma bwnc a oedd hefyd yn bwysig i Tom Nefyn a chredaf ei fod ef yn y gynhadledd. Un o'r darlithwyr oedd Joan M. Fry (1862-1955) a fu'n flaengar iawn gyda gwasanaeth y Crynwyr i ddioddefwyr y Rhyfel Byd Cyntaf (*Friends War Victims Service Committee*) ac yn gefnogwr i wrthwynebwyr cydwybodol. Roedd yn llais amlwg a dylanwadol o fewn y Cyfarfod Blynyddol. Ond mae ei sylwadau am grefydd yng Nghymru yn tanlinellu diffyg gwybodaeth a dealltwriaeth am Gymru, yn nawddoglyd os nad yn sarhaus, efelychiad o rywun ariannog ac o gefndir moethus. Ysgrifenna at George M. Ll. ac y mae'n werth ei ddyfynnu yn ei iaith wreiddiol, "Since my visit to Harlech, and the companionship there with some Welsh people on their own ground, I have felt much more the hold which the peasant form of religion must have on many of your people, and I can a little better understand your reluctance to leave off a connection which has much to attract those, who, like yourself, are sensitive to the – shall I call them the harmonies of Methodism: they cannot be altogether put on one side." Y Cymry cyntefig? Er, a bod yn deg â hi, ac efallai, yn dilyn cyngor, ei bod yn defnyddio'r gair *peasant* fel cyfieithiad o'r gair "gwerin"!

Y frawddeg nesaf sydd yn allweddol ac yn egluro pam ei bod hi a llawer o Grynwyr eraill wedi cymryd diddordeb yn nhynged alltudion y Tymbl, "unless the call of sincerity and conscience is stern in demanding ... as it seems to be for Tom Nefyn." Mater o ryddid cydwybod a rhyddid meddwl oedd safiad y praidd a'u bugail, ac felly yn haeddu pob cefnogaeth. Roedd y grŵp yn y Tymbl wedi cael eu herlid oherwydd eu safiad dros ryddid crefyddol, ac am herio dibyniaeth ar gredo ysgrifenedig diwyro. Yn sicr cawn Fry eto yn ysgrifennu yng nghylchgrawn wythnosol y Crynwyr ym mis Medi 1928, na allasai Tom Nefyn lynu wrth gredoau traddodiadol ei enwad, ac y buasai felly yn gorfod cerdded am gyfnod yn yr anialwch, ac felly onid oedd hyn yn cyffwrdd meddylfryd y Crynwyr, "we are not bound to make statements nor to subscribe certain forms of words".

Dyma ddwy agwedd a oedd yn ganolog i'r ffordd Grynwrol. Buasai eu hymdrechion dros ryddid cydwybod dros y canrifoedd yn ganolog, a'u profiadau diweddar yn ystod y Rhyfel Mawr yn aros yn y cof, ac yn ddylanwadol ar feddylfryd ac ymddygiad ysbrydol llawer un. Tra bod eu gwrthodiad o gredo ysgrifenedig o unrhyw fath yn ddiwyro. Gallesid yn wir gweld teitl maniffesto Tom Nefyn fel ymrwymiad ynddo'i hun i fyd llawer o Grynwyr, sef nad oes ond un ffordd i edrych ar ffydd, o safbwynt bersonol. Dyma sut y gwelaf i bethau.

Efallai fod yna drydedd elfen ddylanwadol. Roedd daliadau Tom Nefyn dros heddwch yn amlwg, ac yr oedd pentref y Tymbl wedi profi ei hun i fod yn garedig a chynhaliol gyda gwrthwynebwyr cydwybodol. Fe ailsefydlwyd cangen o'r Blaid Lafur Annibynnol yno yn 1916, plaid a oedd yn gadarn wrthwynebus i'r rhyfel a gorfodaeth filwrol, ac yr oedd gwerthiant iachus ar *Y Deyrnas* yn y pentref, sef y cylchgrawn, dan arweiniad y Prifathro Thomas Rees, a fu'n llais i heddychwyr Cymraeg eu hiaith yn ystod y rhyfel. Tir ffrwythlon i blannu tystiolaeth, ac yr oedd y wythïen o heddychiaeth a sosialaeth yn bwysig i'r codi lleisiau o gefnogaeth i griw Ebeneser.

Un o'r Crynwyr cyntaf i dreulio amser yn y Tymbl oedd Frederick Sainty (1863-1948). Ym mis Ionawr 1929 cofnodwyd ei ddiddordeb i ymweld a chefnogi, a bu yn ymwelydd cyson. Erbyn Mehefin 1929 credai fod yna ddeffroad yn y Tymbl ar linellau Crynwrol, ac y ceid sefydlu cyfarfod i addoli yno. Tystiai fod y diddordeb yn amlwg gan fod cyfnodau o ddistawrwydd yn rhan o'u trefn mewn addoliad.

Unwaith y penderfynodd y grŵp yn y Tymbl sefyll gyda'i gilydd ac yn annibynnol o bob enwad gwnaed y penderfyniad i adeiladu tŷ cwrdd. Efallai fod yna ryw arwydd i pa gyfeiriad y gallasent symud wrth i Tom Nefyn, yn dilyn ei waharddiad, ysgrifennu ei fod am fynd ymlaen gyda'i waith "a'i ddatblygu yn wreiddiol yma ac acw yng Nghymru. Creu mudiad Cymreig ei nodwedd – achos rhaid cofio'r werin wan yn ogystal â'r bobl fwy annibynnol a deallus – mudiad a fydd yn debyg i fudiad y Crynwyr... Ymuno â Chymdeithas y Cyfeillion a chreu yn araf gangen Gymreig." Erbyn Ionawr 1929 roedd Tom Nefyn am dymor yn astudio yng nghanolfan y Crynwyr yn Birmingham, Woodbrooke.

Ceir yr un trawiad ganddo wrth iddo ysgrifennu ym mis Rhagfyr 1930 at un o aelodau'r grŵp, pan oedd ei berthynas gyda hwy yn gwanhau. (Dau reswm am hyn, sef iddo gael ei dderbyn ym mis Hydref 1929 fel aelod gan Henaduriaeth Llŷn ac Eifionydd tra bod y grŵp yn parhau yn esgymun, ac fel y dywedodd un edmygwr iddo "adael ei gorlan o'r tu allan i'r mur". Ac yn ail y ffaith iddo rhoi'r cymun i aelodau hŷn y grŵp, pan oedd rhai yn eu mysg am ddiosg yr arferiad.) Ysgrifennodd, "Dychmygwn weld mudiad ffres yn lledu yng Nghymru, a'r patrwm yn cael ei weithio allan yn y Tymbl ... Mudiad a fyddai'n gyfuniad o elfennau goreu'r Crynwyr a apelia'n uniongyrchol at y Cymro ... Mudiad a brofai'n ganolfan i ysbryd creadigol a phroffwydol." Ni wireddwyd hynny. Yn Ebrill 1931 derbyniwyd Tom Nefyn yn ôl gan Gymdeithasfa'r De, a'i ailsefydlu fel gweinidog yn eu mysg. Efallai ei fod yn seren ddisglair, yn bregethwr grymus, yn fugail gofalus ond nid oedd yn arweinydd i arwain y gad i ddod â newid sylweddol yn nhrefn crefydda yng Nghymru. Ddiwedd Rhagfyr 1930 yr oedd eisoes wedi ysgrifennu fod ei "freuddwyd am sefydlu ac arwain mudiad hereticaidd, newydd yng Nghymru" wedi darfod. O ddarllen ei lythyrau rhwng 1928 ac 1930 gwelir yn glir ei fod mewn gwewyr meddyliol dwfn ac yn ceisio llwybr oedd yn cyfarfod â'i anghenion.

Wedi penderfynu adeiladu, rhaid oedd hel arian. Amcangyfrifwyd fod angen rhyw £1,400, (£104,000 erbyn heddiw). Dyna swm sylweddol i grŵp oedd â'i haelodaeth yn fwyafrif o lowyr a'u teuluoedd. Methiant fu'r ymdrech i gael morgais gan y banciau. Daeth y Crynwr, Dr Henry Tregelles Gillett, i'r adwy. Meddyg yn Rhydychen, ac a fu wedyn yn un o sylfaenwyr Oxfam, ond yn un o deulu o fancwyr, a hefyd wedi priodi i bres! Nid yw'n eglur o'r dogfennau a fu iddo warantu benthyciad neu beidio, ond ymddengys felly, ac ef oedd i fod yn drysorydd. Ym mis Gorffennaf 1929 gwnaeth apêl yn *The Friend* am gefnogaeth ariannol. "The emphasis of the Fellowship ... is already laid, not upon externalities, but upon the life and love and light of God in the individual soul and in the spirit of the group; and its unwritten motto is 'Truth and liberty; service and development.'" Mewn llyfr a gyhoeddodd yn 1952 gallai dystio er grym yr Eglwys a gwladwriaeth, y daw bywyd newydd i'r amlwg dro ar ôl tro mewn hanes, ond nid llyfr na sefydliad oedd yr awdurdod uchaf i'r Cristion ond yn hytrach ysbryd Crist yn gweithio ar gydwybod pobl. Amlwg fod hynny yn taro tant ymysg ei gydaddolwyr. Ymddengys i'r Crynwyr fod yn hael, a phan gliriwyd y ddyled yn 1938, amcangyfrifwyd iddynt gyfrannu rhyw £600. Hwb sylweddol a bron yn hanner y gost. Gweithredu ffydd yn ogystal â'i lleisio.

Pan dorrwyd y dorchen gyntaf rhoddwyd yr anrhydedd honno i Frederick Sainty. Agorwyd yr adeilad dan yr enw Llain y Delyn yn swyddogol yn Nhachwedd 1938. Y pensaer oedd T. Alwyn Lloyd, a fu yn ysgrifennydd cynorthwyol gyda'r *Friends War Victims Relief Service* pan oedd yn wrthwynebydd cydwybodol yn ystod y rhyfel. Ni fu iddo ymuno â'r Crynwyr, ac ef hefyd oedd pensaer y tŷ cwrdd a adeiladwyd yn Nhon Pentre, a'r neuadd newydd ym Maes yr Haf, Trealaw sef canolfan gweithgareddau gyda'r di-waith yn y Rhondda.

Gydag aelwyd newydd roedd y grŵp yn awr yn gymdeithas ac mewn lle i ddilyn eu gobeithion a bod yn driw i'r hyn a ysgrifennodd eu cyn-weinidog yn ei faniffesto, "fod i Brotestant ryddid a hawl i esbonio ei Feibl yng ngolau ei gydwybod a'i reswm ei hun, ac mai'r Testament Newydd ydyw safon y Cristion, ac nid Cyffes Ffydd na Phab." Roedd Llain y Delyn i fod yn dyst i hynny, a'r cyfeiriad yn cyfiawnhau cefnogaeth y Crynwyr. Melystra eu gwrthryfel oedd yr adeilad. A phan gefnodd Tom Nefyn arnynt a dychwelyd i'w weinidogaeth wreiddiol fe surwyd peth o'u gobeithion. Wrth iddynt ei esgymuno ysgrifennodd George M. Ll. at un ohonynt, "Chwith iawn oedd gennyf glywed fod arf escymundod yn awr wedi ei ddefnyddio gan y Gymdeithas yn erbyn un a fu yn gyfaill i chwi a minnau. Onid ydym, yn ôl ystyr Crist, yn aelodau o'n gilydd, ie, pan y byddwn wedi methu, a chyfeiliorni hyd y nôd."

Wedi hynny gwelir cryn fynd a dod wrth i Grynwyr amlwg ymweld â Llain y Delyn. Nid oes fawr o dystiolaeth fod Cyfarfod Misol De Cymru wedi dangos yr un brwdfrydedd. Yn y wasg yn Rhagfyr 1929 cafwyd adroddiad fod y gymdeithas am geisio ymlyniad ffurfiol gyda'r Crynwyr, ond gwadwyd hynny ganddynt, "The Society of Friends has taken more interest in our cause than any other religious body but no overtures have been made with the view of inducing us to join." Serch hynny ym mis Tachwedd 1931 danfonwyd llythyr gan Hercules Phillips, gweithiwr cenhadol cartref y Crynwyr yn Llandrindod, gyda cefnogaeth y gymdeithas at Glerc Cyfarfod Misol De Cymru yn gofyn a fuasai'n bosibl i aelodau'r Gymdeithas gael "aelodaeth gysylltiol", a oedd y pryd hynny yn rhan o'r cyfansoddiad. (Dull o ddod ag unigolion yn agosach at galon y Gymdeithas heb roi iddynt lawn aelodaeth. Arbrawf na phrofodd yn boblogaidd nac yn llwyddiant drwyddi draw.) Roedd Hercules yn gredwr cryf yn y math yma o aelodaeth. Gwrthodwyd y cais gan, yn nhyb y Cyfarfod, y buasai'n annoeth. Gwendid Hercules hefyd oedd y ffaith nad oedd yn aelod o Gyfarfod Misol De Cymru, ac yr oedd rhai yn meddwl ei fod yn busnesu.

Pan soniwyd yn 1933 am i aelodau'r gymdeithas wneud cais fel corff i fod yn aelodau llawn, cynghorwyd hwy yn gryf nad oedd hynny'n ymarferol. Y drefn osodedig gyfansoddiadol – os am aelodaeth lawn oedd bod yn rhaid i bob unigolyn wneud cais, ac wedyn cael ymweliad i drafod eu gobeithion am eu haelodaeth. Trefn na fuasai wedi bod yn dderbyniol gan lawer o fewn y gymdeithas ac a fuasai wedi achosi rhwyg yn eu mysg. Yn anffodus nid oes unrhyw dystiolaeth chwaith fod y Cyfarfod Misol am drafod y posibiliadau a mynd â'r mater ger bron y Cyfarfod Chwarter i'w wyntyllu, er enghraifft. Erbyn Mawrth 1934 yr oedd chwe unigolyn wedi gwneud cais a'u derbyn yn llawn aelodau a dau arall yn 1936, ar y sail honno fe gydnabuwyd cyfarfod Crynwyr yn y Tymbl, a oedd yn rhedeg ochr yn ochr â gweithgareddau cyffredin Llain y Delyn. Rhwng 1933 ac 1953 daeth 14 yn llawn aelodau.

Ond perthynas bell ac anesmwyth oedd rhyngddynt, gyda'r Cyfarfod Misol yn cofnodi'r arwahanrwydd oedd yn bodoli yn 1936 ac yn 1939. Ymddengys hefyd nad oedd Cyfarfod y Tymbl yn cadw mewn cysylltiad agos nac ychwaith yn dilyn y drefn osodedig o wneud pethau. Ond pa syndod os nad oedd rhywun ar gael i'w cywiro a'u dysgu? Yn 1951 cofnododd Cyfarfod Misol y De farwolaeth aelod yn Llain y Delyn oedd wedi marw chwe blynedd ynghynt! Cafwyd yr ymweliad cyntaf ffurfiol gan aelodau'r Cyfarfod Misol â'r Tymbl yn 1951!

Erbyn 1962 chwe aelod oedd i'r cwrdd a 60 yn aelodau o gymdeithas Llain y Delyn. Diddymwyd cyfarfod Tymbl oddi ar restr cyrddau de Cymru yn 1994.

Yn ystod yr ugeinfed ganrif ni ellir cyplysu'r Crynwyr ag unrhyw ddadleuon yn ymwneud â bywyd yr Eglwys yng Nghymru. Prin eu bod yn gwthio'r ddadl am ddatgysylltu'r eglwys sefydledig, er yn hanesyddol gefnogol i hynny. Nid oedd y Gymdeithas chwaith yn rhan o beirianwaith yr Eglwysi Rhyddion yng Nghymru. Ond, wrth gwrs, nid oedd ganddynt gorff Cymreig i hyrwyddo hynny chwaith. Gwelwyd diddordeb ganddynt yn nhân y Diwygiad yn 1904-05, gyda rhai Crynwyr yn gweld y cyffro fel ailenedigaeth o arferion a dysgeidiaeth Grynwrol yng Nghymru, ac fe geisiwyd cymryd mantais o hynny, ond eithaf di-ffrwt oedd yr ymdrech, a phrin fod dau neu dri o ymwelwyr o Loegr yn mynd i gael unrhyw effaith ar fywyd ysbrydol Cymru. Heblaw am ychydig fflamau yn Sir Faesyfed gellir anwybyddu ymlyniad y Crynwyr at y cyffro – ond roedd eu rhifau yng Nghymru mor fychan fel na allesid disgwyl dim gwahanol.

Syndod felly fod helynt Tom Nefyn a'r Tymbl wedi denu sylw. Gellir gweld fod yna gysylltiad rhwng ymdrechion y Crynwyr yn y Rhondda a Brynmawr, ac fe fu i'r arweinwyr yno gysylltu'n aml â'r Tymbl. Rhaid, fodd bynnag, cyfaddef mai ymlyniad unigolyn, nad oedd yn aelod o'r Gymdeithas, sef George M. Ll. Davies, oedd y prif reswm fod amser ac adnoddau wedi eu rhoi i grŵp bychan a giciodd yn erbyn y tresi Methodistaidd. Roedd llais Davies o fewn Cyfarfod Blynyddol Llundain yn glywadwy ymysg rhai o'i aelodau mwyaf amlwg, ond yn llai amlwg na'i gysylltiadau â Chrynwyr Cyfarfod Misol De Cymru. Oherwydd hynny yr oedd hi'n bosibl denu diddordeb Crynwyr fel Henry Gillett.

Deilliai'r gefnogaeth o'r ffaith fod safiad Tom Nefyn a'i gefnogwyr yn ymwneud ag ymwrthod â chredo a gwneud safiad dros ryddid cydwybod yn erbyn trefniadau a disgwyliadau sefydliadol. Ar yr un pryd gwelai George a Tom yr angen am ddiwygio ysbrydolrwydd yr eglwysi Cymreig, a'u hachub o'u marweidd-dra. Yn hyn o beth roeddent am wthio'r drefn at ddealltwriaeth fodernaidd-ryddfrydol a oedd hefyd yn cydsynio â'r cyfeiriad a oedd yn amlwg ac yn tyfu ymysg y Crynwyr. Ceisio llwybrau nad oeddynt yn uniongred, a rhyddhau dychymyg yr unigolyn, rhoi gwisg newydd wrth chwilio am y gwirionedd. Dewis llwybrau gwahanol o feddwl. Carreg fechan i'w thaflu i lyn llonydd a chreu cynnwrf ar wyneb y dŵr oedd sylw un gohebydd, a gwir hynny. Y tristwch oedd na allasai Tom Nefyn na George M. Ll. wireddu eu gweledigaeth, er bod pob arwydd fod yna dystiolaeth a diddordeb, os nad dyhead, ar draws y wlad am y fath neges. Ond dychwelyd a wnaeth Tom yn flinedig i gôl ei fam-enwad.

Bu cyfnod Tom Nefyn yn Woodbrooke yn werthfawr iddo, a phan ysgrifennodd yn *The Welsh Outlook* yn 1930, buasai ei neges wedi bod yn fêl i glustiau'r Crynwyr, ac yn gyfiawnhad o'u buddsoddiad yn y Tymbl. Dyfynnaf ef yn y gwreiddiol, "Every man (sic) when he retires into silence, ought to conceive of himself not as an inactive creature in the hands of the eternal ... but as a moral personality equipped with independence and with the power to co-operate with God." Gweld y distawrwydd fel cynhaliaeth sagrafennaidd, yn rhydd o ddefod a phregethu hirwyntog.

Ar ben hynny, i'r Crynwyr, nid yw ymwrthodiad â chredo yn anghyson â chred fyw, os, chwedl un o seryddwyr blaenaf yr ugeinfed ganrif, A.S. Eddington, fod ffeithiau yn gysgodion newidiol, yna cysgodion ydynt o'r gwirionedd digyfnewid. Serch hynny, ni ymwthiodd y Crynwyr i'r ddadl gyhoeddus o amgylch helynt y Tymbl. Gadawyd hynny i eraill. Nid syndod hynny o gofio na fyddai prin unrhyw un ohonynt fod wedi gallu dilyn y drafodaeth yn y wasg enwadol Gymreig. Ond o bellter, ac yn ddistaw, cefnogi'r "heretics" a oedd am gwestiynu'r ysgrythurau yn feirniadol, a gosod eu darganfyddiadau ochr yn ochr â datblygiadau gwyddonol – anogaeth i'r ymofynnydd fod ffydd yn fwy na llythyren y gair.

Rhaid hefyd bod yn feirniadol. Rhaid i gymunedau ffydd fod yn fywiog berthnasol os ydynt i wireddu eu tystiolaeth a'u gobeithion. Bu tân y Tymbl yn ffyrnig, ond ni lwyddwyd i'w gadw'n fyw. Collodd y Crynwyr y cyfle i gamu i'r bwlch a adawyd pan giliodd eu harweinydd, yn rhannol am fod eu hymrwymiad i gyfansoddiad a threfniadaeth yn bwysicach na chwyldro ysbrydol. Fel y Methodistiaid? Meddyliwch beth allai fod wedi digwydd pe bai pob aelod yn Llain y Delyn wedi eu derbyn yn gyflawn aelodau gan Gyfarfod Misol De Cymru, gan greu y cyfarfod mwyaf Cymreig ei iaith, ei addoliad a'i weinyddiaeth. Breuddwyd ffôl fyddai meddwl am wneud hynny bellach.

Erbyn mis Ionawr 1931 yr oedd Tom Nefyn yn byw yng Nghoedpoeth gyda'i deulu yng nghyfraith, ac oddi yno danfonodd lythyr i'r gymdeithas yn Llain y Delyn yn datgan na fyddai yn dychwelyd atynt, gan weld, meddai, mai ym myd eneidiau yr oedd ei waith, "ac nid ym myd systemau a ffurfiau". Gallai ysgrifennu hefyd at ysgrifennydd Cymdeithasfa'r De ar yr un pryd fod ei "osgo at brif gredoau'r Eglwys wedi ei chymedroli – wedi newid yn llwyr, a'r safbwynt sy gyffredin i'r Cyrff Protestannaidd ydyw fy safbwynt innau erbyn hyn." Erbyn mis Ebrill roedd yn weinidog unwaith yn rhagor gyda'r Hen Gorff. Yn yr un mis ychydig ddiwrnodau cyn ei ail-ordeinio fe ysgrifennodd at ei gyfaill George. Ymbiliodd arno i beidio ag amddiffyn ei safiad, na bod yn feirniadol o gymdeithas y Tymbl. Roedd ganddo feddwl go uchel o'r Crynwyr ond serch hynny gallasai ymdeimlo â pheth beirniadaeth, ac mae ei sylwadau yn berthnasol ac yn wir am sut yr oedd pethau'r pryd hynny, "Amheuaf yn fawr a ydynt yn gweld y sefyllfa yng Nghymru yn glir. Anghofiant mai Cymru ydyw, a bod ganddi ei thraddodiad a'i themprament ei hun. Nid Lloegr mohoni. Hefyd anghofiant fod realiti ysbrydol yng Nghymru [right or wrong] wedi ei gysylltu â ffurfiau arbennig – pregethu, bugeilio, Cymun, Bedydd, canu a phethau tebyg. Ac i Gymro gwledig nid ffurfiau gweigion mohonynt er saled ŷnt yn fynych, eithr ffurfiau y plethodd ei deimlad a'i ddychymyg a'i brofiadau crefyddol fel eiddew amdanynt ... Chwarea peth arall hefyd ar eu hanallu i weld yr issue yn glir. A dyma ydyw. Y maent yn rhy negative yn grefyddol hynny yw, Quakerism yw'r ffurf terfynol goreu ar grefydd, ac y mae ffurf y Cyrff crefyddol eraill yn hollol gyfeiliorn. Nid oes le i gymun. Peth yw ofni ydyw gweinidogaeth un dyn [er fod ganddynt hwy eu hunain weinidogaethu ond o dan enwau eraill]. Gyda amheuaeth yr edrychir ar ochrau teimladol crefydd ac ofnir y bregeth yn fawr."

I Niclas y Glais dyma oedd diweddglo stori Tom Nefyn:

"Tithau o'th storm o fyw yn cilio'n dawel,
Fel corwynt gwyllt yn troi yn dyner awel."

Cafodd Cymdeithas Grefyddol y Cyfeillion hefyd ei geni allan o gorwynt, a thros amser dofodd ei thân hithau, a gorweddai trefn a datblygiadau sefydliad yn drwm arni, fel pob enwad arall. Ymbarchusodd, ond gan gadw parhad ei thystiolaeth a'i ffurf, cadwodd at ei hanfodion. Heb gyffes ffydd arhosodd y tu allan i'r llif traddodiadol anghydffurfiol. Eto yn 1984 pan roddwyd ailenedigaeth i Gyngor Cristnogol Prydain roedd awydd i dynnu'r Crynwyr i'w mysg. Yr oedd yr hen gyfansoddiad yn hawlio ymrwymiad cyffesol nad oedd yn dderbyniol i'r Cyfarfod Blynyddol. Cafwyd sail gyffesol – y Sylfaen – i'r corff newydd, ond fe gytunwyd hefyd ar gymal a oedd yn caniatáu i'r Crynwyr ddod yn aelodau llawn, Cymal 2b, sydd yn datgan fod aelodaeth yn bosibl i unrhyw enwad nad ydynt ynghlwm ag unrhyw ddatganiad o gred, a chyn belled â'u bod yn ymrwymo i ysbryd, amcanion a phwrpas y corff eciwmenaidd newydd, ddod yn gyflawn aelodau. Dyna a ddigwyddodd.

Beth bynnag am gredo, pwyslais ar ryddid cydwybod, a'u pwysigrwydd mewn byd o ffydd, dywed yr efengylwyr mai ond trwy ffydd y ceir iachawdwriaeth. Nid yw gweithredoedd da yn ddigonol beth bynnag ddywed Iago. Gofynnodd ef y cwestiwn "pa les i rywun ddweud fod ganddo ffydd, ac yntau heb weithredoedd?" Ffydd heb weithredoedd sydd farw. Dyna efallai gonglfaen arall i Grynwyr heddiw, sef fod yn rhaid inni weithredu i dystio i ffydd, yn hynny o beth gallwn unioni ein hunain â'r hyn ddywedwyd am ymdrechion Tom Nefyn gyda'r sylweddoliad, y rhan amlaf ein bod yn ddiffygiol ac yn methu. Ymdrechwn ymdrech deg, ac felly y nod a phregeth pob un ohonom yw ceisio defnyddio ein hunain er gwellhad a sancteiddrwydd yr holl fyd:

> Ac o'i bregethau i gyd
> Y fwyaf oedd ei fywyd.

Atgno Cydwybod

ERBYN HEDDIW, PA arwyddocâd a roddir i'r disgrifiad "Crynwr" neu "Grynwyr" ymysg y rhan fwyaf o bobl? Rhyw feddwl am bowlen o uwd, neu ddarlun o rywun crynedig oherwydd yr oerni? Prin fod yr enw mor gyfarwydd ag yr oedd, ac ni fyddai llawer yn ei gyplysu ag enwad. Os yw ymlyniad crefyddol ac enwadol yn gwanhau dros amser yna, yn anorfod, bydd dealltwriaeth o'u hanes, a'u diwinyddiaeth hefyd yn diflannu.

Drwodd a thro effeithiwyd ar berthnasedd enwadaeth o fewn ein cymdeithas, a llawer yn dweud, "Diolch byth am hynny." Prin fod y rhan fwyaf wedi deall y gwahaniaethau rhyngddynt, ac nid ydynt bellach yn destun siarad a dadlau fel ag yr oeddent. Nid yw'r gwahaniaeth rhwng "pobol eglwys a phobol capal" yn cynhyrfu'r dyfroedd. Pan oeddwn i'n blentyn roedd y gwahaniaeth yn dal i lynu at y meddylfryd cymdeithasol. Yn wir roedd eglwys y plwyf a'r "ficar" yn estron, ond cof plentyn yw hynny, ac efallai fod y gyfathrach a oedd yn bodoli yn ddyfnach, ymysg oedolion, nag y synhwyrwn. Sut bynnag, hogyn capal oeddwn i.

Ar un cyfnod fe fuasai cyfeirio at y Crynwyr yn golygu fod pobl yn eu cysylltu ag ymdrechion i fawrygu a chefnogi heddwch, gyda'u gwrthwynebiad i unrhyw ryfela, "heddychwyr ydyn nhw". Tangnefeddwyr. Gwelir hyn yn y modd yr ymdriniwyd â hwy yn y senedd yn 1915-16 wrth iddi drafod gwelliannau i'r ddeddf ynglŷn â gorfodaeth filwrol, a sut i ymdrin â'r rhai oedd â gwrthwynebiad cydwybodol i filwra. I lawer yn y cyfnod hwnnw buasai'r geiriad gan newyddiadurwr yn y *Gwyliedydd* ym mis Tachwedd 1906 am y Crynwyr wedi bod yn ddisgrifiad derbyniol, mai "Pobl nad oeddynt, ac nad ydynt gryfion (*hynny yw o ran rhif*) yw y Crynwyr, ond nis gellir ysgrifennu hanes teg o fuddugoliaethau rhyddid cydwybod a chrefydd ym Mhrydain heb fod iddynt hwy le amlwg yn y cyfryw."

Yn mis Mai 1916 cyflwynwyd gwelliant i'r Mesur Gwasanaeth Milwrol gan yr aelod seneddol Ceidwadol dros ddinas Llundain, Syr Frederick Banbury. Ceisiai gyfyngu pwy oedd â'r hawl i wneud cais i'w ystyried fel gwrthwynebwr cydwybodol. Mynnai bod rhaid i'r ymgeisydd fod wedi bod cyn y cyntaf o Fehefin 1914 yn aelod o enwad crefyddol oedd â thraddodiad a chred yn erbyn gweithgaredd neu wasanaeth milwrol. Credai mai'r unig rai â'r hawl i wrthwynebu gofynion y ddeddf oedd y rhai a fagwyd mewn enwad a oedd yn datgan fod gwasanaeth milwrol yn groes i'w hegwyddorion. Adlewyrchai hyn welliant a gyflwynwyd yn wreiddiol ym mis Ionawr 1916 gan William Joynston-Hicks, aelod Ceidwadol Brentford, lle y ceisiai gyfyngu gwrthwynebwyr cydwybodol i rai oedd yn aelodau, ar y 15fed o Awst 1915, o Gymdeithas Grefyddol y Cyfeillion neu o unrhyw gorff crefyddol arall oedd ag ymrwymiad yn erbyn rhyfel. Methodd y ddau welliant, y mwyafrif yn teimlo na ellid cyfyngu'r hawl i aelodau cyrff crefyddol yn unig.

Ni fyddai datganiad yr aelod seneddol dros Efrog, a'r Crynwr, Arnold Stephenson Rowntree ym mis Mai 1916 wedi synnu unrhyw un. Hawliai'r Crynwyr, meddai, na allasid disgwyl, na gorfodi, unrhyw un i ymladd os oedd cydwybod yn ei argyhoeddi fod hynny yn foesol anghywir. Golyga'r orfodaeth i fod yn filwr drosglwyddo rhyddid personol i'r awdurdodau milwrol, ac felly wneud y wlad yn beniaethol filwrol, ac yn ddibynnol ar y materol. Dyna'r egwyddor o'r dyddiau cynnar.

Ond i ba raddau y mae'r syniadaeth yn adlewyrchu'r ffaith? Dylid datgan fod y Crynwyr yn un o'r eglwysi heddychol traddodiadol ochr yn ochr â'r Mennoniaid ac Eglwys y Brodyr, sef enwadau yn y traddodiad ailfedyddiol (anabaptist). Fodd bynnag, nid yw safiad yr enwad o reidrwydd yn golygu y gellir galw pob un o'u credinwyr yn heddychwyr, ac fe fydd gwahaniaeth barn yn sicr o'i amlygu ei hunan. Nid yw hyn yn gwanhau'r dystiolaeth sylfaenol, ond y mae'n arwydd fod yn rhaid trin gyda gofal sut y dadansoddwn ac y beirniadwn yr hyn a dybid a oedd yn safonol. Wrth i unigolion wyro oddi wrth y safon, y cwestiwn pwysig yw sut, ac ym mha fodd, yr ymdriniwyd â hwy o fewn trefn ddisgyblu yr eglwys? A dyma ni ar lwybr rhaniadau!

Gyda'r Crynwyr nid credo yw'r ymrwymiad i heddwch, ond tystiolaeth. Nid yw'n ddatganiad o ffydd sydd yn wir trwy'r oesau. Mae yn ddisgyblaeth, yn ddisgwyliad arnynt fel unigolion ac fel corff. Mae yn ddatganiad o brofiad, yn argyhoeddiad. Ond fe fydd hefyd yn newidiol, neu efallai yn fwy cywir yn hyblyg, yn unol â'r amgylchiadau. Mae felly yn newydd ym mhob eiliad ac ym mhob oes. Nid yw hyn yn tanseilio'r argyhoeddiad sylfaenol fod rhyfel yn groes i ysbryd y Dwyfol. Rhoddir arnom ddyletswydd i chwilio am "arfau ysbrydol" – cariad, gwirionedd, goddefgarwch – i wrthsefyll yr aflander fod lladd a rheibio yn sicrhau cyfiawnder. Ond rhaid inni hefyd fyw yn y byd, a throedio llwybrau sydd yn ymarferol ddefnyddiol a phosibl. Fe fyddwn yn cyfaddawdu neu fe fyddwn yn gwbl wallgof neu yn gelain! I rai nid oes y fath ddewis, a rhaid eu cynnal hwy yn eu hargyfwng beth bynnag fo'r pris. O fewn pegynau'r disgwyliad o greu a chynnal heddwch saif pob un ohonom yn ceisio gwneud synnwyr o'r hyn a ofynnir ohonom. Nid yw'r milwr ddim salach na'r proffwyd, ac onid heddwas yw'r milwr mewn lifrau gwahanol?

Yn nyddiadur George Fox am y flwyddyn 1651 ceir ganddo'r sylw iddo wrthod ymuno â byddin y Senedd, gan ei fod yn byw yn rhinwedd y bywyd a'r grym sydd yn ymwrthod â phob rhyfel, ac y gwyddai o ble y tarddai, gan ddyfynnu Epistol Iago, sef o'r "chwantau sy'n milwrio yn eich aelodau". Datganiad wedi ei wreiddio yn ei ddealltwriaeth o'r ysgrythurau. Eto, o ddadansoddiad hanesyddol o ddatblygiad y dystiolaeth heddwch cawn haneswyr cyfoes yn pwysleisio na fu i'r Crynwyr ddatgan eu heddychiaeth tan adferiad y frenhiniaeth yn 1661, a hynny oherwydd yr angen i ddangos teyrngarwch iddo, ac osgoi cael eu herlyn fel radicaliaid peryglus. Roedd hyn yn benodol am fod llawer yn eu gweld fel cynghreiriaid i grwpiau fel Dynion y Bumed Frenhiniaeth a wrthryfelodd yn Ionawr 1661 (grŵp milenaraidd a gredai fod y bumed frenhiniaeth ar ddod, a Christ yn dychwelyd i deyrnasu ar y ddaear gyda'i saint am 1,000 o flynyddoedd). Cafwyd datganiad i'r brenin ym Mehefin 1660 gan Margaret Fell, gwraig Geoge Fox. "Rydym," meddai hi, "yn bobl sydd yn dilyn yr hyn a gyflawna heddwch, cariad ac undod; ein dymuniad yw fod pawb hefyd yn cyd-gerdded â ni, ac felly yn ymwrthod ac yn tystiolaethau yn erbyn pob ymrafael, a rhyfeloedd." Ni ataliodd y datganiad, yng nghyd-destun bygythiad gwrthryfel, ddim ar garcharu a cham-drin llawer o'r Crynwyr. Cafwyd datganiad arall yn 1661 gyda'r sylweddoliad ei fod yn ymateb ymarferol i amgylchiadau anodd. Roedd yn ymgais i gywiro camddealltwriaeth a cheisio meirioli peth ar yr ormes: "Bu ein hegwyddor a'n hymarferion, i ddatgan heddwch, i'w sicrhau, i lynu wrth gyfiawnder a'n gwybodaeth o Dduw, gan fawrygu lles a daioni pob un, a'r hyn a sicrha eu heddwch. Gwrthodwn yn llwyr bob egwyddor ac ymarfer rheibus, pob rhyfel allanol a chynnen, ac ymladd gydag arfau allanol, i unrhyw bwrpas, neu o dan unrhyw esgusiad, a dyma ein tystiolaeth i'r holl fyd." O hynny ymlaen daeth yn dystiolaeth a roddodd arweiniad a chyfarwyddyd i ymddygiad personol, a chorfforaethol. Effeithiodd ar sut yr oedd y Crynwyr i ddefnyddio eu diwydiannau a chyfeirio eu buddsoddiadau ariannol, wrth iddynt geisio gwireddu eu gobeithion a'u hymlyniad wrth lwybrau heddwch mewn byd a oedd o'i hanfod yn dreisgar a rhyfelgar.

Yn dilyn Adferiad 1660 roedd sefyllfa'r Crynwyr ac anghydffurfwyr eraill i ryw raddau yn ddiogel oherwydd gwaharddwyd hwy rhag bod yn aelodau o'r lluoedd arfog, neu'r milisia. Fe'u hystyrid yn beryglus i ddiogelwch y goron a'r wlad, a cheir sawl enghraifft o ddefnyddio'r milisia lleol i'w herlid. Dros amser, wrth i'r awdurdodau feddalu yn eu dealltwriaeth, llaciwyd ar ofynion aelodaeth y milisia. Yn ôl deddf Milisia 1757 roedd rheidrwydd, yn dilyn trefn o ddewis trwy bleidlais, ar i bob dyn abl, gan gynnwys Crynwyr, ymuno â'u milisia lleol. Ond nid i fod yn swyddogion, oherwydd gadawyd yr anrhydedd honno i'r Anglicaniaid! Fodd bynnag, nid oedd yn rhaid ymuno pe bai iddynt dalu deg punt, ac fe allasent hefyd dalu i ddirprwy gymryd eu lle. Roedd y trefniant yn her i'r gydwybod. Cofnodwyd gan Gwrdd Chwarter Swydd Efrog yn 1809 fod pedwar Cyfaill wedi eu carcharu am beidio cynnig dirprwy. Yn 1760 roedd y Cyfarfod Blynyddol wedi datgan fod yr arferiad yn groes i ddisgwyliad tystiolaeth y "Tywysog Heddwch". Doedd hi fawr o syndod fod rhyfeloedd Napoleon yn sialens.

Yn 1815 carcharwyd o leiaf ddeg am ymwrthod â'r milisia. Ar ôl 1816 llithrodd y system filisia i anrhefn, ac yn Neddf Milisia 1852 penderfynwyd fod y gwasanaeth, o hynny ymlaen, i ddibynnu ar wirfoddolwyr yn unig. Felly rhwng 1852 ac 1916 nid oedd rheidrwydd ar unrhyw un i ymuno â'r fyddin na'r llynges. Nid oedd galwad ar unrhyw un i ddatgan gwrthodiad. Mewn geiriau eraill tyfodd dwy genhedlaeth o Grynwyr (dros 64 blwyddyn) heb unrhyw gysgod o orfodaeth filwrol drostynt, er bod y bygythiad hwnnw yn real iawn, yn enwedig o 1902 ymlaen, pan sefydlwyd y *National Service League* a oedd am weld hyfforddiant milwrol gorfodol o bedair blynedd i bob dyn rhwng 18 a 30 oed.

Buasai'n anghyfrifol peidio â chyfeirio at ymdrechion y Crynwr o Gastell-nedd, er iddo gael ei eni yng Nghernyw, Joseph Tregelles Price, a oedd yn un o brif sylfaenwyr y Gymdeithas Heddwch yn 1814. Wrth ei ochr yr oedd Evan Rees, y Crynwr ifanc, yntau hefyd o Gastell-nedd, a'i dad yn enedigol o Esgair Goch, a ddaeth yn ysgrifennydd a golygydd papur y gymdeithas *The Herald of Peace*. Bu ei farw yn 1821 yn 30 oed yn golled. Roedd yn ymladdwr dros hawliau dynol, democratiaeth, cyflwr byw'r werin bobl ac amodau carcharorion yn enwedig triniaeth y rhai a ddanfonwyd dramor i Awstralia neu Seland Newydd. Ond wrth gwrs, enw Henry Richard sydd yn atseinio wrth inni feddwl am y Gymdeithas Heddwch. Bu'n ysgrifennydd i'r Gymdeithas ac yn olygydd ar yr *Herald* o 1848 i 1885. Yr oedd iddo gysylltiad agos â'r Crynwyr a gellir gweld fod ei ymdrechion, wrth drefnu cyngresau heddwch yn Ewrop, a'i argyhoeddiad o bwysigrwydd cyflafareddiad fel modd o ddatrys problemau rhwng cenhedloedd, yn gweu trwy bwyslais heddwch Cyfarfod Blynyddol Llundain hefyd.

Yn naturiol roedd cysgod rhyfeloedd fel y Crimea yn pwyso ar gydwybod sawl Crynwr, a diddorol darllen hanes Crynwyr amlwg fel Joseph Sturge (cyfaill agos i Henry

Richard) yn ymweld â'r Tsar yn Rwsia i geisio gweld a oedd modd osgoi'r gyflafan. Methodd yr ymdrech ond tanlinella bwysigrwydd cysylltiad personol, trafodaeth a dadansoddiad fel modd i geisio datrys gwrthdrawiadau cyn iddynt rwygo a dinistrio. Methiant rhannol fu'r ymdrech hefyd i ddylanwadu ar y Natsïaid yn yr Almaen ynglŷn â rhoi cymorth i'r Iddewon yno, mewn efelychiad o'r rhaglenni bwyd yn y wlad ar ôl y Rhyfel Mawr. Yn 1938 ymwelodd tri Chrynwr o'r America â Berlin: "Deuthum yma yn yr un ysbryd â'r gorffennol gan gredu fod pob Almaenwr sydd yn cofio hynny ac yn gyfarwydd â'n dulliau a'n hysbryd yn wybyddus nad ydym yma i feirniadu." Trefnwyd iddynt ymweld â phencadlys y Gestapo, gyda'r gobaith o gael cyfweld Reinhard Heydrich, pennaeth yr heddlu cudd. Ddigwyddodd hynny ddim, ond roedd ei lais i'w glywed o ystafell gyfagos, wrth i'r tri siarad â dau uwch-swyddog. Wedi iddynt adael cafwyd cyfarfod i addoli byr – a da hynny gan fod pob sgwrs yn cael ei recordio ac fe gafwyd distawrwydd! Rhoddwyd caniatâd i ddau gomisiynydd o Grynwyr ymweld ag Awstria a'r Almaen i weld pa gymorth oedd yn bosibl. Fe ddatblygwyd rhaglen ac yn ôl pob sôn bu'r ymdrechion yn fendith i sawl teulu. Nid ymyrraeth chwyldroadol, a phrin fod y neges wedi cyffwrdd â chalon y Natsïaid, ond credai'r ddirprwyaeth y cafwyd peth meddalwch, gan gynnig cariad yn wyneb gormes.

Un o'r tri a ymwelodd â'r Natsïaid oedd Rufus Jones, ac mae ei eiriau ef yn berthnasol i wreiddyn gwirionedd y dystiolaeth heddwch, a sut y gellir gwthio'r dystiolaeth honno ar feddylfryd y byd, yn enwedig ymysg ei arweinyddion cyhoeddus. Nid efallai mewn storm o eiriau, gyda drama ac ymddangosiad o orchest swnllyd: "Rhoddaf fy ngobeithion ar brosesau tawel a chylchoedd bach, lle y gwelwn ddigwyddiadau trawsffurfiol a bywiol." Dyna pam, heddiw, y cefnogir swyddfeydd parhaol gan Grynwyr Prydain, Ewrop ac UDA yng nghanolfannau'r Cenhedloedd Unedig yn Genefa ac Efrog Newydd. Lledaenu gwybodaeth, hyrwyddo sgwrs a chyfathrach ymysg gelynion, a'r cyfan yn y gobaith o blannu had.

Ond ochr yn ochr â'r dystiolaeth heddwch ceir yr angen i fod yn weladwy, gan roddi cymorth ac ymgeledd lle y gwelir angen, fel ag y crybwyllwyd yn yr Almaen gyda'r Iddewon yn 1938. Un esiampl gynnar oedd y cymorth a roddwyd i'r newynog yn Iwerddon rhwng 1845 ac 1852. Dosbarthwyd gwerth rhyw £11 miliwn gan Gymdeithas eithaf bychan o'i chymharu ag enwadau eraill. Yn 1870 sefydlwyd Pwyllgor i leddfu'r angen yn dilyn y rhyfel rhwng Ffrainc a'r Almaen, gyda William Jones, y Cymro o Ruthun, yn un o'r comisiynwyr a fu'n gyfrifol am ddosbarthu'r cymorth ar y cyfandir. Ar yr un trywydd nid oes ond yn rhaid darllen hanes sefydlu Oxfam i weld sut y parhaodd mewnbwn y Crynwyr mewn datblygiadau o'r fath.

Ond nid fy mwriad yw sancteiddio ymdrechion y Crynwyr dros heddwch, er fod yr ymdrechion hynny wedi bod yn elfen amlwg yn eu bodolaeth. Yn hytrach edrych ar sut ac ym mha fodd y cynhaliwyd ac y datblygwyd y dystiolaeth heddwch wrth ddygymod â gofynion rhyfela, a oedd mor amlwg yn rhan o wneuthuriad y wladwriaeth ac yn cyffwrdd â bywyd cryn nifer o'i dinasyddion – militariaeth yn y gwaed!

Mae trafod y Rhyfel Mawr rhwng 1914 ac 1918, a oedd yn llawer mwy brwnt a hirach na'r disgwyliad, yn bwysig. Cyn hynny? Rhaid anghofio am fwystfileiddrwydd y rhyfeloedd Opiwm am y tro, neu yn wir unrhyw un o'r gwrthdrawiadau Imperialaidd nad oeddynt, wrth gwrs, yn ddim mwy na Phrydeindod yn dofi cyntefigrwydd y brodorion a'u dwyn i gofl gwareiddiad! Rhaid hefyd anwybyddu methiant aelodau seneddol, a oedd yn Grynwyr, i sefyll yn erbyn tueddiadau a phenderfyniadau militaraidd; ni ddylid poeri yn wyneb y gwynt. Er fod y galwadau a wnaed i gefnogi'r rhyfeloedd yn Ne Affrica wedi derbyn sêl a bendith Crynwyr amlwg ac wedi ysgwyd y seiliau, unwaith y gwelwyd erchylltra'r gwersylloedd carchar fe newidiwyd peth ar y gân honno.

Ceir un hanesydd amlwg ar y mudiad heddwch yn gwahaniaethu rhwng heddychiaeth fel egwyddor ymysg pobl, ac yna fel safiad sydd angen ei weithredu gan unigolion. Egwyddor yw heddwch i ddysgeidiaeth yr eglwys, egwyddor i'w mawrygu a'i chenhadu. Mater o ffydd ac argyhoeddiad yw sut y bydd credinwyr yn ymateb i'r alwad, ac yn chwifio baner heddwch ac yn gweithredu yn erbyn byd o drais.

Roedd y Rhyfel Mawr yn gyffroad a oedd i danseilio trefn a thraddodiad. Er mai hwn oedd y rhyfel yn ôl un awdur a oedd am roi "terfyn ar yr ysbryd rhyfelgar a oedd yn gwneuthur heddwch parhaol yn amhosibl". Cydnabyddai ef fod y rhyfel hefyd wedi cyflymu dieithrio mwy a mwy o fyd capel ac eglwys, ac wedi sbarduno'r dadrithiad ym mywyd crefyddol Cymru, rhywbeth a oedd eisoes yn amlwg cyn y rhyfel. Y gwir hefyd oedd i'r enwadau anghydffurfiol gefnu ar eu safiad dros ryddid cydwybod a thaflyd eu hunain, gan mwyaf, i gefnogi a hyrwyddo'r ymdrechion rhyfelgar. Siawns fod yr adroddiad hwn o'r *Herald Gymraeg* ym mis Awst, 1914 yn adlewyrchiad o'r safbwynt hwn. Ymddengys i'r Parch. M. P. Morgan, Blaenannerch, pan oedd yn pregethu yng nghapel Penmount, Pwllheli, ddatgan "ei fod yn gwbl argyhoeddiedig fod y rhyfel bresenol yn rhyfel yr Arglwydd mewn gwirionedd, a phe bai ef yn rhydd o ofal bugeiliol buasai yn cynnig ei wasaneth i'r fyddin i wneud unrhyw ddefnydd allant ohono".

Ar doriad y rhyfel yn erbyn yr Almaen ar y 4ydd o

Awst 1914, darparwyd datganiad gan Dioddefiadau, ar y 7fed o'r un mis, dan y teitl *"Neges i Ddynion a Merched o Ewyllys Da"*. Roedd ei gynnwys yn ddadleuol, oherwydd i rai nid oedd yn ddigon pendant yn erbyn rhyfel, ac yn llawer rhy amwys. Cydnabyddai'r neges ymdrechion dygn y llywodraeth i gadw'r heddwch, a bod y datganiad o ryfel wedi digwydd oherwydd ymdeimlad o ddyletswydd i wlad lai (Gwlad Belg) oherwydd ymrwymiadau cytundebol a moesol. "Er ein bod fel Cymdeithas, yn sefyll yn gadarn i'r gred nad yw grym yn atebiad i unrhyw gwestiwn, ymdeimlwn nad nid dyma'r amser i feirniadu, ond sicrhau gwasanaeth teyrngar i'n gwlad." Cymaint oedd yr adwaith mewn llythyrau i'r *Friend* fel y bu i'r golygydd benderfynu peidio â'u cyhoeddi, gan felly osgoi ffrwgwd gwleidyddol. Yn wir, mewn cyfarfod recriwtio yn Nhredegar yn yr un mis, pwyslais yr aelod seneddol dros Frycheiniog, Sidney Robinson, oedd fod y Cyfeillion hyd yn oed yn gefnogol i'r rhyfel, gan ddyfynnu o'r un neges i gyfiawnhau hynny.

 Bron yn unionsyth cafwyd datblygiad arall. Yn y *Friend* ar yr 21ain o Awst cafwyd llythyr gan Philip Noel-Baker, aelod o deulu Crynwrol adnabyddus yn Llundain, a fyddai maes o law yn aelod seneddol dros y Blaid Lafur ac yn enillydd Medal Nobel dros heddwch yn 1959, gyda Fenner Brockway. Fe'i dyrchafwyd i Dŷ'r Arglwyddi, ac fe fuasai rhai yn ei gofio fel cariad Megan Lloyd-George! Dymunai ef sefydlu uned Ambiwlans ymysg y Cyfeillion (Friends Ambulance Unit – FAU) er mwyn sicrhau gwasanaeth gweladwy ac ymarferol dros heddwch ar faes y gad, lle'r oedd eraill yn marw dros eu daliadau. Gweinyddwyd yr uned o dan adain y Groes Goch yn Dunkirk, gan wasanaethu'r clwyfedig, gyrru lorïau a sefydlu ysbytai. Roeddent hefyd yn weithgar ymysg y brodorion yn y frwydr yn erbyn yr heintiau a ddilynai wrth gynffon rhyfel.

Nid oedd sefydlu'r uned yn dderbyniol i bawb, gyda rhai yn ei gweld fel rhan o'r drefn filwrol, ac yn wir roedd y ffaith fod yr aelodau yn gwisgo caci ac yn defnyddio teitlau milwrol yn cryfhau'r argraff honno. Ar ddiwedd y rhyfel bu i bob aelod o'r Uned dderbyn yr un medalau ag a roddwyd i'r milwyr. Gwrthododd rhai yr anrhydedd. Wrth i'r rhyfel ymestyn bu'r i'r Tribiwnlysoedd, a wrandawai ar ddadleuon gwrthwynebwyr cydwybodol, gyfeirio rhai i wasanaethu gyda'r uned ar y cyfandir,. Tystiolaeth arall, ym marn rhai, fod yr uned wedi cael ei llyncu gan anghenion milwrol. Yn 1916 pan gafwyd gwasanaeth milwrol gorfodol, bu i gryn nifer o aelodau'r FAU ymddiswyddo er mwn profi eu hunain yn wrthwynebwyr cydwybodol absoliwt ger bron y tribiwnlysoedd. Rhaid nodi hefyd i ryw 99 o'r uned adael gan ymuno â'r lluoedd arfog.

Mynnodd Philip Noel-Baker, ymysg eraill, symud i weithio gydag uned ambiwlans y Groes Goch yn yr Eidal, oherwydd eu dymuniad i dystiolaethu ynghanol mwy o berygl. Serch hynny, bu farw 23 wrth wasanaethu gyda'r FAU yn Ffrainc.

Ym mis Hydref 1914 trefnwyd cynhadledd gan y Gymdeithas yn Llandudno, ac yno fe drafodwyd yr anawsterau oedd yn wynebu heddychwyr yng ngoleuni rhyfel a oedd yn ffyrnigo ac yn dinistrio cymaint. Sut oedd Crynwyr ifanc i ymateb i'r galwadau? Bu i un cyfrannwr ddatgan nad oedd hunanamddiffyn yn rhywbeth hunanol, a bod rhyfel i amddiffyn y gwan yn anochel. Llywydd y Gynhadledd oedd Henry T. Hodgkin, a oedd wedi gorfod gadael cynhadledd yn yr Almaen gyda thoriad y rhyfel, ond a ymdynghedodd gydag Almaenwr a gweinidog Lutheraidd wrth ymadael – "Beth bynnag a ddigwyddo, ni newidir ein perthynas. Rydym yn un yng Nghrist, ac ni all fod rhyfel rhyngom ni." Yn bresennol yn y gynhadledd yr oedd y Parch.

Richard Roberts, gweinidog eglwys Bresbyteraidd Crouch End, yn enedigol o Flaenau Ffestiniog, a George M. Ll. Davies. A dyma wreiddyn Cymdeithas y Cymod – Hodgkin i wasanaethu fel cadeirydd, Roberts fel ysgrifennydd a Davies fel is-ysgrifennydd.

O'r cychwyn roedd yn amlwg fod yna raniadau ymysg y Crynwyr ar sut i ymateb i'r rhyfel, gyda llawer yn gefnogol i'r ymdrechion milwrol, ac nid lleisiau lleiafrifol o bell ffordd. Un llais amlwg oedd Henry Marriage Wallis, masnachwr cefnog o Reading. Ffigwr na ellid ei anwybyddu ym mywyd a gweithgareddau'r Gymdeithas. Yn wyliwr adar adnabyddus, yn ynad heddwch, roedd hefyd yn awdur nofel ffantasi o 1910 y ceir merch fel arwres ynddi, peth anghyffredin yn ei amser. Meddai mewn llythyr ym mis Hydref 1914 – nid egwyddorion heddwch oedd yn gyfrifol am i'r heddwch [sic] ledaenu dros y wlad ond yn hytrach y llynges. Ein dyletswydd oedd nid darbwyllo'r Almaenwyr o egwyddorion y Cyfeillion, ond eu cadw allan o Baris, Antwerp a Llundain. Roedd ei deyrngarwch i'w wlad yn amlwg, a dyma yn wir yr elfen sy'n ymddangos yn natganiadau llawer o Grynwyr wrth iddynt ddangos eu cefnogaeth i'r ymdrechion milwrol. Yn eu mysg Herbert Sefton Jones, mab William Jones, y Crynwr a'r heddychwr o Ruthun. Tra bod Frederick William Gibbins, y Crynwr o Gastell-nedd, cyn-aelod seneddol dros Ganol Morgannwg, ac efallai'r Crynwr mwyaf amlwg yng Nghymru ar y pryd, yn groch ei lais dros recriwtio. Er bod athrawiaeth heddwch y Crynwyr, meddai, yn ymwrthod â rhyfel a byddinoedd, nid oedd yn bosibl ymrwymo iddi yn y frwydr yn erbyn yr Almaen. Roedd yn rhaid ildio'r egwyddor i anghenion gwareiddiad! Ac i Grynwr arall, gwyddai ef mai heb y lluoedd arfog yna anarchiaeth fuasai'r canlyniad.

Er bod y llinyn o gefnogaeth i'r gyfundrefn arfog wedi

ei gweu trwy drafodaethau'r Gymdeithas o 1914 i 1918, unwaith y daeth gorfodaeth filwrol yn ffaith yn Ionawr 1916 yna cododd y llais dros ryddid cydwybod. Bu ymdrechion y Gymdeithas dros y gwrthwynebwyr cydwybodol yn amlwg, ac nid oes tystiolaeth fod hynny wedi arwain at unrhyw gythrwfl mewnol. Roedd yna undod dros ryddid cydwybod. Y drafferth fwyaf, serch hynny, oedd fod llawer yn teimlo nad oedd digon yn cael ei wneud dros achos ac anghenion y Crynwyr hynny a oedd yn aelodau o'r lluoedd arfog, neu a laddwyd. Ymddengys fod yna peth surdod ynglŷn â hyn, ond ddim digon i achosi rhwygiadau.

Beth ddaeth yn amlwg o'r cychwyn cyntaf oedd bod y rhan fwyaf o Gyfarfodydd Misol y Cyfarfod Blynyddol yn gwrthod derbyn ymddiswyddiadau eu haelodau a oedd wedi gwirfoddoli i ymuno â'r lluoedd arfog. Neu yn hytrach yn gohirio penderfyniad tan ddiwedd y rhyfel. Ymddiswyddodd sawl un oherwydd y datganiadau gwrthryfelgar ond lleiafrif oedd y rheini. Gyda'r milwyr ifanc gwirfoddol clywir llais o oddefgarwch, a chwedl Cyfarfod Misol Gogledd Swydd Warwick roedd angen "ysbryd o dynerwch a chydymdeimlad, ac i ymwrthod â beirniadaeth hallt ... fe fu i lawer a enlistiodd wneud hynny o wir deimlad o ddyletswydd, a'u hufudd-dod i'r alwad ... ym mhethau Duw. Ac fe gofiwn fod eu hymateb yn rhan o'u parodrwydd i aberthu eu bywydau, ac felly fod iddo rinwedd o wir haelioni." Serch hynny credai'r cyfarfod fod aelodaeth yn y lluoedd yn anghyson â thystiolaeth y Gymdeithas, a bod listio yn peryglu eu haelodaeth, ond roedd hyn yn 1914, ac erbyn 1918, oherwydd gorfodaeth filwrol, roedd y cyd-destun ac agweddau wedi newid.

Yn y bôn, ac o ddarllen cofnodion ac adroddiadau'r cyfnod, gwelir fod mwyafrif o fewn y Gymdeithas yn credu os oedd yn bosibl bod yn wrthwynebwr cydwybodol o safbwynt heddwch, yna'r un gydwybod oedd yn arwain eraill i gyfeiriad cwbl groes ac felly i'w barchu. Er i rai, cwmwl o fwg oedd y cyfan, fel y gohebydd hwn yn yr *Udgorn* ym mis Gorffenaf 1917, "Mewn rhyw ffordd, priodol fydd galw y 'llaciwr' yn 'grynwr'. Gwneir ymgais gan ddosbarth o Gristnogion i wneud Cristnogaeth yn noddfa i 'slacwyr'."

Yng nghyfarfod blynyddol y Gymdeithas yn 1915, adroddwyd fod 215 o Gyfeillion ifanc wedi ymuno â'r lluoedd, gyda 43 i'r corfflu meddygol (RAMC), ac o'r rheini roedd 50 wedi ymddiswyddo eu haelodaeth a dim ond 30 yn unig oedd wedi eu cadarnhau.

Yn yr un flwyddyn sefydlwyd pwyllgor yn arbennig i wrthwynebu'r symudiad tuag at orfodaeth filwrol – y *Friends Service Committee*, a hwn wedyn a fu'n cefnogi'r gwrthwynebwyr cydwybodol, ac yn rhoi llais i heddychiaeth yn gyffredinol. Yn mis Mai 1918 carcharwyd, am dri mis, dri o swyddogion y pwyllgor, gan gynnwys ei ysgrifenyddes, Edith M. Ellis, am iddynt gyhoeddi pamffled, *A Challenge to Militarism*, nas cyflwynwyd, yn unol â'r ddeddf, i'r sensor yn gyntaf. Ni chafodd y ddedfryd fawr o effaith ar ymdrechion y pwyllgor.

Erbyn 1917 roedd y Cyfarfod Blynyddol am ddarganfod faint o ddynion, ymysg yr aelodaeth, a oedd yn aelodau ac yn fynychwyr, a wasanaethai mewn unedau gwirfoddol. Cofnodwyd hyn, ac mae'n werth ei ddyfynnu yn llawn, oherwydd fe amlyga'r rhaniadau a oedd yn parhau. Gan nad yw'r Crynwyr yn pleidleisio ar unrhyw fater, yna rhaid i gofnod ar unrhyw benderfyniad efelychu undod y cwrdd fel ag y bo'n dderbyniol i bawb. Mae hi'n amlwg fod rhan gyntaf y cofnod yn dderbyniol, ond yna fe welir mai ychwanegiad yw'r frawddeg olaf – cynffon i sicrhau undeb, sef fod y rhan gyntaf wedi cael ei derbyn, ond wedyn fod rhai yn y cyfarfod wedi gofyn am ychwanegiad ac ymchwil i'r niferoedd a oedd hefyd yn y lluoedd arfog. Heblaw am y cymal hwn y rhagdybiaeth yw na fuasai unrhyw waith ymchwil wedi cael ei gwblhau: "A desire has been expressed for the preparation of statistics showing the respective numbers of Friends (Members and Attenders) working for or in connection with the Aliens Emergency Relief, the War Victims' Relief and the FAU Committees. In addition to this, information as to the position of members and attenders of military age has been desired." Yn sgil hyn fe sefydlwyd pwyllgor i hel y manylion – y *Wartime Satistics Committee*. Danfonwyd holiaduron ganddynt i bob cyfarfod misol gyda'r disgwyliad eu bod yn cael eu dychwelyd erbyn Tachwedd 1917 – disgwyliad annheg. Nid yw'r darlun, wrth gwrs, yn gyflawn am y rhyfel cyfan, oherwydd nad oedd manylion am weithgaredd 1918. Ni chafwyd ymateb gan saith cyfarfod misol. Fodd bynnag, dyma'r ffynhonnell bwysicaf ynglŷn â gweithgaredd y Crynwyr – ac y mae ymhell o fod yn berffaith.

Yn 1922 cyflwynwyd adroddiad i'r Cyfarfod Blynyddol. (Mae'r holiaduron a ddychwelwyd i'w cael yn archifau'r Gymdeithas.) Adroddwyd ar sail 1,666 holiadur fod 40.2% wedi ceisio a llwyddo i gael eu cyfrif fel gwrthwynebwyr cydwybodol, sef 670 o ddynion; 17.35% wedi eu heithrio am resymau eraill, tra bod ceisiadau 5% wedi eu gwrthod. Y cyfanswm a oedd yn y lluoedd arfog oedd 560, sef 33.6%.

Ond ceir 2,525 o holiaduron yn yr archifau, a dyma gymhlethodd ynglŷn â dadansoddi'r ystadegau. Ni cheir eglurhad ar sut y dosrannwyd y cyfansymiau – ac efallai nad yw hynny'n bwysig. Trwy chwilota yma ac acw credaf fod cyfansymiau'r gweithgaredd, gan gynnwys ffigyrau'r holiaduron, yn dangos y dylid edrych ar weithgaredd rhyw 3,690 o ddynion – 2,542 aelod a 1,148 o fynychwyr.

Os yw'r ffigwr yna yn gywir, a gallwn ymdeimlo y buasai rhai yn eu herio, yna ceir darlun sydd ychydig yn wahanol. Nid yw chwaith yn bosibl dadansoddi faint o ddynion yn gysylltiedig â'r Gymdeithas a oedd yn gymwys i wasanaeth milwrol, sef dynion rhwng 18 a 41 mlwydd oed – priod a di-briod – o fis Mai 1916 ymlaen. (O fis Ebrill 1918 codwyd oedran gorfodaeth i 51.) Yn 1914 cyfanswm aelodaeth y Gymdeithas oedd 19,962, yn cynnwys 9,228 o ddynion, mewn 342 o gyfarfodydd, ond ni cheir dadansoddiad oedran.

O'r 3,690 felly cawn fod 1,015 yn y lluoedd arfog, 1,089 yn gwasanaethu gyda'r FAU a'r FWVRS, 273 yn wrthwynebwyr cydwybodol absoliwt, ac felly wedi eu carcharu, tra bod 1,202 wedi eu cofrestru fel gwrthwynebwyr cydwybodol ond yn gwneud gwaith o bwysigrwydd cenedlaethol ar orchymyn y tribiwnlysoedd. Ceir hefyd 111 oedd yn an-ffit i wasanaethu, y mwyafrif ohonynt yn aros wrth eu gwaith arferol. Dyma felly 28% yn gwasanaethu yn y lluoedd, 29% yn gysylltiedig â chyrff Crynwrol swyddogol dyngarol, 33% wedi eu cofrestru i weithio dan orchymyn, a 7% yn y carchar.

Un elfen bwysig wrth ystyried y ffigyrau yma yw'r sylweddoliad nad oes unrhyw un yn rhydd o hafflau rhyfel. Pan fo gwlad wedi gorfod troi ei holl egnïon a'i sylw i gynnal rhyfel, cyffyrddir â phawb yn ddiwahân. Nid yw'r gwrthwynebydd absoliwt yn rhydd o hynny chwaith, er eu bod efallai'n teimlo creulondeb eu hamgylchiadau. Mae pawb yn cyfrannu rhywbeth i'r ymgyrch. Buasai'n anghyfrifol ac yn anfoesol diystyru pwysigrwydd safiad y gwrthwynebwyr cydwybodol dros ryddid barn a chydwybod. Roeddent yn sicrhau nad oedd pob llais yn dawedog ynghanol yr hyn a oedd fel arall yn stormydd o leisiau a hawliai wladgarwch diamod, aberth a gwaed. A dyna gymhellion sydd yn rhy aml yn arwain at ormes a chyfundrefnau totalitaraidd.

Wrth feddwl wedyn am ganlyniadau'r Rhyfel Mawr nid oes ond angen edrych ar ffigyrau'r gyflafan i sylweddoli pa mor bellgyrhaeddol oedd ei heffeithiadau. Lladdwyd rhwng 15 a 18 miliwn gan gynnwys dinasyddion, rhyw 8 miliwn o'r rhain o'r lluoedd arfog, 744,000 ohonynt o Brydain. (Hyn heb gynnwys y rhai fu farw o'r ffliw a rwygodd trwy'r byd rhwng 1918 ac 1920.) O blith y Crynwyr bu farw 225 yn aelodau'r lluoedd, 35 o'r cyrff Crynwrol dyngarol ac 17 gwrthwynebydd cydwybodol, marwolaethau rhwng Awst 1914 ac 31 Awst 1921 sef dyddiad swyddogol diwedd y rhyfel yn unol â'r diffiniad cyfreithiol. (Dylid egluro fod unrhyw un a oedd yn y lluoedd arfog ac a fu farw yn y cyfnod hwn yn cael eu hystyried fel colledigion y rhyfel gan gynnwys marwolaethau oherwydd y ffliw.)

Efallai y buasai disgrifiad o'r hyn a ddigwyddodd i'r criw bach o Grynwyr yng Nghymru o 1914 i 1916 yn ddefnyddiol. Bach oedd eu nifer. Rhyw 249 yn 1916. Roedd 121 yng Nghyfarfod Misol y De, a 128 yn Sir Faesyfed ac yn rhan o Gyfarfod Misol Henffordd a Maesyfed. Yn y gogledd yr unig gyfarfod o faint oedd Bae Colwyn, rhan o gyfarfod misol Hardshaw West, a oedd yn cynnwys Lerpwl, Penbedw, Warrington a Chaer. Bach oedd eu nifer hwythau, y rhan fwyaf dros oedran milwrol gan i'r cyfarfod gael ei greu gogyfer â'r rhai oedd wedi ymddeol i'r ardal ac ymwelwyr. Nid cyfarfod a grëwyd i ddenu'r brodorion mohono.

Gwaetha'r modd, methodd cyfarfod misol Henffordd a Maesyfed â danfon gwybodaeth i'r pwyllgor ystadegau, ac o ymatebion Hardshaw West, tri enw yn unig a restrir o'r Gogledd. Ymunodd dau a'r FAU gan wasanaethu ar y cyfandir, un ohonynt, David Lewis Jones o Wrecsam yn newydd-ddyfodiad i'r Gymdeithas ers 1917. Tra bo ffermwr o Fochdre yn cael aros wrth ei waith. Ond nid yw'r rhestrau yn gyflawn, ac yr oedd yna o leiaf ddau arall. Yn ôl adroddiad papur newydd cafodd Frederick James Pane, o Ddeganwy, perchennog gwaith taffi yng Nghyffordd Llandudno yr hawl i aros wrth ei waith, ac fe gyfeiriwyd Thomas Beakbane, o Fae Colwyn, i weithio ar fferm ger Kendal.

O gyfarfod Misol y De rhestrwyd 13 aelod ac un mynychwr. O'r rhain aeth 8 i'r fyddin, un i'r FAU, 3 i aros wrth eu gwaith ac un yn wrthwynebwr cydwybodol a oedd yn Dartmoor erbyn 1918, cyn dychwelyd i Gasnewydd i ailafael yn ei waith fel cyfrifydd. Annibynnwr o Loegr oedd y mynychwr, Bernard Cudbird, ac fe'i carcharwyd ef fel absoliwtydd. Wedi'r rhyfel ymunodd â'r Gymdeithas fel y gwnaeth ei frawd, Horace, yntau hefyd yn absoliwtydd, ond a oedd wedi aros yn Llundain.

Methwyd â rhestru Llywelyn Benjamin Elsmere, o Langennech a ymunodd â'r fyddin. Anghofiwyd hefyd ei ddau frawd, Henry a Frederick. Gwasanaethodd Henry yn y Grenadier Guards hyd nes iddo gael ei drosglwyddo i'r Corfflu Llafur, oherwydd iddo gael ei glwyfo, ac fe'i rhestrir ef fel Crynwr yn ei bapurau milwrol. At y Peirianwyr Brenhinol yr aeth Frederick.

O'r wyth a aeth i'r fyddin lladdwyd tri, a rhaid ychwanegu enw Llewelyn Elsmere atynt. Bu ef farw o niwmonia ym mis Tachwedd 1917. Pwysau gan ei gyflogwyr a oedd yn gyfrifol am iddo listio, ac yn ôl pob sôn ei ddymuniad fuasai cael ymuno â'r FAU. Dyna stori nad oedd yn anghyffredin trwy'r rhyfel wrth i gyflogwyr hyrwyddo gwasanaeth milwrol.

Un y dylid ei enwi yw Harold Mostyn Watkins. Brodor o Llanfyllin, brawd Syr Percy Watkins, ysgrifennydd yr

Adran Gymraeg o'r Bwrdd Addysg, hyd nes iddo yn 1933 gymryd awenau Cyngor Gwasanaethau Cymdeithasol Cymru. Ymunodd Harold â'r Crynwyr yn Chwefror 1916, priododd yn nhŷ cwrdd Caerdydd yn 1920, ac roedd ei dad yng nghyfraith, Walter Rees, yn Grynwr amlwg yng Nghaerdydd. Ymunodd tri o'i frodyr yng nghyfraith â'r lluoedd, lladdwyd dau, ac fe fu farw y trydydd yn 1922 o effeithiadau ei wasanaeth. Nid oedd yr un ohonynt mewn aelodaeth o'r Gymdeithas. Ond heddychwr oedd Harold, ac fe'i carcharwyd fel absoliwtydd bum gwaith. Yn 1916 gorweddai ei aelodaeth gyda Chyfarfod Misol Swydd Caerwrangon ac Amwythig. Ef yw'r unig aelod o Gymru i'w restru fel absoliwtydd.

Ar yr un trywydd, 29 o Gymry a ymunodd â'r FAU, gan gynnwys dwy ferch. Yn ôl enwad dyma'r dosraniad: 11 o Grynwyr, 7 Annibynnwr (gan gynnwys efeilliaid o Llandybïe), 3 Methodist Calfinaidd, 1 Wesle, 1 Brodyr Plymouth, 2 Fedyddiwr a 4 heb enwad wrth eu henwau.

Heb yr holiaduron mae'r darlun o'r Canolbarth yn fwy cymhleth ond gwyddom fod 6 oddi yno wedi ymuno â'r FAU. Fodd bynnag, wedi'r rhyfel fe brynodd cwrdd Llandrindod Feibl newydd, ac ynddo mewn llawysgrif addurnedig enwau pawb a oedd yn gysylltiedig â'r cwrdd ac a ymunodd â'r FAU a'r lluoedd arfog. Ceir 46 o enwau, ond nid oes yr un ohonynt yn aelod, y rhan fwyaf ohonynt yn gysylltiedig â'r Ysgol Sul. Tri a restrir fel aelodau yn yr FAU, ac o'r tri roedd un yn aelod gyda'r Wesleiaid. Ar dudalen addurnedig ar wahân rhestrir un ar ddeg a laddwyd – ond yn anffodus gwnaethpwyd camgymeriad, deg yn unig a laddwyd. Cafodd y camgymeriad ei ailadrodd ar y gofgolofn gyhoeddus hefyd. Rhodd o ddiolchgarwch oedd y Beibl am y gwasanaeth a'r aberth a roddwyd. Mae'n bur debyg mai dyma'r unig Feibl o'i fath, hyd y gwn, gan unrhyw gyfarfod Crynwrol. Bellach mae gan y Beibl gartref yn amgueddfa tref Llandrindod.

Ar fedd ym mynwent tŷ cwrdd y Pales, nepell o Landrindod, fe geir geiriad o ddiolchgarwch am fab Daniel Prince. Bu Daniel farw yn 80 oed yn 1932. Roedd ef a'i wraig yn ofalwyr ac yn byw yn y Pales. Y geiriad? "also Basil Prince son of the above killed in the Great War, April 10, 1918 aged 26 years 'Peace Perfect Peace'". Tyst i oddefgarwch gan, yn arferol, fe osgoir unrhyw eiriad diangen ar fedd heblaw enw'r ymadawedig, efallai enw'r cartref a dyddiad marwolaeth. Yma ceir cyfeiriad plaen at yr antur filwrol.

Prin y disgwylid gweld cofgolofn i'r colledig mewn tŷ cwrdd. Ceir un o leiaf mewn pentref bychan yn swydd Caint, er nad yw'r adeilad bellach ym meddiant y Crynwyr. Yn 1919 derbyniodd Cyfarfod Misol Folkestone gais gan Gyngor Plwyf Adlington. Eu bwriad oedd gosod carreg goffa yn eglwys y plwyf, ond roeddent hefyd yn gofyn a oedd modd gosod yr un garreg yn y tŷ cwrdd. Geiriad ac ymateb y cyfarfod oedd datgan na fuasent hwy wedi gwneud hynny ond fod y cynnig yn un gwerthfawr gan ei fod yn mynegi ewyllys da ac ymdeimlad o undod Cristnogol, ac ar y sail yma cytunwyd i'r cais. Yn yr un modd gosodwyd tabled goffa ym mhob un o'r wyth ysgol breswyl dan reolaeth y Crynwyr, y cyfan yn enwi 270 o'u cyn-ddisgyblion.

Fe fuasai yna gryn dristwch mewn sawl cyfarfod ynglŷn â'r colledigion. Yng nghyfarfod Croydon collwyd tri brawd. Lladdwyd Evan Warner yn 1915, Archibald yn 1916 ac yna Bertram yn 1917 – y teulu cyflawn. Roedd eu tad yn weddw erbyn 1914, a cheir, mewn cofnod o'r Cyfarfod Misol perthnasol, sef Kingston, rhyw gydnabyddiaeth o'r trymder a gyffyrddai â'r aelodau ond a oedd hefyd yn cydnabod yr anawsterau a wynebwyd a'r goddefgarwch a fynegwyd. Mae'r cyfan yn werth ei ddarllen:

> Gydag arwyddo'r Cadoediad ar yr 11eg cofiwn gyda'n gilydd, mewn diolchgarwch, gwyleidd-dra a gweddi, ddiwedd y Rhyfel Mawr. Aiff ein calonnau allan mewn tynerwch cariadus i'r rhai o'n plith a gollodd anwyliaid ar faes y gad, a laddwyd ym mlodau eu hoes; ac er iddynt farw dros y Gwirionedd fel ag yr ymddangosai iddynt, ymhyfrydwn yn eu tystiolaeth ffyddlon. Cofiwn y rhai o'n plith, heb fod ddim llai ffyddlon, sydd neu wedi bod yn tystiolaethu yn y carchar am y Gwirionedd fel yr ymddangosai iddynt hwythau. Heb ddiystyru'r anawsterau a ddeillia o'r gwahaniaethau hyn, yr ydym yn gyffyrddus i gydnabod sawl barn yn ein mysg – ond yr ydym yn un yn ein hymgysegriad i'r un Meistr, yr un mewn amcan, i chwilio a dilyn ewyllys ein Meistr. Yn y dyddiau anodd o'n blaenau, bydd y blynyddoedd o oddefgarwch rhyngom, y mynegiant o dreialon a thristwch a ddioddefwyd yn amyneddgar, trwy ras Duw, yn ein galluogi i ddod yn nes at y gwirionedd tragwyddol, ac o falurion a thrasiedi'r byd mewn rhyfel, yn ein cynorthwyo gyda'n gilydd i sefydlu Teyrnas Tywysog Tangnefedd.

Un o'r dywediadau neu ymadroddion sydd wedi treiddio i drafodaeth a sylwadaeth gyffredin erbyn heddiw yw "Speak truth to power". Clywir ef gyda pheth eironi, o wefusau gwleidyddion y byddai'n well pe baent yn aros yn fud, gan fod y gosodiad yn un treiddgar a miniog. Nid oes sicrwydd o'i darddiad ond caiff ei briodoli i Grynwr am ei boblogeiddio, sef Bayard Rustin yr Americanwr du, hoyw a oedd ymhell o flaen ei amser, yn ei dystiolaeth a'i weledigaeth, ac a wnaeth gymaint i hyrwyddo hawliau dinesig yn yr America. Gweithiodd yn agos gyda Martin Luther King a bu hefyd yn flaenllaw i amddiffyn hawliau'r gweithiwr. Mae'r ymadrodd yn un sydd yn heriol yng nghyd-destun heddwch a rhyfel.

Wrth feddwl am y geiriad fe ofynnais, fel rhan o weinidogaeth yn y cwrdd, beth tybed fuasai'r cyfieithiad gorau i'r Gymraeg. Ymateb un, a oedd ar drywydd meddwl gwahanol i mi gyda'm "siarad gwirionedd yng ngwyneb grym", oedd y cynnig llawer mwy addas a perthnasol, "y gwir yn erbyn y byd". A dyma ni yn ôl ym myd Iolo Morganwg, nad oedd yn heddychwr ond a oedd yn barod i sefyll dros ryddid, gwirionedd a heddwch. Roedd ganddo gysylltiadau agos â Chrynwyr Castell-nedd, gan gynnwys Joseph Tregelles Price ac Evan Rees. Ei gofiannydd cyntaf oedd Elijah Waring, aelod yng nghwrdd Castell-nedd, er efallai erbyn iddo ysgrifennu ei gyfrol, ei fod wedi troi at y Wesleiaid. Ei ferch ef wedyn, Anna yn cael ei bedyddio gan yr Eglwys Wladol yn 1842, ac yn emynyddes amlwg yn y Saesneg. Braf gweld pobl yn croesi ffiniau enwadol, er efallai bod hynny'n dystiolaeth i rai fod pobl wedi darganfod eu camgymeriadau!

Pan oedd yn byw yn Llundain cadwodd Iolo beth cysylltiad â Chrynwyr y ddinas, ac er efallai na fuasai ei radicaliaeth yn gorffwys yn dawel gyda llawer ohonynt, anodd diystyru dylanwad eu safiad dros heddwch ar ei feddylfryd. Felly, pan dynnir y cledd o'r waun ac y gofynnir i'r gynulleidfa, "A oes heddwch?" efallai fod modd dweud diolch, nid yn unig i Iolo, ond hefyd i'r Crynwyr.

Yn dilyn y Rhyfel Mawr ni welwyd fod heddwch wedi ennill ei blwyf, ond fod goruchafiaeth yr un ochr yn tagu'r rhai a orchfygwyd, gan roi genedigaeth i ddrychiolaeth na feddyliai unrhyw un ei bod yn bosibl. Ond cyn hynny, yn 1919 cafwyd cyflafan Jallianwala Bagh (Amritsar) pan laddwyd rhyw 1,500 o ddinasyddion nad oeddent yn ddim bygythiad i neb, gan y fyddin Brydeinig. Ac wrth feddwl heddiw am lanastr Gasa, neu'r ymladd yn y Swdan, neu'r Iwcráin, neu drychineb Syria – Biaffra, Libya, Affganistan. Pa mor hir fydd y rhestr? Pa wersi a ddysgwyd wrth inni synfyfyrio dros ein gwerthoedd rhyddfrydol? Pa leisiau a glywir o'r pedwar gwynt?

Wrth edrych yn fwy manwl ar ddrychiolaeth Gasa, a'i gweld fel drych o'n gwir gyflwr fel pobl heddiw, beth welwn ni? Plant a'r diniwed yn cael eu lladd yn ddiwahân, ac yn enw beth? Nid oes modd amddiffyn gweithredoedd Hamas, wrth iddynt hwythau ladd y di-fai a herwgipio gwystlon – ai dyma'r llais i ymateb i'r ormes a ddioddefodd y Palestiniaid dros y blynyddoedd? Sut mewn difri calon y mae cyfiawnhau defnyddio gwystlon i hyrwyddo amcanion gwleidyddol? Adlewyrchiad o feddylfryd nad oes ond un modd sicrhau llais i'r di-lais – rhoi'r ysgrifen ar y mur mewn gwaed?

Ond o'r ochr arall ceir grym militaraidd gwladwriaeth Israel yn rhwygo a dinistrio, heb unrhyw ystyriaeth i sefyllfa'r mwyafrif. Distryw a difrod difeddwl, yn nhyb llawer, ond yn fwriadol ac yn gosb, er mwyn sicrhau a phwysleisio buddugoliaeth derfynol beth bynnag fo'r pris. A hynny dros elyn sydd, mewn gwirionedd, yn ymbalfalu am fodd i amddiffyn gweddill chwalfa eu hetifeddiaeth. A'r oll yn gwneud i rywun feddwl na ddysgodd gwladwriaeth Israel ddim o wersi erchyllterau'r Holocost. Dallwyd eu gwelediad, a'u gweledigaeth yn deilchion, yn enw grym, a rhyw gred fod hyn yn diogelu eu hawlfraint.

Os hyn yw ein tynged, pa obaith sydd i wareiddiad? Yn ninas diniweidrwydd nid yw'r llew bellach yn llyfu'r oen, crogir oherwydd lliw croen neu ymadrodd y tafod, ac ni fedd y pridd unrhyw dangnefedd. "Rhodia, rhodia O wynt" a beth a weli onid drychiolaeth dy gynhaeaf!

A fu i ryfel newid? Naddo. Yr un yw'r difrod a'r

poen, y llanastr a'r wylofain. Cawn ein deffro gan yr un anesmwythyd. Canlyniad yr Ail Ryfel Byd, pan roddwyd goruchafiaeth i gasineb a rhagfarn, oedd dangos fod llais heddychiaeth yn llawer anoddach, ac y buasai buddugoliaeth wahanol wedi bod yn hunllef na allwn yn hawdd ei ddychmygu na'i amgyffred. Ac o hynny wedyn ganwyd y "BOM" a chysgod darfodedigaeth yn bygwth, ac yn parhau felly. Taflegrau yn barod a'r bys bron ar y botwm.

Ond, bellach, nid mater yn ymwneud yn unig a militariaeth a byddinoedd yw'r dystiolaeth heddwch. Erbyn heddiw mae'r bygythiad sydd i'r amgylchedd a pharhad y blaned yn hawlio'r un tyst. Ni allwn ostwng ein safon o gywirdeb ynglŷn â hyn chwaith, ond y drafferth y tro hwn yw fod y cloc yn tician tuag at ddistryw, ac fe welwn, ac fe wyddom hynny ond bod llawer un yn araf i'w gydnabod os nad yn ei anwybyddu. Marwolaethau distaw a dinistr rhywogaethau oll yn ddiarwybod, hyd nes y bydd yn rhy hwyr. Llusgo mewn llid a'n lladdo.

O'r gors gyntefig y datblygodd bywyd, peth ohono yn esblygu i fod yn greaduriaid deallus, teimladwy a gweithredol, ond hefyd yn ddinistriol i'r greadigaeth. Bu'r agwedd at y ddaear a'i chreaduriaid yn ddamniol ac yn weladwy, ond yn ddireswm, yng ngoleuni ein gwybodaeth a'n dadansoddiad o'r hyn sydd yn digwydd o'n cwmpas. Heblaw, wrth gwrs, ein bod yn fodlon rhoi elw o flaen popeth arall! Os na allwn ddysgu'r wers wrth inni sylweddoli grym dinistriol ein hymddygiad, a'n defnydd o arfau, yna prin y gallwn ddysgu unrhyw beth.

Yn 1989 cadarnhaodd y Cyfarfod Blynyddol gonsýrn Cyngor Eglwysi'r Byd ynglŷn â chysegredigrwydd y Greadigaeth. Yn 2009 cadarnhawyd datganiad i Gynhadledd Copenhagen a drefnwyd gan y Cenhedloedd

Unedig i drafod yr argyfwng a wynebai'r blaned. Ac yna yn 2011 prif destun y Cyfarfod Blynyddol yng Nghaergaint oedd ein cyfrifoldeb at y blaned, a chafwyd Datganiad Caergaint a oedd yn ymrwymo pob cyfarfod ac unigolyn yn y Gymdeithas i anelu at ddatblygu cymdeithas gynaliadwy. Byrdwn y datganiad hwnnw oedd derbyn fod argyfwng yr amgylchedd yn efelychu anghyfiawnder economaidd byd-eang, a bod yn rhaid i'r wlad wynebu ei chyfrifoldeb am iddi fanteisio ar draul eraill, a bod angen iddi gywiro'r anghydraddoldeb oedd, gan ddefnyddio geiriau William Penn, yn "druenus a chableddus". Dyma dystiolaeth rymus i gerdded llaw yn llaw â'r dystiolaeth heddwch.

Mae'r dyfyniad olaf hwn o'r *Cynghorion a Holiadau*, sef rhif 42, yn cyfannu'r cwbl os yr ydym yn barod i gyfaddef a derbyn cyd-berthnasedd a chyd-ddibyniaeth popeth. Yn fodlon anwybyddu'r hierarchiaeth anffodus sydd ynghlwm yn y syniad fod gan ddynoliaeth hawl i lywodraethu dros y greadigaeth "ar bysgod y môr, ar adar yr awyr, ar yr anifeiliaid gwyllt, ar yr holl ddaear, ac ar bopeth sy'n ymlusgo ar y ddaear". Gosodiad anffodus a rhwystredig o feddylfryd a dychymyg cyntefig sydd, gwaetha'r modd, wedi ein rhwymo i feddylfryd unllygeidiog a hunanol. Estyniad o hyn yw rhyfela a rhaib.

Nid oes gennym reolaeth dros na tswnami na llosgfynydd, a phrin fod y ddaeargryn ddisgwyliedig yn mynd i wrando ar apeliadau ein gobeithion. Dyna wendid gweddi, dibyniaeth ar yr amhosibl, gwneud esgus o ffydd. Gallem, pe dymunem, osgoi'r brwydrau gwaedlyd, troi'r arfau yn arad a throi'r "cleddyfau'n geibiau, a'r gwaywffyn yn grymanau". Gallem barchu natur a rheoli chwant am elw a chyfoeth, pe ewyllysem hynny. Dyna'r anhawster – fedrwn ni ddim. Oherwydd hynny rydym yn byw ar ymyl y dibyn, boed o ffroenau'r gwleidydd neu o sŵn rhu'r ddrycin neu sisial y corwynt.

"Nid ni piau'r byd, ac nid eiddom ni mo'i oludoedd i'w gwaredu fel y mynnom. Dangoswch ofal cariadus am bob creadur, a cheisiwch warchod prydferthwch ac amrywiaeth y byd. Ymdrechwch i sicrhau fod ein goruchafiaeth gynyddol ar natur yn cael ei defnyddio'n gyfrifol, gyda pharch at fywyd. Llawenhewch yn ysblander creadigaeth."(*Rhif 42*)

Llwybrau'r Ysbryd

MEWN LLYTHYR AT ei fam ymateba Morgan Llwyd i ymholiad ganddi am y Crynwyr. Byrdwn ei ateb oedd ei fod ef, yn wahanol i'r Crynwyr, yn ddibynnol ar ymresymu â phawb "heb gythrwfl, yn ymwrando beth a ddywed yr Arglwydd wrthyf a'i wyneb i gydseinio a'r gydwybod oddifewn". Beirniadaeth am ddiffyg goddefgarwch y Crynwyr, a oedd y pryd hwnnw yn grŵp radical ac ymosodol. Fel y dywed un awdur amdanynt, eu bod, "yn ôl eu harfer, yn awchu i ddamnio pawb nad oedd o'r un farn â hwy i'r blewyn". Yn eu dyddiau cynnar criw anystywallt a chythryblus oeddent. Grŵp a oedd yn barod i ddiosg eu dillad a chrwydro yn noethlymun wrth bregethu'r Gair, tra bod torri ar draws pregethwyr yn yr eglwys leol yn arferol. Eithafwyr, ac o sylwi ar y camddefnydd a wneir o'r disgrifiad 'terfysgwyr' heddiw, efallai nad oedd hynny hefyd yn bortread perthnasol!

Ond, meddai Llwyd wedyn, "Gwir y maent hwy yn ei ddywedyd, ond nid yr holl wir: ac ni a wyddom rhaid wrth ddwfr cystal â than ysbrydol." Gan felly hawlio sicrwydd ei ddehongliad o'r ysgrythurau, a phwysleisio fod bedydd a dŵr yn angenrheidiol.

Ymddengys fod Morgan Llwyd yn parchu'r Crynwyr, ac yn wir yn eu hamddiffyn ger bron rhai o'i gyfoedion. Roedd eu dysgeidiaeth, ar un wedd, yn ddigon tebyg i'w gilydd, eu hiaith a'u trosiadau yn cynganeddu, er, a bod yn deg, roedd hyn yn wir am iaith a phwyslais llawer o Biwritaniaid eraill. Nid syndod felly fod apêl y Crynwyr ym

Meirionnydd wedi cyffwrdd â'u calonnau. Rhannai George Fox a Llwyd weledigaeth gyfriniol, a'r ddau wedi dod o dan ddylanwad ysgrifau Jakob Boehme, yr Almaenwr, diwinydd Lutheraidd cyfriniol. Yr un ffynhonnell ond y gwireddiad yn dra gwahanol.

Prin y gellir galw Morgan Llwyd yn apostol y Crynwyr, fel yr ymresymodd un arbenigwr amdano. Yn 1653 fe ddanfonodd dau o'i ddilynwyr i Swarthmore, canolfan y Crynwyr yn ardal y llynnoedd, i hel gwybodaeth am y mudiad newydd. Un o'r rhain oedd John ap John a ddaeth yn ôl oddi yno wedi ei argyhoeddi fel Crynwr, ac a fu wedyn yn genhadwr parod i'w hachos ar draws y wlad. Cafodd ei garcharu sawl tro am ei ymdrechion. Ni enwir yr ail ddilynwr ac yn ei ddyddiadur noda Fox fod yr ail ymwelydd heb barhau gyda'r Cyfeillion. Trafaeliodd John ap John gyda Fox ar draws Cymru yn 1657, a gyda hwy oedd Edward Edwards, dyn o sir Ddinbych. Efallai mai ef oedd yr ail ddilynwr i fynd tua Swarthmore ond ni cheir unrhyw gydnabyddiaeth fod iddo gysylltiad â Llwyd. Ond ceir cyfeiriad at un o'r un enw yn aros yn Sedbergh yn 1654, yn nhŷ Gervase Benson, a oedd yn gyfreithiwr ac arweinydd amlwg gyda'r Crynwyr.

Ni chyfarfu Fox â Llwyd, a chroeso llipa a gwrthwynebus a roddwyd iddo pan ymwelodd â Wrecsam. "Tra anwaraidd a gwyllt, penysgafn yr oeddent, heb ymwybyddiaeth o'r Gwirionedd," meddai. Ai dyna oedd barn Fox hefyd am eu harweinydd?

Mae cyffwrdd â chyfriniaeth Fox a Llwyd yn ein harwain at gymhlethdod y berthynas yn yr ail ganrif ar bymtheg rhwng y lliaws enwadau a'r Eglwys Sefydledig. Gwelwn gymysgfa o syniadaeth ddiwinyddol, ynghyd â disgwyliadau a oedd wedi eu clymu i ddehongliadau o'r ysgrythurau. Y byd â'i ben i waered. Safai'r Crynwyr yn eu mysg, ond yn cael eu herlyn gan bron bawb. Ceid dadl a oedd y Crynwyr i'w cydnabod fel Piwritaniaid, gan fod eu daliadau mor groes i'w safiadau hwy. Gellir cydymdeimlo ac efallai gytuno gyda rhai haneswyr amlwg eu bod yn Biwritaniaid radical.

Os mai hwy, yn ôl eu hargyhoeddiad, oedd y wir eglwys, yna doedd fawr syndod eu bod yn amhoblogaidd. Nid rhywbeth disgwyliedig oedd teyrnas Crist iddynt, ond yn hytrach ffaith, a'u dyletswydd oedd datganu hynny beth bynnag fo'r pris. Merched yn gweinidogaethu, gwrthod y cymun, dim bedydd, amarch tuag at offeiriaid a gweinidogion, gwrthod llwon, a dibyniaeth ar arweiniad yr Ysbryd Glân i bawb yn ddiwahân yn sail i'r syniadaeth. (Ond rhaid bod yn wyliadwrus rhag camddehongli hyn gyda'n dealltwriaeth heddiw o natur cydraddoldeb. Trafodaeth arall yw honno.) Rhefrwyr annisgybledig a pheryglus heb ddisgyblaeth oeddent. Yna gosodwyd trefn lywodraethol, crëwyd cyfarfodydd misol a'r cyfarfodydd chwarter, gan osod safon o ofynion a disgyblaeth ar yr aelodau. Buasai rhai yn hawlio fod hyn fel taflyd dŵr ar ben y tân. Cafodd y Crynwyr eu troi i fod yn enwad: llwybr i ddarfodedigaeth?

Yn anorfod gwelir yn natblygiad y Gymdeithas gyfnodau o bwyslais gwahanol ar agweddau o'i thystiolaeth a'i chred. Ar y cychwyn rhoddwyd pwyslais diymwad ar gywirdeb hanesyddol yr ysgrythurau a dibyniaeth arnynt. Ffaith oedd Gardd Eden. Ond y Goleuni Mewnol, sef Goleuni Crist oedd i fod ynghanol eu holl ymdrechion. Pan sylweddolodd Fox na allai ddibynnu mwyach ar ei athrawon am arweiniad, gwelodd nad oedd ganddo ond un a allasai gyffwrdd â'i gyflwr: "Crist yr Athro Mewnol" – yr had, y perl gwerthfawr, neu yn syml y Goleuni yn y gydwybod. Rhoddwyd dibyniaeth lwyr ar yr Ysbryd Glân, sef y Crist Mewnol. Ystyrid yr ysgrythurau fel geiriau

Duw, yn dra gwahanol i bwyslais pendant y Piwritaniaid mai'r ysgrythurau oedd Gair Duw. Crist yn unig oedd y Gair. Chwilio am yr Ysbryd dwyfol a roddodd fynegiant i'r ysgrythurau oedd y nod. Dyma Fox eto: "Datganiad o'r Efengyl yw'r Llythyren, ac mae i lawer berchnogaeth o'r Llythyren ond nid Crist." Roedd yn byw o fewn yr ysbryd a greodd yr ysgrythurau, a'r allwedd i'w dealltwriaeth oedd yr Ysbryd Mewnol.

Yn 1656 cafwyd ôl-ysgrif i epistol a ddanfonwyd gan yr henuriaid i'r Cyfeillion yn y gogledd. Caiff ei ddyfynnu yn fynych heddiw gan fod iddo dinc post-fodernaidd tra ei fod hefyd yn ffyddlon i'w amser a'i gyswllt Beiblaidd (2 Cor 3:6). Ymddengys fel rhan o'r cyflwyniad i'r *Cynghorion a Holiadau*. Dywed cryn dipyn am doddiad y gorffennol i'r meddylfryd cyfoes ond ac fe'i dyfynwyd eisieos ar dudalen 34: Gyda'r fath bwyslais agored, hawdd gweld sut y bu i ysbrydolrwydd Crynwrol esblygu a newid dros y canrifoedd, a phob cyfnod yn ychwanegu at gyfoeth ei fynegiant.

Gyda golwg ar y perygl o orsymleiddio, yn dilyn chwilfrydedd y cyfnod cynnar ymosodol a gyda'r gosodiad o drefn, parchusrwydd yr aelodaeth, llithrwyd i fod yn rhan o'r sefydliad. Wedyn, symudwyd yn araf i gyfnod tawelyddol pietistaidd, a'r aelodaeth yn cilio o sŵn y byd. Cuddio tu ôl i'r gwrychyn. Gosodwyd pwyslais cynyddol ar ymddygiad gwisg ac iaith, ac fe fynnwyd fod aelodau'n priodi o fewn yr aelodaeth a gwae unrhyw un a briodai dan awdurdod offeiriad. O ganlyniad i'r rheol am briodi diarddelwyd niferoedd, ac i raddau helaeth ymgaregwyd ffydd a chenhadaeth. Gosodwyd arnynt y disgwyliad o ofyn y cwestiwn yn flynyddol, "Sut y mae'r gwirionedd yn ffynnu yn eich plith?" Trodd y cwestiwn yn drefniadol feichus, gyda ffurfioldeb nad oedd a wnelo dim â llawenydd byw yng ngwres y Goleuni Mewnol.

Er fod y gwrych yn eithaf trwchus ni ddylid anwybyddu cyfraniad y Crynwyr i ymdrechion dyngarol ac addysgol. Sefydlwyd pwyllgor yn 1783 i frwydro yn erbyn caethwasiaeth, ac roedd tri Chrynwr ymysg sefydlwyr y Feibl Gymdeithas. Ymdrechion Joseph Lancaster a arweiniodd at greu yr ysgolion Prydeinig, a fu'n gefn i addysgu plant yr anghydffurfwyr mewn trefn a oedd fel arall yn nwylo'r Eglwys Sefydledig. Ymwelodd Lancaster â Chaerdydd, Castell-nedd, Abertawe a Chaerfyrddin yn 1806-07, ac yr oedd gan un Crynwr, Richard Phillips, a anwyd yn Abertawe ond yn byw yn Llundain, le amlwg yn rheoli'r ysgolion ar batrwm Lancaster. Yn 1806 sefydlwyd Cymdeithas Addysg i Blant y Tlodion yn Abertawe gyda chefnogaeth y Crynwyr, ac felly yn 1808 yng Nghaerdydd.

Mae enw Elizabeth Fry yn gyfarwydd i unrhyw un â diddordeb yn niffygion y drefn garcharu a pholisïau cosb. Un a roddodd gefnogaeth ariannol i Robert Owen, ynghyd â dau Grynwr arall oedd William Allen, cemegydd hynod lwyddiannus o Lundain, ac fe fu hefyd yn ymdrechgar ynglŷn â lleddfu effeithiau tlodi. "Mae rhywbeth mawr o'i le yn y drefn blwyfol o roddi cymorth, neu ei weinyddiad, a'r cwbl angen ymchwiliad." Yn wir yn 1812 trefnodd arolwg o dlodi yn ardal Spitalfields yn y ddinas.

Bu dyfodiad y diwygiadau efengylaidd yng nghyfnod Fictoria, o ba gyfeiriad bynnag, yn ysgytwol gan ddylanwadu ar y Crynwyr hefyd. Cafwyd symudiad at awdurdod y Gair yn eu mysg, gan wanhau y pwyslais ar y Goleuni Mewnol – ond nid ym mhob cyfarfod! Pwysleisiwyd dysgeidiaeth yr Iawn, ac fe welwyd rhaniadau poenus ymysg Crynwyr UDA oherwydd hynny. Yn 1882 fe grëwyd, o fewn Cyfarfod Blynyddol Llundain, bwyllgor cenhadaeth gartref oedd yn efengylaidd ei naws, er fod yna ddatblygiadau lleol efengylaidd yn bodoli cyn hynny. Bu i rai ardaloedd elwa ac fe adeiladwyd tai cwrdd newydd yng Nghaerdydd, Abertawe a Llandrindod. Ond drwyddi draw gwantan oedd llais Crynwyr Cymru.

Effaith arall oedd creu Cymdeithas Cenhadaeth Dramor y Cyfeillion yn 1868, ac erbyn 1899 roedd ganddynt 38 cenhadwr yn y maes, 93 erbyn 1902, a dros gant erbyn 1914, yn gweithio ym Madagascar, India, Sri Lanka a Tsieina. Yn 1906 gyda'r Wesleaid crëwyd coleg ym Mirmingham i hyfforddi cenhadon a bu'r Cyfarfod Blynyddol yn rhan o gynhadledd 1910 ar Genhadaeth yn y Byd, ac wedyn yn cyfrannu at drafodaethau byd-eang yn ymwneud â ffydd a threfn.

Ysgrifennwyd pamffled yn Saesneg yn 1859 o argraffiadau awdur anhysbys a oedd hefyd yn bregethwr. Ymwelodd â sawl addoldy yn Abertawe gan gynnwys y Crynwyr, yr Undodiaid, y Pabyddion a'r Iddewon. Rhy ddarlun anarferol gan ddieithryn o gyfarfod Crynwrol yng Nghymru. Cafodd gyfarfod cwbl ddistaw, yn ei dyb ef, yn glynu at y traddodiad tawelyddol, ac meddai "yng nghyfarfod bychan Abertawe ni chafwyd gweinidogaeth ers peth amser; oherwydd hynny, ac yn cydweddu gyda'r egwyddor y gellir cael addoliad derbyniol mewn tawelwch cynhaliwyd cyfarfodydd ... am flynyddoedd heb nac ymadrodd na seremoni ... Roedd rhyw ugain yn bresennol, pawb yn ganol oed neu'n hŷn, y dynion yn gwisgo eu hetiau ... eisteddasom oll fel y meirw. Chlywid dim sŵn. Na pheswch." Yn ystod ei ymweliad dywed yr awdur iddo gyfansoddi pregeth ar natur distawrwydd!

Credaf y buasai'r darlun uchod yn berthnasol i sawl cyfarfod ym Mhrydain ar y pryd, ac efallai ddim ymhell o beth sy'n ffaith heddiw. Yng nghyfrifiad crefyddol 1851 roedd wyth cyfarfod yng Nghymru, gyda 125 o addolwyr yn y bore. Yn Abertawe ar Sul y cyfrifiad roedd gan yr

Undodwyr 157 o addolwyr, ac ar y bore Sadwrn yn y synagog 35 o Iddewon, 22 oedd yn addoli gyda'r Crynwyr. Erbyn 1862 rhyw 104 o aelodau oedd i'r Gymdeithas ar draws Cymru, a hyd yn oed erbyn 1897, yn dilyn buddsoddiad y pwyllgor cenhadol, doedd y ffigwr yn ddim ond 295.

Prin, er yr holl obeithion, fu effaith Diwygiad 1904 ar y Gymdeithas er bod rhai o'i mewn yn gweld posibiliadau wrth nodi fod merched yn chwarae rhan amlwg a gweinidogaeth yn tyfu o blith y gynulleidfa. Yn 1912-13 danfonodd ei phwyllgor cenhadol grŵp i'r de i gefnogi "plant y Diwygiad" yn eu hymdrechion, oherwydd diffyg cefnogaeth gan yr enwadau traddodiadol. Prif ladmerydd dros y Crynwyr oedd Max I. Reich, Iddew o Ferlin, a gafodd dröedigaeth yn y lle cyntaf gyda Brodyr Plymouth hyd nes iddo ymuno â'r Crynwyr. Methiant fu'r genhadaeth, ymfudodd Reich i UDA, a bu'n flaenllaw yno gyda'r Hebrew Christian Alliance, a oedd yn derbyn Crist fel eu Meseia, ac er iddo ddysgu yn y Moody Insitiute am flynyddoedd, corff Calfinaidd ei argyhoeddiad, parhaodd yn Grynwr. Ac am y "plant" Cymreig? Troi at y drefn Bentecostaidd fu eu rhawd. Hawlia rhai, oherwydd eu dibyniaeth ar arweiniad yr Ysbryd Glân, fod y Crynwyr hefyd yn Bentecostaidd, a'r ddwy ffrwd yn perthyn i'r hyn y cyfeirir ato fel yr Ysgol Santeiddrwydd – yr un ffrwd â'r traddodiad Wesleiaidd. Ond gan nad yw'r Crynwyr erioed wedi ymarfer siarad mewn tafodau (glossolalia) nid yw'n briodol eu disgrifio felly.

Erbyn diwedd y bedwaredd ganrif ar bymtheg gwelir dylanwad moderniaeth yn effeithio ar fywyd y Gymdeithas, a diwinyddiaeth lawer mwy rhyddfrydol yn ennill ei phlwy. Cafwyd mwy o bwyslais ar y seiliau hanesyddol cyfriniol, gan ddisodli neu wanhau'r drefn efengylaidd Feiblaidd wrth adennill dealltwriaeth o'r Goleuni Mewnol. Ar yr un pryd ceir dylanwad syniadaeth sosialaidd ar feddylfryd y to ifanc. Cryfhawyd hyn yn ystod y Rhyfel Mawr, nid yn unig oherwydd cefnogaeth i wrthwynebiad cydwybodol ond wrth i'r aelodaeth hefyd geisio gwell dealltwriaeth o beth oedd sylfaen gwir drefn gymdeithasol yn wyneb erchyllterau'r gwrthdrawiad. Yn 1915 felly, sefydlwyd Pwyllgor Rhyfel a Threfn Gymdeithasol, a chynhyrchwyd adroddiad yn 1918 dan y teitl *Gwir Seiliau Trefn Gymdeithasol* a ddiweddarwyd yn y 40au. Ysbrydoliaeth yr adroddiad, a'r sail i ddatblygiadau o hynny ymlaen, oedd geiriau'r Crynwr Americanaidd, John Woolman (1720-1772): "Dewch inni edrych ar ein trysorau, dodrefn ein tai, ein dillad, a gweld a yw hadau rhyfel yn cael eu bwydo gan ein heiddo." Erys hyn fel sialens barhaus i'r Gymdeithas hyd heddiw, ac yn rhan annatod o'r dystiolaeth gymdeithasol.

Ffolineb fuasai ceisio gosod ffiniau a dyddiadau ar newid pwyslais mewn diwinyddiaeth neu athroniaeth, ond fe wyddom fod newidiadau yn araf siapio dealltwriaeth a mynegiant. A dyma ni bellach yn yr oes ôl-fodernaidd. Anorfod fod meddylfryd a phwyslais y Crynwyr yn newid yn ei sgil, yn enwedig os ydym yn derbyn y gosodiad fod datguddiad yn barhaus. Os ydym am barhau i broffwydo yna rhaid talu sylw i'r newidiadau cymdeithasol sydd o'n cwmpas. Ffolineb fuasai eu hanwybyddu, er bod llawer un yn taranu yn erbyn unrhyw islif nad yw'n gyson â dysgeidiaeth y Gair. Ond buasai'n anghyfrifol pe na fuasem yn cydnabod fod cryn nifer o Grynwyr ar draws y byd, efallai'r mwyafrif, yn parhau i wyro i awdurdod y Beibl. Yn ddiweddar iawn rhannwyd un o'r Cyfarfodydd Blynyddol yn UDA oherwydd gwahaniaeth barn ynglŷn â hoywder.

Wrth edrych ar ddatblygiad y Gymdeithas o'i sefydlu, priodol talu sylw i'w pherthynas ag enwadau a chrefyddau eraill. Prin fod yn rhaid ailgyfeirio at y cythrwfl cynnar rhwng y Crynwyr a'r sectau eraill. Ni phallodd cenhadaeth y Crynwyr. Ymwelodd Fox â Barbados a'r America, a chaed blinder mawr yno pan grogwyd tri Chrynwr ym Moston yn 1660 oherwydd eu hargyhoeddiadau. Yn 1657 cyrhaeddodd un George Robinson yn Jeriwsalem a Gasa, a Mary Fisher yn Istanbwl lle y cafodd gyfle i siarad â'r Swltan. Gyda charedigrwydd danfonodd hi gartref. Prin y buasai Crynwr heddiw yn ceisio perswadio'r Taliban! Yn yr un flwyddyn teithiodd John Perrott a John Luffe, Crynwyr o Iwerddon, yn gyntaf i Roeg, cyn symud i Rufain. Cafodd Luffe gyfweliad gyda'r Pab, a chafodd ei grogi. Bu Perrott yn fwy lwcus, er ymddengys iddo gael ei gloi yn y seilam, yna yn y carchar, cyn cael ei ryddhau yn 1661.

Roedd Fox yn gyfarwydd â'r Quran, ac yn ei feddiant roedd ganddo gopi o gyfieithiad yr Albanwr, Alexander Ross ohono. Ysgrifennodd at y Swltan yn 1680 i eiriol dros garcharorion, a oedd yn cynnwys Crynwyr, a oedd yn cael eu cam-drin yn y carchar yn Algiers. Nid condemniad mohono, ond apêl at safonau moesol y Quran a'r ffydd Fwslemaidd a'r disgwyliadau a gyfyd o gyfraith Duw. Rhaid oedd iddynt ymarfer disgwyliadau'r Quran. Cafwyd ymbiliad arall gan Fox i'r Swltan eto yn 1683. Y tro hwn, gyda phwyslais mwy efengylaidd, heriodd y Swltan am nad oedd yn glynu at ddisgwyliadau'r Quran. Pregethai achos Crist, gan ddefnyddio'r llyfr sanctaidd i wneud hynny. Nid oedd yma ymdrech i danseilio ffydd y Mwslemiaid, ond yn hytrach defnyddio dyfyniadau o'r Quran a oedd yn berthnasol i'w ddadl. Yn ei holl ymdrechion gyda'r Iddewon, y brodorion yn America a'r Mwslemiaid, pwysodd am barch at eu diwylliant a'u hiaith. Pwyslais ar gariad a deialog. Does ryfedd yn y byd felly i William Penn yn 1693, ddwy flynedd ar ôl marwolaeth Fox ysgrifennu'r darn isod sydd yn boblogaidd ac yn dystiolaeth o agwedd y Crynwyr at grefyddau eraill: "Ym mhobman mae'r gostyngedig, yr addfwyn, y trugarog, y cyfiawn, y bucheddol a'r eneidiau crefyddol o'r un grefydd; a phan fydd marwolaeth wedi tynnu eu mygydau byddant yn gyfarwydd â'i gilydd er bod eu gwisgoedd yn wahanol ac wedi eu gwneud yn ddieithriaid. Ffurf yw'r byd; ffurf ein cyrff; ac nid oes unrhyw weithred o addoliad heb ffurf. Gwell felly'r lleiaf fyth o ffurf sydd i grefydd." Brau yn wir yw'r ffiniau rhwng y crefyddau. Geiriau ac arferiad sydd yn creu'r gagendor rhyngddynt.

Ond beth am ymrwymiad Crynwyr Cymru at eciwmeniaeth?

Roedd mewnbwn y Crynwyr i'r maes cenhadol yn sicrhau mwy o gysylltiad ag enwadau eraill. Yn dilyn cynhadledd ym Manceinion yn 1892, sbardunwyd trafodaeth a arweiniodd at ffurfio Cyngor Cenedlaethol yr Eglwysi Efengylaidd Rhyddion yn 1896. Corff oedd hwn, yng ngeiriau un papur newydd yn 1899, a fyddai'n "gwrthwyneby Inffideliaeth ym mhob ffurf ar y naill law, a gwrthwynebu Pabyddiaeth ar llaw arall". Nid oedd i'r cyngor newydd gynrychiolaeth enwadol, ond yn hytrach yn wead llac o gynghorau lleol, a oedd yn cynnwys sawl corff yng Nghymru. Dau arweinydd amlwg a dylanwadol y cyngor oedd y Methodist Wesleaidd, y Parch. Hugh Price Hughes, yn enedigol o Gaerfyrddin, a'r Parch. John Clifford, y Bedyddiwr adnabyddus ac un o hoelion wyth yr anghydffurfwyr. Yr oedd sawl Crynwr yn weithgar yn eu mysg, fel y Dr J. Rendel Harris, cyfarwyddwr astudiaethau yng nghanolfan y Crynwyr ym Mirmingham, "Woodbrooke" yntau yn ysgolor Beiblaidd byd-enwog. Yn 1907 ef oedd cadeirydd Pwyllgor Gwaith y Cyngor. Cefnogwr brwd arall oedd George Cadbury, Birmingham, a'i weddw y Fonesig Elizabeth Cadbury, a oedd yn llywydd y Cyngor yn 1925, gan drosglwyddo'r ofalaeth wedyn i Elfed yn 1926.

Yn 1917 cafwyd datganiad gan gydbwyllgor o'r Eglwys Sefydledig a'r Eglwysi Rhyddion dan y teitl *Tuag at Undod Cristnogol*. Nid oedd y cynnwys yn dderbyniol i'r Cyfarfod Blynyddol a darparwyd dogfen i egluro ei adwaith. Erys cynnwys y datganiad hwnnw yn wir heddiw. Yn fras pwysleisiwyd fod rhaniadau crefyddol yn tyfu o'r ymdrechion i lunio eu goblygiadau mewn bywyd, trwy eu sodro mewn ymarferion crefyddol unffurf. Rhaid oedd derbyn y bydd yna wahaniaethau wrth i bobl ddisgrifio eu profiadau ysbrydol, ond rhywbeth dros dro ydynt, heb fod yn ddibynnol ar wirionedd terfynol. Rhaid derbyn datblygiad ac ni ddylem ymglymu wrth unrhyw theori.

Yn 1919 sefydlwyd Cyngor Ffederal yr Eglwysi Efengylaidd Rhyddion yn cynrychioli cyrff canolog yr enwadau, ond heb y Crynwyr. Unwyd y Cyngor Cenedlaethol a'r Cyngor Ffederal yn 1940, sy'n cael ei gydnabod heddiw fel Cyngor Ffederal yr Eglwysi Rhyddion. Eto, heb y Crynwyr yn aelodau, gan fod sail yr aelodaeth yn annerbyniol. Roedd Crynwyr unigol yn gefnogol ac yn llenwi swyddi o fewn eu cynghorau lleol. Un amlwg yn hyn o beth oedd Hercules Davies Philips, cenhadwr cartref y Crynwyr yn Llandrindod. Bu ef yn llywydd eu corff yn y canolbarth.

Ni sefydlwyd Cyngor Cenedlaethol Eglwysi Rhyddion Cymru fel corff annibynnol tan fis Mehefin 1916 pan unwyd Pwyllgor Cymreig y corff Prydeinig gydag Undeb Cenedlaethol Eglwysi Cenedlaethol Cymru, a fu'n ymdrechu i sefydlu corff Cymreig ers cryn amser. Cysylltiad y Crynwyr â hyn? Yn Rhagfyr 1918 fe gyfetholwyd Hercules Philips, Llandrindod fel aelod o'u pwyllgor gwaith, ond nid fel cynrychiolydd swyddogol ar ran ei enwad. Nid oes unrhyw arwydd iddo gael ei gadarnhau felly. Yn 1925 ef a arwyddodd, yn enw'r Gymdeithas, apêl arweinwyr crefyddol yng Nghymru at Gyngor Ffederal Eglwysi Crist yn America, ynglŷn â heddwch yn y byd a phwysigrwydd Cynghrair y Cenhedloedd. Apêl ydoedd i gryfhau ymdrechion deiseb merched Cymru a gyflwynwyd yn 1923-24 i ferched America. Diddorol nodi fod Hercules yn cael ei ystyried fel arweinydd y Crynwyr yng Nghymru, er nad oedd ganddo'r awdurdod i wneud hynny.

Nid dyma'r lle i fanylu am ddatblygiad hanesyddol y cyrff eciwmenaidd ar draws y byd, ond yn 1938 cytunwyd yn Utrecht i ddatblygu cyfansoddiad gogyfer â sefydlu Cyngor Eglwysi'r Byd. Sail yr aelodaeth oedd ei fod yn "gwmnïaeth o eglwysi sydd yn derbyn yr Arglwydd Iesu Grist fel Duw a Gwaredwr". Bu Cyfarfod Blynyddol Llundain yn trafod gwahoddiad i ymuno â'r Cyngor trwy 1939-40, ond fe'i gwrthodwyd gan fod y sail yn annerbyniol. Er fod yna gefnogaeth i ymaelodi, a'r esiampl fwyaf amlwg oedd y Fonesig Elizabeth Cadbury. Er fod peth amheuaeth, fe fu i sawl Cyfarfod Blynyddol ymuno, ond gyda'r ddealltwriaeth fod y sail yn ddatganiad o'r ffydd Gristnogol yn hytrach nag yn ddatganiad o gredo. Daeth Cyngor Eglwysi'r Byd i fodolaeth yn 1948 a phery Crynwyr o Brydain i gyfrannu at waith ei Gomisiwn Ffydd a Threfn.

Yn berthnasol i'r trafodaethau hyn sefydlwyd Cyngor Eglwysi Prydain yn 1942 gyda'r penderfyniad i ddefnyddio'r un sail aelodaeth â Chyngor Eglwysi'r Byd. Ond ar gynnig gan Esgob Llundain, ychwanegwyd y geiriau fod aelodaeth hefyd yn agored, os dymunent, i unrhyw gorff a oedd wedi ymwneud, trwy sawl cysylltiad blaenorol, â gwaith a oedd yn berthnasol i sefydlu'r cyngor newydd, er nad oeddent yn derbyn geiriad y sail. Gyda'r defnydd o'r cymal esgusodol yma, ymunodd y Crynwyr, ac felly hefyd Cymanfa Gyffredinol yr Undodwyr.

I hyrwyddo, cynghori a symleiddio cysylltiad y Gymdeithas â'r mudiad eciwmenaidd ar draws y byd, penderfynodd Cyfarfod Blynyddol Llundain yn 1941 sefydlu Pwyllgor ar Berthynas Gristnogol.

Yn 1961 penderfynodd Cyngor Eglwysi'r Byd newid y sail aelodaeth gan fynegi fod y Cyngor "yn gwmnïaeth o eglwysi sydd yn cyffesu'r Arglwydd Iesu Grist fel Duw a Gwaredwr yn unol â'r ysgrythurau ac felly yn ceisio gwireddu gyda'i gilydd eu galwad gyffredin er gogoniant yr un Duw, Tad, Mab, a'r Ysbryd Glân". O ganlyniad, gan iddynt fabwysiadu'r un sail, penderfynodd Cyngor Eglwysi Prydain yn 1964 ddilyn yr un trywydd. Canlyniad hyn oedd gwrthodiad y Cyfarfod Blynyddol i barhau mewn aelodaeth, ond derbyn aelodaeth gysylltiol. Ar yr un pryd fe benderfynodd y Cyngor Prydeinig ddatblygu cyfamod ynglŷn ag undod gan anelu at undod parhaol erbyn 1980. Ymateb y Crynwyr i hynny oedd datgan yn bendant fod yn rhaid i'r Gymdeithas barhau yn gorff annibynnol ond ei bod yn hapus i gydweithredu â changhennau eraill o fewn yr Eglwys. Er yr holl obeithion a chael cytundeb rhwng yr Annibynwyr a'r Eglwys Bresbyteraidd i ffurfio'r Eglwys Ddiwygiedig Unedig, methiant fu'r trafodaethau rhwng yr Eglwys yn Lloegr a'r Wesleaid. Tra bod y Gymdeithas yn glynu at ddatganiad Thomas Story o 1737: "Ni fu ac ni fydd undod Cristnogion yn sefyll ar un ffurf meddwl neu farn ond yn hytrach ar gariad Cristnogol."

Ond nid yw'r mudiad eciwmenaidd yn sefyll yn llonydd. Yn yr 80au cychwynnwyd ar ddeialog o'r newydd, proses rhyng-eglwysig a ddechreuodd dan y teitl *Dim Dieithriaid ond Pererinion*. Yn 1987 yn Swanwick casglwyd ynghyd arweinwyr yr eglwysi ym Mhrydain ac Iwerddon. Roedd datganiad terfynol y gynhadledd honno yn eangfrydig a phositif ynglŷn ag ymlwybro gyda'i gilydd i fod *Nid Dieithriaid Mwyach – Pererinion*. Yr amcan oedd creu cyfundrefn gynhwysol. Uchafbwynt y broses oedd ailffurfio'r cyrff eciwmenaidd cenedlaethol, a oedd i gynnwys am y tro cyntaf, fel aelodau, y Catholigion a Byddin yr Iachawdwriaeth. Yng Nghymru dyma greu CYTÛN, yn lle hen Gyngor Eglwysi Cymru. Yn naturiol roedd y cyrff newydd yn ddibynnol ar sail aelodaeth newydd, ac eto yn glynu at ysbryd yr hen sail, ac felly yn ailadrodd y datganiad traddodiadol drindodaidd. Dim lle i'r Undodwyr felly, ac yr oedd yn rhaid i'r Cyfeillion hefyd ailystyried eu sefyllfa.

Cynhaliwyd Cyfarfod Blynyddol 1989 yn Aberdeen, a'r eitem fwyaf dadleuol oedd cael penderfyniad am aelodaeth lawn o'r Cynghorau eciwmenaidd newydd. Yr argymhelliad ger bron oedd y dylsai'r cyfarfod ymuno. Roedd hyn ar sail trafodaethau ac ymgynghoriad llawn ar draws yr enwad. Buasai'n gamgymeriad hawlio fod pawb yn hapus gyda'r argymhelliad. Gan fod yr enwadau eraill yn gyfarwydd â safiad hanesyddol y Gymdeithas fe ddarparwyd cymal 2b i'r cyfansoddiadau. Cymal 2b – fod aelodaeth lawn yn agored i unrhyw enwad nad oedd ganddynt ddatganiad ysgrifenedig o gredo yn eu traddodiad, ac felly yn methu â chytuno i'r datganiad, cyn belled â'u bod yn gallu dangos i'r enwadau eraill eu bod yn byw yn ysbryd y sail ac yn ymrwymo i amcanion a phwrpas y cyrff newydd. Mewn geiriau eraill rhaid oedd i'r Crynwyr sefyll eu prawf ger bron yr enwadau eraill – rhyw fath o lys diwinyddol!

Teimlai llawer un fod cymal 2b yn creu camargraff fod yna undod o fewn y Gymdeithas, ac roedd eraill yn anghysurus ag iaith a phwyslais y sail, a bod cau allan yr Undodwyr yn annerbyniol. Ond pwyslais y cyflwyniad ger bron cyfarfod Aberdeen oedd bod yr enwadau eraill yn llawn gyfarwydd â safiad y Gymdeithas, ac na chelwyd dim ynglŷn â hynny, ac mai'r enwadau eraill oedd yn gorfod pwyso a mesur eu dealltwriaeth hwy o safiad ffydd y Crynwyr. Heriwyd y cyfarfod i dderbyn y byddai'n anffodus pe bai yn ymwrthod ag aelodaeth ar sail dadansoddiad testunol cymhleth a ninnau gyda thraddodiad o herio'r defnydd o eiriau a disgrifiadau a oedd bob amser yn annigonol. Nid y gofyniad oedd bod y Cyfeillion yn derbyn y sail, ond yn hytrach fod eraill yn ymrwymo i beth oedd eu gweithredoedd yn ei ddweud amdanynt wrth eraill. Cytunwyd i ymuno, ac meddai'r cofnod: "Mewn gwyleiddra gwelwn fod yr eglwysi eraill yn ein cofleidio mewn cariad. Mae'r sensitifrwydd a'r gofal o'u cydnabyddiaeth o'n dehongliad o natur y Gwirionedd, heb ddatganiad credo yn efelychiad o hynny", ac fe ychwanegwyd ar ddiwedd y cofnod, "Mae yn eglur fod rhai Cyfeillion yn parhau yn betrusgar" ond gyda'r sylweddoliad hefyd fod gennym ddyletswydd i gyfrannu at gymod newydd.

Dychwelwyd at y pwnc o aelodaeth yn y Cyfarfod Blynyddol yn Aberystwyth yn 1997, yn dilyn adolygiad gan Gyngor Eglwysi Prydain ac Iwerddon o'r cyrff. Glynwyd at benderfyniad 1989. Ers hynny, bu aelodaeth y cyrff eciwmenaidd yn rhan annatod o fywyd y Gymdeithas. Hyd y gwn yr unig ddatblygiad a greodd anhawster, fel ac y cyfeiriais ato yn yr ysgrif gynharach oedd y mater o ddewis y pumed llywydd i CTE, pan wrthodwyd dewis y Gymdeithas oherwydd iddi briodi merch.

Un newid arwyddocaol yn nhrefniadaeth y Cyfarfod Blynyddol yn ymwneud ag eciwmeniaeth oedd y penderfyniad i newid enw Pwyllgor y Crynwyr ar Berthynas Gristnogol i fod yn Bwyllgor y Crynwyr ar Gysylltiadau Cristnogol a Rhyng-grefyddol. A bu yn arferiad. ers sawl blwyddyn, i wahodd cynrychiolwyr o'r gwahanol gymunedau ffydd i'r Cyfarfod Blynyddol (ynghyd, wrth gwrs, â chynrychiolwyr o eglwysi eraill.)

I lawer o Grynwyr heddiw mae'r berthynas â chrefyddau eraill yn hynod bwysig, a hynny wrth i ddemograffi cred ym Mhrydain newid, a'r angen am well dealltwriaeth o wreiddiau ac ymarfer crefyddau eraill i osgoi rhagfarn ac anwybodaeth. Gan fod cymaint yn gweld twf crefyddau eraill fel bygythiad i'r diwylliant Cristnogol, gyda'r perygl o hau hadau ofn a gwrthdaro, mae'n rheidrwydd felly i dystiolaethu dros oddefgarwch a chariad dynol.

Priod ddyletswydd pob Crynwyr yw darganfod y Goleuni Mewnol ym mhob un, nid hawlio perchnogaeth o'r Gwirionedd a sarhau cred a ffydd eraill. Gan gydnabod pwyslais ar brofiad personol rhaid gweld hynny mewn cylch o gariad, gwyleidd-dra a chyfiawnder. Ni ellir wrth bregethu heddwch ond pwysleisio'r angen am well dealltwriaeth rhwng pobl o wahanol grefyddau, a bod yn barod i dderbyn ymarferion sydd ar brydiau yn groes graen. Ond nid yw cydraddoldeb yn bosibl chwaith heb gydnabyddiaeth fod gwahaniaethau traddodiad a diwylliant yn anochel. Enfys yw crefydd hefyd.

Pan fydd y Pab yn cyfarfod ag arweinyddion sawl ffydd arall, megis y Dalai Lama neu ryw Ayotollah, Mufti, neu Rabbi, pa neges sydd ynghlwm wrth hynny? Gwyddom fod niferoedd o bobl unllygeidiog yn perthyn i bob crefydd, boed aelodau ISIS ymysg y Mwslemiaid, neu ryw efengylydd tanbaid o Griston yn melltithio pawb nad yw o'r un farn ag ef. Yn wir, darn o'r un boncyff ydynt, yn diawlio ac yn rhyfygu yn enw'r gwir Dduw, heb ddeall na sylweddoli fod eu datganiadau yn groes i neges sylfaenol eu hysgrythurau. A'r ateb i'r cwestiwn? Nad oes yn wironeddol ddim ffin rhwng crefyddau, dim ond gwahanol wisgoedd.

Mae perygl i bobl o ffydd chwythu trwmpedi am eu henwadau a'u traddodiad. Wrth wneud hynny cuddio'r brychau, amddiffyn y muriau. Bydd hyn yn aml yn ddifeddwl, ac wrth wneud hynny, yn anghofio'r sawl a adawyd gyda briwiau a chleisiau – y cannoedd heb lais a'r llais a ddylai eu hamddiffyn yn fud. Nid yw adwaith yr enwad bob amser yn ddealladwy, ac nid oes ond rhaid meddwl am yr hyn sydd wedi digwydd mewn sawl gwlad wrth i gam-drin plant gan swyddogion eglwysig ddod yn amlwg. Claddu'r ffeithiau yn hytrach na'u datgelu gyda'r gonestrwydd disgwyliedig gan bobl o ffydd, sydd yn y bôn wedi anwybyddu neges ganolog eu ffydd.

Nid yw'r enwadau, fodd bynnag, yn chwythu'r trwmpedi gydag unrhyw falchder ond yn aml gyda gostyngeiddrwydd wrth iddynt edrych ar y cyfraniad a wnaed i'w cymdeithas a'u cyd-ddyn (sic). Gyda golwg ar beryglon "chwythu", caraf feddwl fod ffurf addoliad y Crynwyr yn un sydd yn gweddu yn ddidrafferth i gyd-addoliad ar draws y crefyddau. Nid oes rhaid poeni am ddefod, na gwisg. Bydd pawb yn gyfartal yn y distawrwydd disgwyliedig. Nid yw wahaniaeth lle yr eistedda unrhyw un, nid oes seddau cadw yn ôl gradd a theitl. Gellir darllen o unrhyw ysgrythur cyn belled â bod hynny, gan gynnwys unrhyw weinidogaeth, yn tyfu o gynhyrfiad mewnol a diffuant. Gellir dyfynnu Robert Barclay: "Oherwydd pan ddeuthum i gynulliad tawel pobl Dduw, teimlais rym cuddiedig yn eu mysg, gyffyrddodd fy nghalon; ac wrth imi wyro iddo teimlais yr aflan yn gwanhau ynof a'r da yn cael ei ddyrchafu; ac felly cefais fy ngweu mewn undod gyda hwy."

Plant y goleuni yw pob un ohonom, ac wrth anghofio hynny, cawn ein troi i fod yn fwystfilod didrugaredd a rheibus. Ni allwn chwaith anwybyddu'r dyneiddwyr a'r anffyddwyr, oherwydd os gwnawn hynny anghofiwn undod y greadigaeth a phwysigrwydd cyd-ddealltwriaeth. Mae pob barn yn drysor cyn belled â'u bod yn gyson â'n hymdrech i fod yn oddefgar, cyfiawn a chariadus. Fel ac yr ysgrifennodd Margaret Fell wrth ddyfynu George Fox:

> Fe ddywedwch, dyma ddywed Crist, a dyna ddywed yr apostolion, ond beth a ddywedi di? A wyt yn blentyn y Goleuni ac wedi cerdded yn y Goleuni, a'r hyn a ddywedi, a ddaw yn fewnol o Dduw?

I'r Diwedd "... Pellter, Dyfnder, Gwagle, Gagendor Di-ben-draw"

YR YDYM YN gyndyn i gydnabod ein methiannau, ac mae'r ffaith ein bod yn anghofio gwersi hanes, ac yn diystyru gwrthdrawiadau a chroestynnu parhaol, yn ein melltithio. Yn waeth felly os yw hynny ynghlwm â'n daliadau a'n argyhoeddiadau crefyddol a moesegol. Beth felly a wnawn os ydym yn dystion i'r fath wendidau?

"Cadw tŷ mewn cwmwl tystion" oedd ymateb un Crynwr, ond wrth iddo ofyn y cwestiwn, beth yw gwladgarwch? Ond mae ei ateb yn berthnasol i'r cyflwr dynol yn ei holl agweddau. Cawn ein galw oll i fod yn dystion, boed gredinwyr neu beidio. Mae pawb yn byw gyda rhyw elfen o ffydd. Yr ydym oll yn byw mewn ffydd ac, y rhan amlaf, yn glynu ati hyd ein diwedd. I rai fe'i cyfyngir i gred mewn Duw personol, sy'n rhoi iddynt sicrwydd am eu dyfodol ond ar yr un pryd yn diffinio eu perthynas a'u dyletswyddau i'r byd. I eraill y mae'r sicrwydd nad oes ond un bywyd ac y dylem ei fyw i'r eithaf, mewn harmoni â phawb arall. Ac ar un wedd nid oes dau begwn yma, maent yn unlliw. Nid oes gwagle rhyngddynt. Yr hyn sydd yn eu clymu yw ein bod yn un bobl sydd angen cyd-fyw, beth bynnag fo'r ymddangosiadau allanol, boed statws, lliw croen, iaith neu athrylith. Yn anffodus mae gormod yn coelio'r ffaith fod yna gagendor diwaelod rhwng pobl, a bod yna wahaniaethau na ellir eu diystyru. Mae rhai pobl yn well na'i gilydd, ac ni ddylid cymysgu nac iaith, na lliw, na hanes nac unrhyw beth a all wanhau'r uchafiaeth a berthyna i'r gwaed. Gellir tywallt hwnnw i sicrhau purdeb! Pa fath ffolineb yw hynny?

A'r bardd hwnnw yn ddibynnol, heb os, ar Hebreaid 12:1, a'r cwmwl bellach yn dorf, ac yn cryfhau'r ddelwedd ein bod oll yn gytûn yn ymbalfalu i gyrraedd at yr un lle, yn hytrach na bod yn rhywbeth ysgafn byrhoedlog, fel plufyn ar chwythiad. Ond mae'r trosiad yn llawer mwy grymus a rhamantus.

Mae yna blwyfoldeb anorfod i ysgoloriaeth a hanes enwadol. Ymwthio i amddiffyn y ddelwedd, yn hytrach na chwilio am yr hyn sydd, neu oedd, yn gyffredin ag eraill. Mae'r pwyslais a'r dehongliad a roddir ar hanes yn arf cyfleus iawn i gyfiawnhau, yn aml, yr hyn na ddylid ei warchod. Wedyn, gall pob enwad hawlio ei briod le, a mynnu fod popeth yn berffaith, gyda rhai yn parhau i hawlio eu bod yn well na'r rhelyw. Cadw'r drws dan glo a rhwystro mynediad. Ond dyna fo, rhaid hefyd gwarchod cynefin, ac mae'n anodd cyffesu gwendid a chydnabod fod diffyg rhesymeg wedi bod yn rhan o benderfyniadau a wnaed i wthio safiadau a dehongliadau. Y perygl yw bod hyn yn golygu ein bod yn troi cawell euraid ein dyheadau a'n hargyhoeddiadau yn garchar.

Am flynyddoedd lawer chwaraeodd Cymdeithas Hanes y Cyfeillion ran bwysig wrth ehangu dealltwriaeth am ddatblygiad y Crynwyr. Bellach nid yw mor rymus ag yr oedd, ond parha i gyhoeddi cylchgrawn yn flynyddol a threfnu un ddarlith flynyddol. Gwanhau yn hytrach na diflannu fu ei stori, ac yn y cyfamser cyfododd corff arall a oedd yn cynnig dealltwriaeth o fyd y Crynwyr ar linellau llawer ehangach gan gynnwys agweddau cymdeithasegol a seicolegol, gan ddatblygu cyrsiau yn arwain at radd mewn astudiaethau Crynwrol. O gychwyn y Gymdeithas rhoddwyd cryn bwyslais ar ddisgrifio profiad, ysgrifennu dyddiaduron ac fe glymid hyn gyda phwyslais ar sicrhau addysg i'w plant. Sefydlwyd nifer o ysgolion preswyl, ac erbyn heddiw erys chwech ohonynt, i gyd bellach yn ysgolion bonedd, ond prin yw nifer y plant ynddynt sydd â'u rhieni yn Gyfeillion. Ceir ym mhob cyfarfod o'r bron lyfrgell, ac anogir aelodau i fenthyca ac fe ychwanegir at y casgliadau er mwyn sicrhau fod syniadau yn cael eu rhannu a'u hehangu. Sicr i Cofid effeithio ar batrymau trafodaeth a dysg, ond gan nad oes offeiriadaeth gyflogedig, dibynna'r aelodau ar rannu a dadansoddi pynciau ymysg ei gilydd. Onid felly'r Ysgol Sul, a oedd i lawer yn labordy i ddatblygu syniadaeth a thrafodaeth ac i lawer yn agoriad i addysg oherwydd na allasent fanteisio ar y drefn addysgol. Felly'r grwpiau trafod yn y tai cwrdd, yn rhoi'r cyfle i Grynwyr edrych arnynt eu hunain, a datblygu eu syniadaeth, gyda'r her "beth fedri di ddweud?"

Ar Hydref y 3ydd 1903 agorwyd Woodbrooke fel canolfan gogyfer ag astudiaeth grefyddol a chymdeithasol. Oherwydd mewn diwinyddiaeth, camgymeriad oedd ichi gael eich geni cyn Darwin, meddai un Crynwr amlwg. Yr oedd Woodbrooke yn rhan o'r ymgyrch i sicrhau fod aelodau Cyfarfod Blynyddol Llundain yn cael y cyfle i ehangu eu dealltwriaeth o'r ysbrydol ochr yn ochr â datblygiadau mewn gwyddoniaeth, a gallu gwneud hynny mewn canolfan barhaol. Dibynna'r Gymdeithas ar allu pob aelod i gyfrannu a gwneud hynny'n hyderus. Os yr oedd gweinidogaeth rydd yn rhan hanfodol o'u trefn, yna roedd yn hanfodol fod meddylfryd yr aelodaeth yn cael y cyfle a'r lle i astudio a myfyrio, a thrwy hynny gryfhau'r weinidogaeth honno. Nid coleg i addysgu gweinidogion fodd bynnag, ac yng ngeiriau un oedd â'i fryd ar newid pethau, a'r prif ysgogydd, cael "tafarn min ffordd, lle y gall y trafaeliwr blinedig, gamu am gyfnod o brysurdeb yr heol, a chael adfywiad a gorffwys". Nid fod yna undod am sefydlu'r fath le, a dyna pam, yn y dechreuad, fod y fenter yn un breifat ac yn dibynnu ar bobl gefnog. Does ryfedd yn y byd felly fod y Cadburys a'r Rowntrees yn flaengar, a hen gartref George Cadbury ym Mirmingham, sef Woodbrooke, a gynigiwyd fel canolfan. Nid fel coleg diwinyddol nac fel Ysgol Feiblaidd, roedd y cyntaf yn rhy academaidd a'r llall yn rhy gul o ran maes astudio. Trosglwyddwyd yr eiddo, yn y man, i ymddiriedolaeth annibynnol a thyfodd fel canolfan bwysig i fywyd Crynwyr nid yn unig ym Mhrydain ond ar draws y byd. Parhaodd y Ganolfan hyd at 2023, pan, ac oherwydd effeithiau Covid, ac fel sawl sefydliad preswyl arall, y gwelwyd nad oedd yn bosibl cynnal yr hen drefn. Gyda thristwch ac o ganlyniad, trosglwyddwyd yr eiddo, yn unol â'r gweithredoedd ymddiriedolaethol, i'r Bournville Village Trust – sef un arall o greadigaethau'r Cadburys, eu harbrawf llwyddiannus i sicrhau aneddleoedd cyffyrddus i bawb. Bellach cyflwynir y rhaglen addysgol ar y we a thrwy drefnu cyrsiau mewn canolfannau a thai cwrdd ar draws y wlad.

Disgrifiwyd Woodbrooke fel arbrawf mewn addysg grefyddol, ac fe ddenodd ac fe ysbrydolodd gannoedd. Nid oes ond rhaid darllen rhestr Cymrodyr y Ganolfan rhwng 1925 ac 1953 i sylweddoli hynny, ac yn 1930-31 ceir enw George M. Ll. Davies yn eu mysg. Ac yn 1932 ymwelodd Gandhi, gan aros i fwrw'r Sul. Dyma fan lle y cafodd llawer gychwyn rhoi ateb i'r cwestiwn "beth fedri di ddweud?"

Tristwch felly i laweroedd oedd gweld Woodbrooke yn cau ei ddrysau yn 2024, gan i'r pandemig danselio ei sefyllfa ariannol.

Mae'r cyfle i drafod a dysgu yn bwysig i bob ffydd, oni bai fod ei gyflwyniad yn perthyn i gwlt caeedig nad yw'n goddef cwestiynu a holi. Ac i bob enwad y cwestiwn pwysig fydd, beth yw eich cred? Ac mae'r cwestiwn beth yw'r hyn a gred y Crynwyr yn un anodd a chymhleth, gan fod y pwyslais ar ddehongliad personol o'r dwyfol yn cymhlethu, ac yn ei gwneud yn anaddas, os nad yn amhosibl, i ddatblygu datganiadau unffurf a safonol. Oherwydd hyn daw'r drefn addoliad yn ganolog ac yn bwysicach nag unrhyw eiriad arbennig, a bod cymundeb yr addoliad yn undod gan nad yw wedi ei rwymo gan ffurf ar eiriau. Undod y cwrdd addoliad felly yw'r gonglfaen i'r rhan fwyaf o Grynwyr erbyn heddiw. Serch hynny oferedd fuasai gwadu nad yw Crynwriaeth wedi ei gwreiddio yng Nghristnogaeth, a bod bywyd a dysgeidiaeth yr Iesu yn parhau yn berthnasol, er efallai na chaiff hynny ei draethu felly yn aml iawn. Bydd profiad sawl Crynwr wedi ei gyflyru gan brofiadau o gysylltiad ag enwadau eraill, a hynny wedi bod yn brofiadau negyddol, a'r iaith a'r delweddau yno yn creu dyhead am iaith a symbolau llawer mwy caredig heb gysylltiadau goruwchnaturiol sydd yn drech na'r dychymyg a'r meddwl. Mae distawrwydd y cwrdd yn creu undod, ac os cyfyd gweinidogaeth ohono gellir derbyn fod ei wreiddyn yn ysbrydoledig ac yn berthnasol beth bynnag fo dehongliad personol pawb sydd yn bresennol, neu pa ddisgrifiadau sydd yn glynu wrth y geiriau.

Buasai'n wir dweud fod dylanwadau ôl-fodernaidd yn pwyso yn drwm ar y Crynwyr ym Mhrydain heddiw, ond nid yw hynny yn unigryw iddynt hwy, wrth feddwl am ddatblygiadau megis Cristnogaeth 21 neu gyhoeddi llyfr dan y teitl *Duw yw'r Broblem*. Efallai nad yw'r defnydd o'r term ôl-fodernaidd yn gwbwl addas, ond yn cyfleu'r syniad fod yna symudiad tu draw i'r traddodiadol ac sy'n dibynnu ar wead o ddisgyblaethau all agor y meddwl a'r dychymyg i ddealltwriaeth wahanol. Mae disgrifiad Cristnogaeth 21 ohonynt eu hunain yn ddefnyddiol, sef corff sydd yn "cynnig llwyfan i ddehongliadau radical, rhyddfrydig a blaengar o'r ffydd Gristnogol a thrwy hynny hwyluso trafodaeth gyhoeddus a myfyrdod personol ar faterion ffydd". Bu mudiad Môr o Ffydd (*Sea of Faith*) a gychwynnodd yn 1984 yn bwysig i lawer, gan bwnio'r meddylfryd allan o unffurfiaeth orthodocs i'r sylweddoliad y gall crefydd fod yn ddim mwy na chreadigaeth ddynol. Ac os yw hynny yn wir onid yw Duw wedi marw? Ond gwallgofddyn oedd gan Nietzche yn gweiddi hynny yn y farchnad. Ond nid ydym wallgof, na chwaith am fod yn gaeth i ofergoeledd, a dymunwn hefyd fod yn arbrofol, bod yn Geiswyr, yn chwilotwyr ym myd ffydd. Ymofynnydd ddylsai pob credinwr fod, a'r ffiniau yn hyblyg i efelychu newidiadau a datguddiadau newydd.

Un datblygiad nodweddiadol ymysg llawer o Grynwyr heddiw yw defnyddio'r disgrifiad antheist (*non-theist*) amdanynt eu hunain. Effaith hyn yw eu gwahanu o'r gred mewn Duw personol sydd yn ymyrryd a llywio bywydau pobl, gan symud y pwyslais lawer mwy at weithredu yn gyfiawn a dilyn dysgeidiaeth sy'n gweld y greadigaeth fel trysor i'w barchu a'i amddiffyn. Mae hefyd yn golygu neidio dros y rhwystr o ddisgrifio eu hunain fel anffyddwyr, wrth barhau yn aelodau o Gymdeithas Grefyddol y Cyfeillion. A rhaid i mi gyfaddef y caf beth anhawster deall sut y gall anffyddiwr fod yn aelod heb aberthu eu hunan-werth wrth wneud hynny. Os ydych yn antheist yna nid yw'n amhosibl clymu eich hunan i ddisgyblaeth draddodiadol y Crynwyr, mewn addoliad a gweithrediad tra'ch bod hefyd yn cadw meddwl agored yn nhraddodiad mudiadadu fel y Môr o Ffydd. Elfen sydd yn efelychiad o oddefgarwch y Cyfeillion a'u hystod creadigol wrth iddynt ystyried natur a realiti y bywyd ysbrydol.

Ond rhaid imi fod yn ofalus. Os edrychwn ar y Crynwyr ar draws y byd yna gwelir fod y mwyafrif ohonynt yn Feiblaidd ac efengylaidd eu pwyslais. Cawn fod 49% o holl Grynwyr y byd yn byw yn Affrica, gyda rhyw 146,000 yn Cenia, ac wedi eu dosbarthu mewn 24 Cyfarfod Blynyddol. Ffrwyth cenhadaeth Crynwyr o'r America yn y lle cyntaf, a oedd yn perthyn i'r gangen honno a ddatblygodd drefn fugeiliol o fewn eu cyrddau. Oherwydd hyn ceir pwyslais ar ganu emynau, pregeth gan y bugail, cyfnodau o dawelwch, dim sacramentau, a chymun y "Presenoldeb yn ein mysg".

Yn 1985 cyfarfu dros 330 o Grynwyr ifanc o 34 gwlad, 57 cyfarfod blynyddol yn Guilford, UDA i drafod dyfodol Cymdeithas Grefyddol y Cyfeillion. Roedd gwrthdrawiad pwyslais a thraddodiad yn amlwg yn eu mysg. Meddent ar y diwedd "Ein cyfoeth yw ein gwahaniaethau, a hefyd ein problem. Un o'r prif wahaniaethau yw'r enwau gwahanol a roddwn i'n Hathro Mewnol. Geilw rhai ef Arglwydd; defnyddia eraill Ysbryd, y Golau Mewnol, y Crist Mewnol neu Iesu Grist. Mae'n bwysig cydnabod fod yr enwau hyn yn golygu mwy nag iaith; tanlinella wahaniaethau gwaelodol yn ein dealltwriaeth o bwy yw Duw, a sut y daw Duw i'n bywydau." Fodd bynnag roedd y cynulliad yn unol mai Cyfeillion oeddent ac nad oedd geiriau i'w gwahanu os yn ufudd i arweiniad y Llais a chrefydd y galon.

Gyda'r fath sbectrwm o bwyslais mae gan Bwyllgor Ymgynghorol Cyfeillion y Byd, a sefydlwyd yn 1937, gyfrifoldeb arbennig i sicrhau fod y gwahanol ganghennau yn parhau i siarad a pharchu ei gilydd.

I gadw trefn yn y rhan fwyaf o'r cyfarfodydd blynyddol ceir y llyfrau disgyblaeth. Cafwyd y cyntaf o'r rhain ym Mhrydain yn 1738. Ers hynny datblygwyd eu ffurf a'u

I'r Diwedd

cynnwys: tystiolaethau am Grynwyr unigol, dyfyniadau gan grwpiau neu unigolion, y cyfan yn ymdrech i ddisgrifio profiad Crynwyr drwy'r oesau, a hefyd gosod rheolau ymddygiad a gweinyddiad y Gymdeithas. Dyma'r *Quaker Faith and Practice* a gyhoeddwyd ddiwethaf yn 1994, ac sydd ar hyn o bryd yn cael ei ddiwygio. (Er mae'r cynnwys sydd yn ymwneud â diwygiadau gweinyddol a threfniadol yn cael eu diwygio yn ôl y gofyn.) Bydd y broses o adolygu yn cymryd cryn amser. Yn 1960 teitl y cyhoeddiad oedd *Ffydd ac Ymarferiad Cristnogol ym mhrofiad Cymdeithas y Cyfeillion*. Yn1994 fe newidiwyd y teitl i *Ffydd a Phrofiad y Crynwyr*, gyda'r is-deitl, *Llyfr disgyblaeth Gristnogol Cymdeithas Grefyddol y Cyfeillion (Crynwyr) ym Mhrydain*. A dyma ni yn ôl yn sylweddoli fod ffurfiau a geiriad yn newid mewn cytgord â dealltwriaeth ehangach.

Ceisiodd rhywun ddisgrifio'r Crynwyr fel y drydedd ffordd, gan gymharu, yn y lle cyntaf pwyslais y Catholigion ar yr allor, yna'r Protestaniaid gyda'r bregeth, a'r Crynwyr ar bresenoldeb yr Ysbryd yn eu plith. Ond rhywsut nid yw'r disgrifiad yn un teg, ac y mae'n ddiwinyddol anghywir. Gallwn weld fod yna wagle gwaedlyd hanesyddol rhwng y bregeth a'r allor. Ond ym mhob traddodiad, ac yn eu cynulliadau, ceir pwyslais ar y presenoldeb. Mater arall yw sut y dehonglir ac y disgrifir hynny. Wrth i'r Pabydd yn wyrthiol gredu fod y Crist yn yr offeren, felly'r Crynwyr yn eu distawrwydd, ac nid yw'r Gair chwaith yn foel o gyffyrddiadau. Chwiliwn am yr hyn sydd gyffredin yn hytrach na thanlinellu'r gwahaniaethau. Pwy sy'n rhoi'r pwyslais ar y gwahaniaethau, onid y sawl sydd mewn perygl o golli awdurdod a grym?

Wrth gyffwrdd â'r gwahaniaethau gellir meddwl am y Crynwyr fel Protestaniaid o unigoliaeth eithafol. Oherwydd hynny ceir datganiadau yn eu hanes sydd yn wrth-Babyddol.

Yr esiampl a ddaw i'm meddwl yw Henry Tobit Evans. Yn frodor o Geredigion fe drodd oddi wrth yr Annibynwyr gan ymuno â'r Crynwyr yn 1879. Cymeriad cymhleth ar y gorau. Yn rhyddfrydwr tanbaid radical ar un amser, gydag etholiad cyffredinol 1886 cefnogodd David Davies, Llandinam i barhau fel aelod seneddol etholaeth Ceredigion. Ond yr oedd Davies hefyd yn wrthwynebus i ymgais Gladstone i roi hunanlywodraeth i Iwerddon. Oherwydd hynny bu'n rhaid iddo sefyll yn erbyn y Rhyddfrydwr swyddogol. Colli a wnaeth Davies, a dyma Tobit yn croesi i fod yn Rhyddfrydwr Undebol tanbaid. Yn wir ar un adeg yr oedd yn cael ei ystyried fel ymgeisydd i'r Torïaid yn y Sir. Un o'r rhesymau i Tobit wrthwynebu hunanreolaeth i Iwerddon oedd ofnau yn ymwneud â goruchafiaeth i'r Pabyddion, a'r ofn wedyn y buasai'r Protestaniaid yn cael eu herlid. Mae'n debygol hefyd fod gwrthwynebiad y Crynwr a'r aelod seneddol John Bright yn ddylanwadol, gan fod Tobit yn edmygwr mawr ohono.

Yn 1889 cyhoeddodd Tobit ei *Y Berw Gwyddelig neu Gipolwg ar gyflwr presennol yr Iwerddon yn nrych hanesyddiaeth, ac yng ngoleuni yr hyn welwyd ac a glywyd yn ystod ymweliad diweddar â'r wlad.* Am y Pabyddion credai eu bod yn "benboeth a rhagfarnllyd" ac yn ei dyb ef mai "Pabyddiaeth ydyw y prif achos o'r holl ferw Gwyddelig. Os oes rhywun yn amheu hyn, ceisied gymharu sefyllfa pethau yn Ulster (lle y mae Protestaniaid yn gryfion) a rhannau eraill o Iwerddon. Yn Ulster mae ôl diwydrwydd ym mhob man ac ar bob peth," gan awgrymu mai meddwon oedd y Pabyddion, ac yn gyndyn i wneud diwrnod o waith. Ar ei daith ar draws Iwerddon lletyodd ymysg y Crynwyr, ac yr oedd eu llais hwy yn Iwerddon yn gadarn yn erbyn hunanlywodraeth oherwydd eu hofnau am y Catholigion. Prin fod Tobit yn dangos annibyniaeth barn ac yr oedd yn rhagfarnllyd, "Pan wna Pabydd yr Iwerddon ddysgu ymddwyn fel dynion at y Protestaniaid, bydd yn ddigon buan iddynt ofyn am Ymreolaeth." Ond ni fu i John Bright chwaith frathu ei dafod am yr Eglwys Babyddol. Trist fod Crynwyr y cyfnod yn gweld enwadau eraill yn elynion ac yn fygythiad, ond rhaid derbyn hefyd fod ymosodiadau cynnar y Crynwyr wedi eu seilio ar y ddamcaniaeth fod pawb arall yn hereticiaid!

Siawns fod ofnau am yr "arall" erioed wedi bod yn rhan o'n hymateb i grefyddau ac enwadaeth. Ofn yr hyn sydd anghyfarwydd. Dyw'r ffaith fod pob Cristion i ddibynnu am ysbrydoliaeth y Beibl yn gwneud fawr o wahaniaeth chwaith. O'i ddehongli a datblygu syniadau ohono crëwyd sawl "arall". Wrth suddo i ddyfnder perthynas â Christ fe fu i sawl un faglu, ac o hynny crëwyd merthyron, a llif dagrau a llefain y diniwed yn dyst i greulondeb ac artaith. Oll i'w anwybyddu yn enw'r Gwir Grefydd. Creulondeb yn sail i gryfhau a lledaenu'r ffydd. Nonsens llwyr, ond rhywsut nid yw'r neges honno yn treiddio, hyd yn oed ymysg Cristnogion, tra bod rhai Mwslemiaid druan yn cael eu gwthio i eithafiaeth na ellir yn hawdd ei dirnad. Cedwir pellter yn fwriadol rhwng pobl, ac fe'i gwisgir mewn dirgelwch a Phariseaeth hunangyfiawn. Mae'r ofnau yn parhau, a'r cynllwyn, medd un ysgolhaig adnabyddus, yw fod seciwlariaeth hefyd yn ennill ei phlwyf, gan "alltudio'r ffydd Gristnogol er mwyn sicrhau tragwyddol heol i ffydd arall". Tybed a fyddai'r ysgolhaig hwnnw yn traethu felly heddiw, wrth sylweddoli fod 6.5% o boblogaeth Prydain yn Fwslemiaid ac 1.7% yn Hindŵiaid, a bod cyd-fyw a chyd-ddeall yn angenrheidiol? Nid oes i unrhyw grefydd sofraniaeth.

Ein cyfrifoldeb, bawb, boed ffyddiwr neu anffyddiwr yw deall nad yw'r "arall" yn fygythiad nac yn elyn. Os teflir llinell o olau tuag at brism ceir lliwiau'r enfys yn cael eu taflyd ohono. Gallwn wedyn uniaethu â geiriau Ellis Pugh o 1700, "canys y mae dyfnder yn galw ar ddyfnder, a bywyd yn cyrraedd at fywyd, a'r gynulleidfa yn cyd fyned i'r dyfroedd i yfed yn rhad." Nid oes gelyniaeth wrth y ffynnon, a chaiff y sychedig eu boddhau. Rhaid parchu'r hyn sydd o'r Dwyfol ym mhob un, ac anwylo pob cysylltiad i ddyfnhau perthynas, gan barchu yr amrywiaeth yn ein mysg. Yng ngeiriau'r *Cynghorion a Holiadau*, rhif 22: "mae pob un ohonom yn unigryw, yn werthfawr, yn blentyn i Dduw."

Efallai fod yr ysgrif hon wedi bod yn droellog, gymysglyd ei chynnwys, a'r rhediad yn anwastad. Maddeuwch hynny. Roeddwn yn ceisio cyffwrdd â chymhlethdod heb fod yn feichus. Rhyw linyn yn hytrach na rhaff, a minnau yn ceisio dringo'r clogwyn! A dyna heb os yw sut yr edrychaf ar fy ymlyniad at fod yn Grynwr, gyda chyfnodau o ansicrwydd a hunanfeirniadaeth. Prin fod llwybr unrhyw un trwy'r byd yn syml, ac mae rhwystrau hefyd sydd yn aml ddiffinio ein hymlyniadau a'n personoliaethau.

Gallwn ddychmygu byd heb grefydd fel ag y canodd John Lennon. Efallai fod hynny yn rhywbeth sydd yn apelio, nid i gael gwared â'r ysfa ysbrydol neu'r ymdeimlad ein bod yn rhan o rywbeth mwy na ni ein hunain, neu sydd yn anwybyddu'r syniad fod yna rym creadigol yn gweithio o fewn y bydysawd – yr hyn sydd fewnol ym mhob peth. Yn hytrach, er mwyn cael gwared â'r holl betheuach a'r geriach geiriol a materol sydd ynghlwm wrth ei mynegiant a'i defosiwn. Rhaid alltudio'r penboethiaid a'r selogion, a darganfod ein hundeb trwy resymu a chydymdeimlo, yn hytrach na glynu at ffurf o eiriau sydd yn condemnio ac yn eithafiaeth. Ni cheir achubiaeth trwy ddetholrwydd unrhyw lyfr er yn credu ei fod yn sanctaidd. Inc ar bapur a ysgrifennwyd gan bobl yw pob llyfr, ysbrydoledig neu beidio, i fod yn ganllaw yn hytrach na chrocbren.

Rhaid cyfaddef fod crefydd hefyd yn theatr, yn ddrama a hynny yn ganolog i lawer, os nad y mwyafrif. Edrych ar grefydd fel rhywbeth gweladwy a byw. Trwy ddefod a'r cyfarwydd air ceir sicrwydd. Ailddarllen ac ailadrodd neu ganu emyn neu salm yn falm, plygu glin mewn gweddi neu deimlo rhediad y rosari trwy'r bysedd. Ni ellir gwadu nerth a pherthnasedd hyn i filoedd. Edrych tua'r dwyrain a theimlo undod yr ummah, a bod yn sicr o uniaethu ag eraill wrth gyffwrdd y talcen i'r llawr. I rai gwneir yr un peth wrth droed delw'r Bwda, i gryfhau'r dyhead a'r gobeithion o ddilyn yn ôl ei droed, a gofyn am fendith wrth wneud hynny. Ac os yw delwau'r Hindŵ yn wrthun rhaid cofio eu bod yn gymysgfa o draddodiadau a chwedlau a grëwyd dros amser hir, ac a adeiladwyd i fod yn fodd i fyw, a hynny mewn cariad, yn gymaint ag mewn unrhyw grefydd arall. Duw o'r miliynau enwau.

Siawns fyd mod eisoes wedi sathru bodiau rhai, yn anorfod. O ddechreuad fy nhraddodiad enwadol gallaf alw am losgi'r hen bulpudau a'r sêt fawr (er yn cyfaddef fod gan rai tai cyrddau'r fath beth!). Rhoi'r allor yn fwrdd bwyd yn nhai'r ffyddloniaid. Meddalu'r croesau a gwerthu'r gemau i fwydo'r tlodion. Diosg yr urddwisgoedd. Dinoethi'r cyfan ac eistedd yn ddistaw mewn cylch. Ond gall y distawrwydd fod yn feichus ac yn ormesol, a ddim yn fendithiol. Syndod yn y byd felly pan elwir am funud o ddistawrwydd mewn addoliad, ei fod yn gwta ddim. Rhyw elfen o ryddhad wrth i'r gynulleidfa ailafael yn y cyflwyniadau.

Caf fy atgoffa o ddisgrifiad gan y Parch. David Rowlands (Dewi Môn), Prifathro Coleg yr Annibynwyr yn Aberhonddu ar y pryd, wrth ysgrifennu yn *Y Geninen* yn 1901, am ei unig brofiad o addoli gyda'r Crynwyr.

Roedd y tŷ cwrdd yn llwm a diaddurn, ac yn "anghynesol". Cynulliad da, meddai, o bobl gefnog yr olwg. "Dyna'r lle yr oeddyn: megis nifer o ddefaid ar daranau, fel pe yn ofni codi eu pennau; ac am ysbaid hanner awr ni chlywid na siw na miw yn un cwrr o'r tŷ. I mi yr oedd y distawrwydd yn feichus, oni bai fod dieithrwch yr olygfa yn ymylu ar y digrifol. O'r diwedd, dyma hen wreigan fach drwsiadus yn cyfodi ar ei thraed; ac megis wedi moment o betruster, dywedai mewn goslef anaearol, 'Distawed yr holl ddaear ger bron Arglwydd y lluoedd' ac ar hynny eisteddodd i lawr heb ddim ychwaneg o seremoni. Bu agos iawn i mi â gwenu – greadur anystyriol ag oeddwn – oblegid yr oedd yr araith ar y pryd mor ddi alw amdani. Ni anturiodd neb godi ar ei hôl; ac wedi hanner awr yn rhagor o ddisgwyl ofer ymwasgarodd y gynulleidfa." Iddo ef gwastraff oedd y cwrdd, oherwydd ni wnaed dim: dim ymgais i gryfhau a chysuro y gwan eu ffydd, heb na diolchgarwch na mawl. Iddo ef gwell pe buasai pawb fod wedi aros gartref ac addoli yn eu hystafelloedd "dirgel ... yn hytrach na gosod ei hunain yn agored i ddylanwad niweidiol presenoldeb ei cyd-ddynion". Ac i hynny ymatebiad Southall oedd pwysleisio nad oedd un ymweliad yn ddigonol i unrhyw ymresymiad, fod rhywbeth yn digwydd, a "dyfnach a llwyrach gwaith yn myned yn mlaen."

Beichus a dibwrpas, ond i rywun sydd wedi ei drwytho yn y drefn Anghydffurfiol, nid syndod mo'i feirniadaeth. "Rhaid i'r enaid ei hun wrth eiriau cyn y gall feddwl o gwbl," a gan fod y Crynwyr yn ymwrthod â'r sacramentau "ydynt, trwy gyfeiliorni yn hyn o bwnc, wedi eu delfrydu fel enwad i ddiffrwythder dros ryw dymor, ac yn y pen draw i lwyr ddifodiant." Efallai y gallasai'r awdur fod wedi bod ychydig yn fwy caredig ac ystyriol o seiliau'r addoliad, ac yn fwy ysgolheigol ei ddealltwriaeth, ond i lawer mae distawrwydd yn feichus, ac wrth gyflwyno'r syniad ohono i ddieithriaid i ymweld a phrofi, yn faen tramgwydd i rai feddwl am fynychu neu arbrofi. "Eistedd am awr mewn distawrwydd! Nefar in Ewrop."

Dyma un rheswm pam nad yw'r Crynwyr yn ymgryfhau, dieithrwch eu dulliau, ond nid ydynt bellach chwaith yn genhadol eu hysbryd – ddim fel Tystion Jehofa neu'r Mormoniaid. Does fawr ryfeddod fod llawer yn meddwl amdanynt fel enwad diflanedig, neu rhai sydd yn gwerthu ceirch neu i'w drysu gyda'r Amish neu grwpiau cyffelyb, ac i gyd yn byw yn yr America! Os oes newydd-ddyfodiaid i'w plith gellir eu dychmygu fel ffoaduriaid o enwadau eraill, neu rai na chafodd erioed brofiad o grefydd ond yn darganfod fod dulliau a hygyrchedd y Gymdeithas yn gweddu i'w sefyllfa. Ceir hefyd sawl aelod yn cadw eu haelodaeth gydag enwad arall, a rhai yn cadw'n driw i grefydd eu plentyndod, ond yn darganfod gyda'r Crynwyr nad oes yn rhaid diosg eu hymlyniad ac nad yw'n perlygu eu hetifeddiaeth.

Ni ellir aros yn llonydd. O ganlyniad mae'r traddodiad yn cael ei herio yng ngolwg yr aelodau ceidwadol, a'r angen felly i sicrhau fod yna ddealltwriaeth o wreiddiau a datblygiad Crynwriaeth. Gwelir rhai newid yn fygythiad yn enwedig i'r rhai sydd yn fwy ceidwadol eu gwelediad, ac sydd yn ofni fod yr hen werthoedd yn cael eu tanseilio.

Wrth ddod i ddiwedd yr ysgrif hon buasai'n briodol troi'r cwestiwn cyntaf y ceisiais ei ateb a'i droi â'i ben i lawr, a gofyn pam yr wyf yn parhau yn Grynwr. Oherwydd deuthum i'r sylweddoliad fy mod yn tueddu mwy at y traddodiadol ac yn dymuno glynu fwy at yr hen ffyrdd. Mae'n sicr fod a wnelo hyn fwy â'r ffaith fy mod yn rhyw fudur hanesydd yr enwad, ac yn cloddio mwy yn ei gorffennol nag yn ei datblygiadau cyfoes. Credaf hefyd fod sawl penderfyniad yn y blynyddoedd diwethaf yn fy mlino, a gwelaf rai yn gwneud datganiadau sydd i mi yn groes graen. Ond mewn undod rhaid osgoi ffrwgwd, a gosod anghytundeb o'r neilltu. Diflannodd yr awen a'r gynghanedd o'r weinidogaeth lafar, ac mae'r iaith yn llawer mwy seciwlar, a'r trosiadau traddodiadol yn cael eu hesgeuluso. Gor-sensitifrwydd ynteu geidwadaeth wrth fynd yn hŷn?

Cwestiwn ffôl i ofyn ar ddiwedd y llyfryn hwn, ond beth yw pwrpas crefydd? Ofergoeledd i gyflyru fuasai un ateb, ond nid Richard Dawkins yw fy enw. Cadwaf hyd braich o anffyddiaeth, ond ar brydiau mae fy agnostiaeth yn drech na fy nghred. Yn sicr fe fydd fy sgeptigiaeth yn gwyro fy nealltwriaeth.

> Dringodd i gopa mynydd Duw
> Ei hunan bach – onid Pagan yw?

Mae chwilio am y wir grefydd yn rhywbeth poenus iawn.

I'r Cristion a'r Mwslim, sydd o dueddiadau ffwndamentalaidd, mae'r gobaith o fywyd y tu hwnt i'r bedd yn ganolog i'w ffydd. Yn wobr am ymddygiad graslon a phur yn y bywyd hwn. Biti felly fod cymaint o grefyddwyr yn anwybyddu'r gofyniad, ond eto yn hawlio fod drysau'r nefoedd yn agored i'w croesawu. Cael wedyn byw ym maradwys ac eistedd ar ddeheulaw Duw hyd at dragwyddoldeb. Ni allaf ddirnad y fath gysyniad, mae tu hwnt i fy neall. Ni allaf ddychmygu anfeidroldeb na thragwyddoldeb, na chwaith amgyffred y diddiwedd. Mae'n sicr imi ofyn, pan oeddwn i'n blentyn, os cyrhaeddwn y nefoedd, a fyddwn i yn cyfarfod â fy hen, hen, hen, hen daid o'r ddwy ochr? Chefais i ddim ateb.

Synnwch chi ddim felly fy mod yn cael anhawster

gyda sawl elfen o fewn Cristnogaeth gan gynnwys yr enedigaeth wyrthiol ac rwy'n amheus am lawer peth arall. Ceisio gwahanu'r hyn sydd ofergoeledd a'r hyn oedd yn ffaith. Mae angen cydnabod fod sawl elfen o'r traddodiad Cristnogol wedi eu benthyca o'r hyn a ddaeth o'i blaen, heb sôn am y dylanwad a gafodd athroniaeth Roegaidd ar ddatblygiad ei hathroniaeth. Anghofiwn fod y ffydd wedi ei safoni ar drafodaethau hirfaith o sawl Cyngor. Cyngor Nicea yw'r un sydd fwyaf cyfarwydd, a hwnnw yn ceisio disgrifio a diffinio beth oedd sylfeini'r ffydd, a cheisio egluro'r berthynas rhwng Duw'r Mab a Duw'r Tad, a natur y Crist. Rhoi rhesymau i ffaith yr ymgnawdoliad, a throi'r hyn sydd dirgelwch yn gorff! Pan oeddwn i'n blentyn cefais fel anrheg Nadolig, *The Bible in Pictures* a chefais gryn fwynhad o'i ddarllen, pob prif stori ynddo fel bod pob unigolyn i'w weld ar ffurf ddynol, gan gynnwys Crist. Y darlun a erys yn y cof yw'r darlun o hen ddyn barfog yn eistedd ar ei orsedd ac angylion o'i gwmpas. Dyma'r ddelwedd a arhosodd gyda mi am gryn amser, ac felly yn hawdd cydlynu â'r syniad o Dduw fel tad oedd yn gorfforol real. Hyd ag y gwelwn dyma hefyd oedd y neges a ddeuai o'r hyn a glywn o'r pulpud.

Nid wyf am un eiliad yn bychanu'r rhai hynny sydd yn darganfod, yn yr holl agweddau a disgrifiadau cymhleth hyn a ddaeth o'r cynghorau cynnar hynny, sicrwydd a chysur a sylfeini cadarn. Gwelaf fod gwyleidd-dra eu ffydd yn siarad cyfrolau. Ond rhywsut a bod mewn perygl o godi gwrychyn, teimlaf fod yr ymdrechion yn fwy o wynt poeth na dim arall, ac o hynny does ryfedd fod anghydfod a rhaniadau yn anochel. Fe ddylai syniadaeth aeddfedu yn wyneb profiad. Pery'r datguddiad dros yr oesau, nid yw'n safadwy, ac nid yw'n afresymol disgwyl i'r disgrifiadau a'r trosiadau newid oherwydd hynny.

Fe fyddwn oll yn dyst i gyfnodau o droedio yn yr anialwch, cyfnodau hysb, ac oherwydd hynny mae'r cyfarwydd yn diogelu ac yn tawelu'r dyfroedd. Allwn ni ddim yn hawdd ddiystyru hynny, cyn belled â nad oes neb yn cael eu poenydio a'u brifo o'i herwydd. Yn y cyfamser fe fydd bob un ohonom yn troedio eu llwybrau personol, gan geisio gwneud synnwyr o'r byd a'n rhan ynddo. "Siwglo'n (*juggle*) ddibwynt â geiriau yw llawer o'n hathronyddu a'n diwinydda" a gwag eu cynnwys a'u perthnasedd oherwydd hynny.

Cyfeiriais eisoes at y cyfnod hwnnw o fewn hanes y Cyfeillion pan roddid pwyslais ar dawelyddiaeth, a dylanwad meddylwyr fel Madame Guyon, Francois Fénelon, a Miguel de Molinos o'r cyfandir. Yn 1658 roedd Fox wedi ysgrifennu at Elizabeth Cromwell, ail ferch Oliver gan eu hannog, ar gyfnod pan oedd yn wael iawn gan iddi farw'r flwyddyn honno, i "fod yn llonydd a chlaear yn dy feddwl a'th ysbryd ac o dy feddyliau, ac yna fe deimli egwyddor Duw." A siawns gen i fod y gofyniad a'r her yma yn parhau i ddylanwadu. Ein bod i geisio suddo i ddyfnder perthynas â'r Dwyfol, gwagio'r meddwl, gosod o'r neilltu'r hyn sydd yn ein poeni a'n pwnio. Uchelgais sydd ymhell o'm cyrraedd i.

Yn y cyfarfod i addoli, ac yn y distawrwydd, i ble mae'r meddwl yn ymhél? Beth sydd o gymorth i gyffwrdd â'r dyfnder, a chroesi'r gagendor di-ben-draw yna? Beth sydd yn cryfhau'r ymdeimlad fod y cwrdd yn fwy na nifer yr unigolion sydd yn bresennol, ac yn eu dwyn i fod yn gymuned o Gyfeillion "i adnabod ei gilydd yn yr hyn sydd dragwyddol a fodolai cyn cychwyniad y byd"? Nid myfyrdod mohono, er bod hynny yn digwydd ac yn ddeniadol, gweithred gorfforaethol yw'r addoliad. Mae'r disgwyl a'r gwrando i glymu pawb mewn undod, a'r weinidogaeth i osgoi ac i fod yn fwy na "Myfi". Eto dyma gyffwrdd â chyfriniaeth na ellir yn hawdd ei ddisgrifio – "y dirgelwch na ellir ei ddatgloi". Anorfod fod darn o ysgrif, neu adnod, neu gerdd yn llechu ynghanol hyn. Dyna fu fy mhrofiad i. Os yw hynny yn rhyw "ffug fyfyrdod" gwell cyfaddef hynny, ond mae'r pwniad yn ergyd i rannu. Mater arall os cyffyrdda â phawb sydd yn bresennol.

Mewn teyrnged ac atgofion i Syr T. H. Parry-Williams yn *Y Traethodydd* yn 1975, mae'r Crynwr, y Dr Emyr Wyn Jones (a oedd hefyd yn flaenor gyda'r Hen Gorff) yn sôn fel i'r bardd ysgrifennu ato ddwywaith i ddweud ei fod yn agos iawn at safiad y Crynwyr, "at bethau hanfodol bywyd". Mae Emyr Feddyg yn cydnabod yr elfen o agnosticiaeth sydd i'w chael yn rhai o gerddi'r bardd. Dyna pam efallai y caf innau ysbrydoliaeth a chryn sicrwydd o ddarllen y cerddi. Cerdd Waldo, 'Mewn Dau Gae' yw'r gerdd fwyaf Grynwrol y gallaf feddwl amdani a'r "Awen yn codi o'r cudd, yn cydio'r cwbl" a'r Brenin Alltud yn hawlio ei deyrnas. Ac mae llawer arall o gerddi'r Crynwr hwn yn ysbrydoliaeth ac yn arwyddbyst. Serch hynny, caf eiriau Parry-Williams yn gysur, a rhoddant gryn fodlonrwydd wrth imi geisio datrys fy nealltwriaeth o'm bodolaeth a'm diwedd, heb orfod cyboli â hen fformiwlâu sychlyd a bregus. Un rheswm am hyn yw ei ymlyniad at y mynyddoedd a'r tirlun ple y cafodd ei fagu a oedd i gryfhau ei "nihilistiaeth ramantaidd" chwedl un beirniad, "bardd yr hyder hiwmanistaidd". Chefais i ddim fy ngeni a'm magu ym mol Eryri, ond rhywsut gallaf uniaethu fy hunan yn llwyr â'i deimladau a'i angerdd. Roedd gweld yr Wyddfa yn ddyddiol, yn bresenoldeb parhaol, heblaw am Elidir Fawr a'r Mynydd Mawr, a'r cyfan wedi sodro eu hunain ar fy isymwybod.

Ceisiais ymwrthod â'r credoau diwinyddol traddodiadol, nid am fy mod am eu dibrisio, ond am iddynt gyfleu imi ryw ymdeimlad eu bod yn gerfluniau llychlyd yn gorwedd dan lieiniau gwyn i'w cadw rhag y baw, ac i'w dadorchuddio nawr ac yn y man er rhyfeddod i'r gwylwyr. Esgyrn sychion geiriog. Felly troi at y Crynwyr a'r gofod i ddarganfod a llenwi'r gwagle

Wrth feddwl am fy ddoe, fy heddiw a'm diwedd, caf fy hun, dro ar ôl tro, yn troi at y soned 'Dychwelyd'. Mae'r agoriad yn ddigon i'm hymdawelu, a'r sylweddoliad na all terfysgoedd daear gyffwrdd â distawrwydd nef, ac "mai crych dros dro" yw ein llwybrau a'n pererindodau yn y byd. Ac yna'r sicrwydd terfynol bythgofiadwy:

> Ni wnawn, wrth ffoi am byth o'n ffwdan ffôl,
> Ond llithro i'r llonyddwch mawr yn ôl.

Mae'r llonyddwch yn cydio ac yn cofleidio. Fel y soniodd y beirniad, darganfyddodd y bardd "fawredd mudandod anferth eangderau'r gofod" a gallasai fod wedi ychwanegu, a'i lonyddwch diddiwedd. Gallaf fod yn gytûn â'm gwead innau i hynny, a distawrwydd a gweinidogaeth y cwrdd yn dapestri i mi hefyd ei bwytho, er mor amrwd y pwythiad.

> Neu ynteu pan ddêl yr awel ar dro,
> Mi fyddaf yn gwibio fel un o'i go',
> Yn sobr o druenus neu'n wyn fy myd,
> Yng nghwmni cysawdau'r cosmos i gyd.